ミャンマーの歴史教育

軍政下の国定歴史教科書を読み解く

田中義隆 著・編訳

明石書店

Ministry of Education, The Government of the Union of Myanmar, *History Grade 6*, Curriculum, Syllabus and Textbook Committee, 2014-2015.

Ministry of Education, The Government of the Union of Myanmar, *History Grade 7*, Curriculum, Syllabus and Textbook Committee, 2014-2015.

Ministry of Education, The Government of the Union of Myanmar, *History Grade 8*, Curriculum, Syllabus and Textbook Committee, 2014-2015.

Ministry of Education, The Government of the Union of Myanmar, *History Grade 9*, Curriculum, Syllabus and Textbook Committee, 2014-2015.

Ministry of Education, The Government of the Union of Myanmar, *Myanmar History Grade 10*, Curriculum, Syllabus and Textbook Committee, 2014-2015.

Ministry of Education, The Government of the Union of Myanmar, *Myanmar History Grade 11*, Curriculum, Syllabus and Textbook Committee, 2014-2015.

はじめに

二〇一五年はミャンマーの歴史において新たな一ページを加える重要な年となりました。連日メディアから流れるニュースでご存じの方も多いと思いますが、十一月八日には民政移管以来初めての本格的な国政選挙が実施され、アウンサン・スーチー氏率いる国民民主連盟（ＮＬＤ）が議会における単独過半数を獲得し、一躍「第一党」に踊り出るという大勝利を収めたのです。

私はちょうどその頃、政府開発援助（ＯＤＡ）の業務で同国ヤンゴンに滞在していました。ミャンマーでは我が国とは異なり、国政選挙と言っても、町の至る所で候補者の演説があるわけでもなく、選挙カーが候補者の名前を叫んで走り廻るということもありませんので、選挙を間近に控えていても町自体はとても静かな時間が流れていました。ただ、選挙日が近づくにつれて、タクシーなどが競って支持する政党の旗やステッカーで車を飾って走る姿が見られるようになっていたことは事実です。

ミャンマーの一般の方々は、公衆の場で政治の話をされることはほとんどないのですが、親しい職場の同僚たちからは、「ここだけの話だけど……」という前置きに続いて、「実は、今回の選挙ではぜひともＮＬＤに勝ってもらい、この国を変えてもらいたいと誰もが思っているんだよ」といったことが聞こえていました。したがって、ＮＬＤがかなり健闘するだろうという予想はあったものの、テインセイン率いる与党に対してこれほどまでに大差で勝利するとは正直、予想外でした。

ＮＬＤの大勝によって、約五十年にも及ぶ軍事政権にようやく終止符が打たれ、同国民が長年夢見てきた民主政府に移行していくことは疑う余地はありません。ただ、これまでの政権による負の遺産とも言われる国内に存在する様々な課題をどのように解決しながら民主的な国家を建設していくのか、まさにこの点が国際社会によって注目されているところです。

このように、世界から注目を集めているミャンマーとは一体どのような国なのでしょうか。ほとんどの方々にとって、「ミャンマー＝アウンサン・スーチー」という漠然としたイメージはあるものの、これ以外に具体的なイメージがないというのが正直なところではないでしょうか。

実は、歴史的に見てミャンマーは世界の国々の中でも、我が国との関係が非常に深い国の一つなのです。私がまだ幼い頃、近所のおじいさんから戦争の話をよく聞きました。その時、初めて「ビルキチ」という言葉の存在を知りました。残念ながら、現在では、この言葉を知る人は非常に少なくなりましたが、「ビルキチ」とは「ビルマ（ミャンマーの旧称）をこよなく愛する人」という意味です。すわなち、ビルマに夢中なビルマ狂なので「ビルマ・キチガイ」、縮めて「ビルキチ」と呼んだのです。太平洋戦争の末期、日本軍が連合国軍に対して実施したインパール作戦（インドの敗戦で、傷だらけになってタイのバンコク基地（通称、「南機関」と呼ばれた）へ後退することを余儀なくされた日本兵に対して、傷の手当をはじめ、衣食住を提供してくれたのはミャンマーの人々だったのです。これによって、どれほどの日本兵が命を長らえたことでしょう。彼らは後世、ミャンマーの人々に対するこの恩を忘れることなく、自らを「ビルキチ」と称したのです。

こうしたことから、私自身とてもミャンマーという国に興味をもっていましたし、幸運にも、先に述べたように、長期にわたり同国に滞在する機会を得ていましたので、この時期に同国の地理や歴史について一所懸命学びました。最初は、日本国内で入手できる和文図書や和文資料を中心に学んでいましたが、その後、イギリス人をはじめとした外国人の執筆した歴史図書も読むようになりました。まさにその時です。一つひとつの出来事や事件に関する解釈が全く違うことを発見したのです。全く異なった国の物語を読んでいるのではないかと錯覚するくらいに解釈が異なっていたのです。これは私自身にとって、とても大きな驚きでした。それ以来、「ミャンマーの人々は、自国の過去の出来事や事件などについて、どのように理解、解釈されているのだろう?」という素朴な疑問が私の頭の中にもちあがったのです。

　そこで、私はミャンマーで現在使われている歴史教科書の内容を理解、分析するとともに、実際に学校現場に足を運び、そこで行われている歴史教育をつぶさに観察したり、担当教師たちに率直な意見を聞いたりしながら、同国の歴史教育の実態について徐々にイメージを明確なものとしてきました。本書はそのイメージを文書として目に見える形にしたものです。

　ここで、少しミャンマーの学校制度と教科書について述べておきましょう。同国の学校制度は小学校五年、中学校四年、高等学校二年の「五－四－二制」を採用しています。小学校への入学は五歳児からですので、高等学校を卒業した時点では十五歳あるいは十六歳となります。我が国の学校制度と比べて一年程度短く、高等学校修了は二年ほど早いということになります。また、同国の小中高校の教科書はすべて国定教科書であり一種類しかありません。この一種類の教科書を使って全国津々浦々で同じ内容が、ほぼ同じ方法で教えられているのです。現行の歴史教科書は一九九九年に編纂されたものです。当時は軍事政権の真只中で、ちょうど国家法秩序回復評議会（ＳＬＯＲＣ）に代わって新たに国家平和発展評議会（ＳＰＤＣ）に政権が移譲されるという多少の政治的変化はありましたが、国権は相変わらず国軍出身のタンシュエ議長の手中にあり、いわば彼による軍事独裁政治が行われていた時期でした。このことは何を意味するのでしょうか。一九九九年以降の教育を受けてきた現在のミャンマーの若者たちは一人の例外もなく、こうした軍政下で編纂された歴史教科書を使ってきたということを意味します。そして、この歴史教科書にある歴史観を学び取り、この視点からあらゆる史実を理解、解釈してきたと言えます。

　現在、テインセイン政権以来の民主的改革が同国のあらゆる分野で進行しています。もちろん教育分野にもこの大きな改革の波は押し寄せています。具体的には、小中高を含む大規模なカリキュラム改革と新しい教科書開発が進んでいるのです。この改革は、アウンサン・スーチー氏率いるＮＬＤ政権ではより急ピッチで進んでいくことでしょう。当然、軍政下で編纂された現行教科書の内容はすべて見直され、民主的で、グローバルな社会で生きていくために必要な知識や能力育成を目指した内容になっていくことは間違いありません。歴史教科書も大改訂が行われることでしょう。

こうした意味から、軍政下で編纂された国定教科書の内容とそれを使った歴史教育の実践状況を記録として残しておくことは、非常に大きな意義のあることだと考えています。

では、本書の構成について簡単に述べておきましょう。本書はミャンマーの歴史教育の内容とその実践状況を一人の中学校教師の目を通して考えていきます。そこで、「序章」ではその主人公たる中学校教師について、彼の生い立ちや現況について語ってもらっています。その後、本文に入ると九つの章立てになっています。基本的に年代順の構成をとっており、「第1章　『先史時代』を教える」、「第2章　『古代の都市国家』を教える」、「第3章　『最初の統一王朝　パガン朝』を教える」、「第4章　『小国分裂の時代』を教える」、「第5章　『二度目の統一王朝』を教える」、「第6章　『最後の統一王朝　コンバウン朝』を教える」、「第7章　『イギリス植民地時代』を教える」、「第8章　『独立後の時代』を教える」、「第9章　『社会主義国家から軍事政権、そして民主政権へ』を教える」と進んでいきます。各章には、歴史教科書からの内容抜粋のほか、主人公が該当単元を教えていく際に、日頃から考えていること、疑問に思っていること、さらには悩んでいることなどが述べられています。この主人公については「序章」にて経歴などを紹介していますが、彼は、教師歴も長く、留学経験もあり、一般のミャンマーの教師に比べてかなり幅広い視点をもち、異なった歴史観をも理解できる柔軟な姿勢をもった人物だと言えます。したがって、彼の現行歴史教育に対する心情は、読者の皆さんが同国の歴史教育の実態を理解する上で大きな一助となることでしょう。

ところで、一つ読者の皆さんにご了承いただきたいことがあります。同国の現行歴史教科書においては、ミャンマー現代史の記述はほんのわずかしかありません。中学校歴史教科書では「社会主義革命」まで、高等学校歴史教科書では「国家平和発展評議会（SPDC）」までが簡潔に書かれているだけなのです。先にも触れたように、読者の皆さんのミャンマーという国の印象として「ミャンマー＝アウンサン・スーチー」や「アウンサン・スーチー＝軍政と戦う人」というイメージが強いと思います。そのため、現代史、特に軍事政権時代についてももう少し知りたいという方も多数おられるのではないかと思い、特別に第9章の中に「軍事政権の登場」、「二〇〇八年憲法の成立」、「ロヒンギャ問題」、「民政移管から二〇一五年総選挙まで」の四つの節を追加しました。ただし、これらの節の内容は、主人公である歴史教師が外国文献などをもとに、彼なりに理解した歴史観であり、決して軍事政権下で浸透していた歴史観ではないことをご理解いただきたいと思います。

最後になりますが、本書を最初から最後まで読んでいただくと、ある程度、ミャンマーという国の歴史と、同国の人々が共通に有している歴史観が理解できるようになっています。ただし、やはり中学校や高等学校の歴史教科書ということもあるのでしょうか、または同教科書の執筆者の能力によるものでしょうか、それとも軍事政権で表現の自由が著しく制限されていたためでしょうか、全体の記述においては、断片的な出来事の並列という印象が拭いきれず、ある出来事と別の出来事との繋がりがよく理解できない部分が散見されるという問題がありました。そこで、判りにくいと思われる箇所には適宜注釈を付けましたので、ぜひとも参照いただければと思います。

教科書からの抜粋部分の翻訳に関しては、できるだけ原典の記述に忠実に行いました。ただし、私の能力不足もあって、ミャンマー語から直接、日本語に翻訳したのではなく、ミャンマーのプロの翻訳家に、一度、英語へ翻訳を行っていただいてから、私が、それを日本語に訳し直しています。この二重の翻訳過程で、微妙なニュアンスが多少変化してしまった部分もないとは言い切れません。この点については、すべて筆者である私の力量不足によるものとして、お許しいただければと思います。

では、今、世界から最も注目されている国、ミャンマーの歴史とその教育実態について、皆さんと一緒に見ていきましょう。

二〇一六年七月

筆者

表記及び挿絵・写真について

〈表記について〉

本書で用いた用語や語句、固有名詞などの表記について、ここで簡単に触れておきたいと思います。

本書の執筆で最も注意を払ったことは国名の表記をどうするかという点です。ご存じのように、同国は近代に入って国名を何度か変更しています。古い順に見ていくと、「ビルマ連邦」（一九四八〜七四年）、「ビルマ連邦社会主義共和国」（一九七四〜八八年）、再び「ビルマ連邦」（一九八八〜八九年）、「ミャンマー連邦」（一九八九〜二〇一〇年）、「ミャンマー連邦共和国」（二〇一〇年〜現在）という具合です。そこで通常、私たちは同国を一九八九年までは「ビルマ」と呼び、一九八九年以後は「ミャンマー」という呼称を使うようになりました。

しかしながら、同国内においてはこの状況はそう単純ではありません。同国では古くから書き言葉（文語体）と話し言葉（口語体）が明確に区別されており、前者では「ミャンマー」が、後者では「バマー」という言葉が使われていました。外国人が同国を英語名「Burma」と呼んだ原因として、イギリス植民地主義者が初めて同国を訪れた際に現地の人々の口語体である「バマー」に影響されたものと思われます。

したがって、同国の中学校及び高等学校の国定歴史教科書では自国を表記する際に一貫して文語体である「ミャンマー」が使われています。ただし、いくつか例外があり、民族の表記やイギリス植民地時代の政治形態に関する用語、また当時、国内で組織された様々な反植民地組織の名称などについては口語体の「バマー」が使われている場合もあります。例えば、バマー族、バマー総督、バマー州、われらバマー人協会などです。また、植民地主義者イギリス側の組織、例えば、「ボンベイ＝ビルマ貿易会社」などは英語名で「Bombay Burma Trading Company: BBTC」と表記されています。

本書の表記は、基本的に同国教科書の表記に従っていますが、我が国の慣例として「ミャンマー」と表記するとしっくりこない場合には、適宜、「ビルマ」という用語に置き換えました。例えば、イギリス植民地時代や第二次世界大戦前及び大戦中の同国の呼称などがそれに相当します。

その他、ミャンマーの人名や地名の表記は、現在のところ統一された日本語表記がなく、文献によってかなり異なっているのが現状です。そこで、本書では最も親しまれていると思われる表記を使用すると同時に英語表記も括弧内に記載しました。

〈挿絵・写真について〉

挿絵や写真については、同国教科書にあるものはほぼすべて掲載するようにしましたが、一部解像度の問題などから除外したものもあります。また、教科書にはないのですが、本書の内容理解を深める目的で、筆者が独自の判断で挿入した挿絵や写真もかなりあります。挿絵及び写真などにはすべて出典を記載していますので、ご参考にしていただければと思います。

ミャンマーと周辺諸国

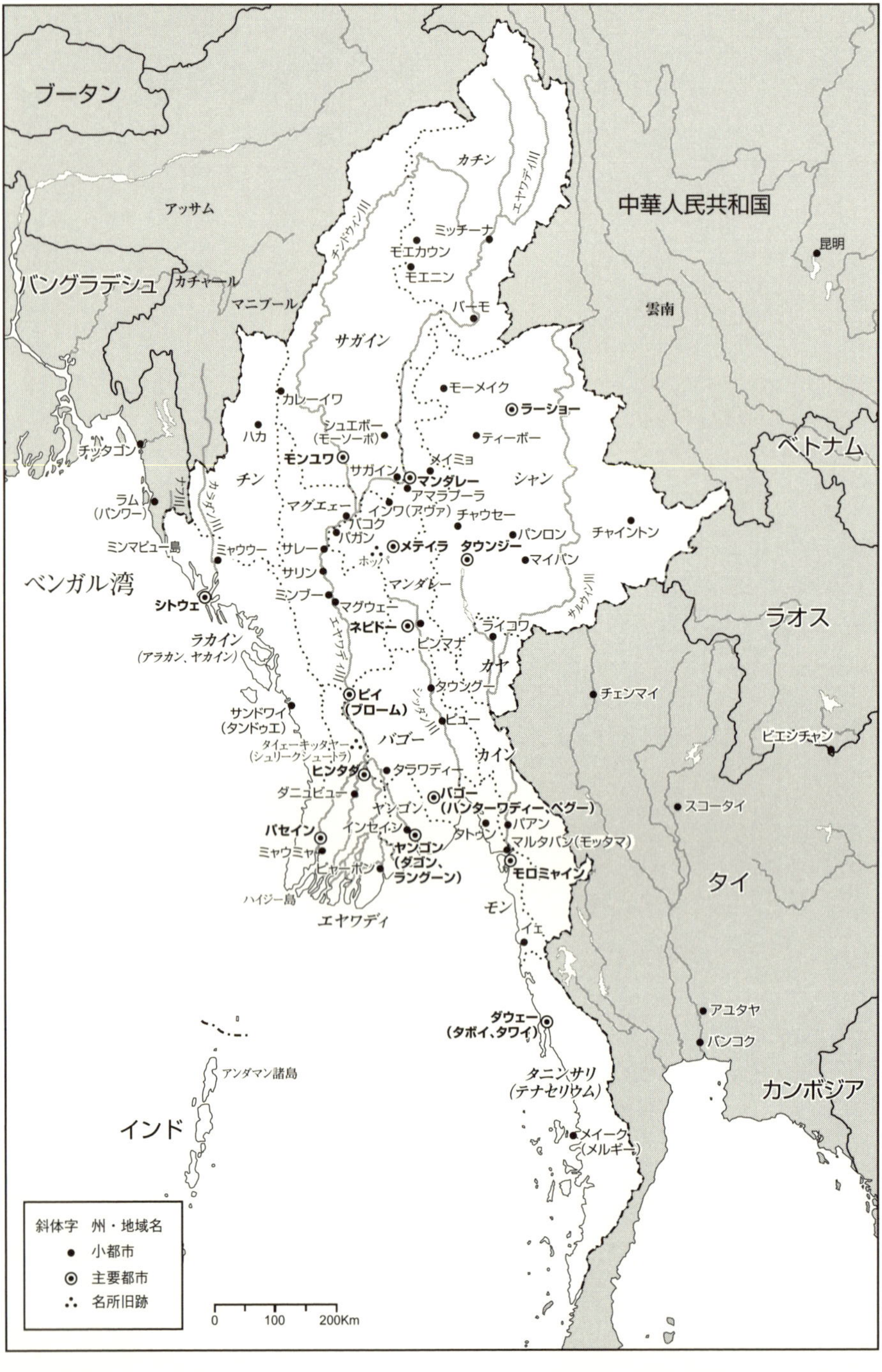

ブータン
中華人民共和国
昆明
雲南
カチン
エーヤワディ川
ミッチーナ
モエカウン
モエニン
バーモ
チンドウィン川
アッサム
バングラデシュ
カチャール
マニプール
サガイン
カレーイワ
モーメイク
ラーショー
ハカ
シュエボー
(モーソーボ)
ティーボー
チッタゴン
モンユワ
メイミョ
ベトナム
サガイン
マンダレー
チン
アマラプーラ
シャン
ナフ川
カラダン川
ラム
(バンワー)
マグエェー
インワ(アヴァ)
チャウセー
バコク
バンロン
チャイントン
パガン
ミンマビュー島
ミャウウー
サレー
メティラ
タウンジー
ホッパ
マイパン
ベンガル湾
サリン
マンダレー
サルウィン川
ミンブー
マグウェー
シトウェ
ラオス
エーヤワディ川
ネピドー
ライコワ
ピンマナ
ラカイン
(アラカン、ヤカイン)
カヤ
タウングー
チェンマイ
ピイ
(プローム)
シッタン川
サンドワイ
(タンドゥエ)
ピュー
バゴー
ピエンチャン
タイェーキッタヤー
(シュリークシュートラ)
カイン
ヒンタダ
タラワディー
ダニュビュー
バゴー
(ハンターワディー、ペグー)
スコータイ
ヤンゴン
インセイン
パアン
バセイン
タトゥン
マルタバン(モッタマ)
ミャウミャ
ヤンゴン
(ダゴン、
ラングーン)
ピャーポン
モロミャイン
タイ
ハイジー島
モン
エーヤワディ
イェ
アユタヤ
ダウェー
(タボイ、タワイ)
バンコク
アンダマン諸島
タニンサリ
(テナセリウム)
カンボジア
インド
メイーク
(メルギー)
斜体字 州・地域名
小都市
主要都市
名所旧跡
0
100
200Km

ミャンマーの歴史教育

軍政下の国定歴史教科書を読み解く

目次

第6章 「最後の統一王朝 コンバウン朝」を教える 109

第7章 「イギリス植民地時代」を教える 155

序章

教師になって早や二十年、周りからは「経験のある教師」とか、「知識豊富な教師」などと言われ、尊敬されていますが、最近、「本当に自分は歴史教師として向いているのだろうか」と疑問を感じることがよくあります。

私の名前は、シュウマウン（Shu Maung）、年齢四十歳、シャン州の出身です。私の先祖は中国系で、私がまだ幼かった頃、同居していた父方の祖父や祖母は家で中国語を話していたのをわずかに記憶しています。とは言っても、当時の私には「わけのわからない言葉」という印象しかなかったのですが……。ただ、私自身は、残念ながら、これまでの人生で中国語を習う機会には恵まれず、ミャンマー語の言語環境の中で育ってきましたので、「私の先祖は中国から来た」と感じることはほとんどありませんでした。しかし、不思議なことに、最近になって「私の体の中には中国人の血が流れているんだ」ということをある瞬間にふっと思い起こすことがあります。なぜかは判りません。多分、年齢を重ねた証拠かもしれません。

少し話が逸れてしまいました。もとに戻しましょう。私は、シャン州で生まれ育ちましたが、ちょうど中学生の頃、父の仕事の関係でヤンゴンに引っ越してきました。それ以来、二十五年間ヤンゴンに住んでいます。父は、ある縫製会社で働いていましたが、現在はすでに退職しています。母は小学校の教員をしていましたが、ちょうど昨年退職しました。私の下には弟が二人と妹が一人います。それから、私には五歳年下の妻がいます。妻は公務員で、現在、教育省で働いています。子どもは女の子が二人おり、上の子どもは中学生、下の子どもはまだ小学生です。上の子どもは、私が教鞭をとる中学校に在籍しています。

このように私の家族は、私の父、母、弟、妹、それに妻と子どもの合計九人という一般的な家庭です。妻が教育省の役人ということで、社宅が供与されています。決して広くはありませんが、そこに家族全員で仲良く暮らしています。

今日もいつも通り自宅を朝七時に出ます。出勤には市内を走る路線バスを使っています。自宅から勤務校までは距離にすれば三キロメートル程度でそれほど遠くはありません。以前はほんの十五分もあれば十分でした。しかし、ここ二、三年前からヤンゴンの交通事情は悪化の一途を辿り、一時間もかかってしまいます。中学校の授業は朝八時から始まり午後二時に終わります。午前中に一コマ四十五分の授業が四コマ、午後に三コマの合計七コマあります。私の勤務する学校も、ほかの多くの学校と同様に、生徒の数に対して教員数が不足しているため、私は毎日七コマの授業を受け持たされ、結構忙しくしています。学校にいる間は、担当する授業を行うだけで精一杯です。午後二時以降は自宅に帰りますが、家事や子どもの世話があるので、授業準備はほとんどできません。

実を言うと、私は三十代前半に日本政府からの奨学金を受けて、わずか一年間ですが、東京の大学で教育学を学んだ経験があります。この経験は、私にとってはとても貴重なもので、私の人生に大きな変化をもたらしたと言っても過言ではありません。というのは、当然のこととして、以前は何の疑いもなく受け入れていた事柄に対して、日本での留学後はいろいろと考えさせられるようになったのです。「何を？」とか、「どんな風に？」と質問されると、たちまち回答に困ってしまうのですが、以前の私には考えもしなかったことが確かに心の中から湧き上がってくるのを感じずにはおれないのです。

ミャンマーでは、どの教科でも教科書に書かれてあることを、より多く暗記暗唱できることが勉強の成果として求められています。より多くを暗記した生徒ほどテストでは高い得点を獲得でき、「賢い生徒」として教師からは褒め称えられ、時には「模範生」として全校生徒に向けて発表されるのです。当然、友達からも一目置かれる存在になります。そして、この暗記力・暗唱力の高さは、個々の生徒の進路までも大きく決定してしまいます。というのは、高等学校を卒業する際に、「全国一斉卒業試験（マトリキュレーション試験）」と呼ばれる試験が課されます。これに合格して初めて高等学校課程を修了したことが認められ、その成績如何で入学大学及び学部がほぼ決定されるのです。成績優秀者は、ヤンゴン大学やマンダレー大学といった伝統ある大学の医学部や法学部に進む道が開かれます。

私も高等学校を卒業する直前の三月にこの試験を受けた記憶は今でもはっきりと残っています。もともと私の両親はそれほど私の勉強のことに対して口うるさく言う方ではなかったのですが、この試験の半年ほど前からは、何かと「勉強しなさい！」とか、「試験で悪い成績だったらどうするの！」と口を挟むようになっていました。私の日頃の成績が「人並み」程度だったので、親も心配したのでしょう。結局、試験の結果は、やはり「人並み」ということで、一応合格はしたものの、それほどずば抜けた成績ではなかったこともあって、教師の道を選ばざるを得なかったというところです。

私が留学から帰国して、再び中学校で教鞭をとり始めた頃、「CCA」という授業アプローチが流行していました。これは、「子ども中心型アプローチ（Child-Centered Approach）」というもので、これまでの暗記暗唱を中心とした教師による一方的な講義式の授業形態から子どもの学習活動を中心にした授業形態に改善していこうというものです。教育省はこの新しいアプローチを全面的に支援しており、妻が教育省の役人であったので、家でもこの新しいアプローチの話をよくしたものです。妻の説明では、「授業を行う際に、先生が話す時間をもっと短くして、生徒によるグループ活動を取り入れながら、生徒同士が話す機会をもたせる方法よ」ということでしたが、私自身、その説明を聞いても、今一つ理解できませんでした。

この時、私は日本留学時代に学んだ最新の教育理論と日本の学校現場で行われていた「学びの共同体」という革新的な教育実践を思い出していました。ただ、一年という期間はあまりにも短く、知識としては習得できても、これらの知識が完全に消化され自分自身の血となり肉となっているかと言えば、答えは「否」と言わざるを得ません。正直、今でも日本で学んだことが完全に腑に落ちるまでには至っていません。

ただし、日々、中学校で授業実践を行っていて、「これでよいのだろうか？」という大きな疑問が常に心の中に出現することは確かです。この疑問がいつ解けるのかは私にはわかりません。もしかすると、ある時、「はっ」と答えが見つかるかもしれませんし、あるいは、永久に解けないままかもしれません。まあ、それほど深刻になって考えても仕方がないとは思っています。私にできることは、日々、私に与えられた責務を一所懸命果たしていくことだけなのですから……。

第1章　「先史時代」を教える

本章における教科書抜粋部分はすべて「中学一年生歴史教科書」からのものです。

私にとって、この「先史時代」という単元を教えることは結構難しく、新学年が始まってこの単元の授業前になるとどうしてよいのか判らなくなってしまいます。というのも、あまりにも古い時代の話で、当時がどのような社会であったのか、また、現代社会に生きる今の私たちの生活とどのように関係しているのか、といったことが全く実感できないのです。同僚の先生方は「こんな簡単な単元はほかにないよ」と言われます。順番に生徒に教科書を音読させ、その重要な部分だけを教師が再度読み返し、いくつかの質問に答えさせるだけの従来の授業方法であれば、それはそうでしょう。しかし、私はこうした従来からの授業方法がよいとは思っていません。かと言って、これに代わるよい方法も見つかっていません。結局、ほかの先生方と同じ方法で授業をしてしまうことになってしまいます。

1　石器時代とは

東南アジア地域に人々が居住するようになった頃、現在のミャンマーが位置する地域にも人々が移り住むようになってきた。これは、彼らが使用していたと考えられる石器の発見によって確認されている。このように人々が石器を使い始めた時期は、一般に「石器時代」と呼ばれている。

石器時代の初期の人々が使っていた石器は、手斧《ておの》のように石の片方だけを削った簡単なものであった。こうした初期の石器文化はエヤワディ川の中流域に繁栄したと考えられ、「アニャーディアン文化（Anyarthian）」あるいは「エヤワディ文化（Ayeyarwady）」として知られている。

中期に入ると、石器はこれまでよりも小さくなり、その使用方法にも変化が見られるようになった。この時代の石器はまだ洗練されたものとは言えないまでも、削った部分は明らかに初期のものとは違っていた。石器の破片や一部が南シャン州（South Shan State）のマイパン（Maipan）付近で見つかっている。この頃には弓や矢が発明されたと考えられており、その槍や矢の先には石を削ったものが取り付けられた。

石器時代後期は「磨製石器時代」として知られている。石器は磨かれ形が整えられるようになった。石器の先端を磨き、鋭くする方法が発明されたことで、これまでのものとは全く異なったものとなった。さらに、これらの石器に取手などが取り付けられるようになり、これによって狩猟の道具としての用途が広がり、性能も飛躍的に向上した。

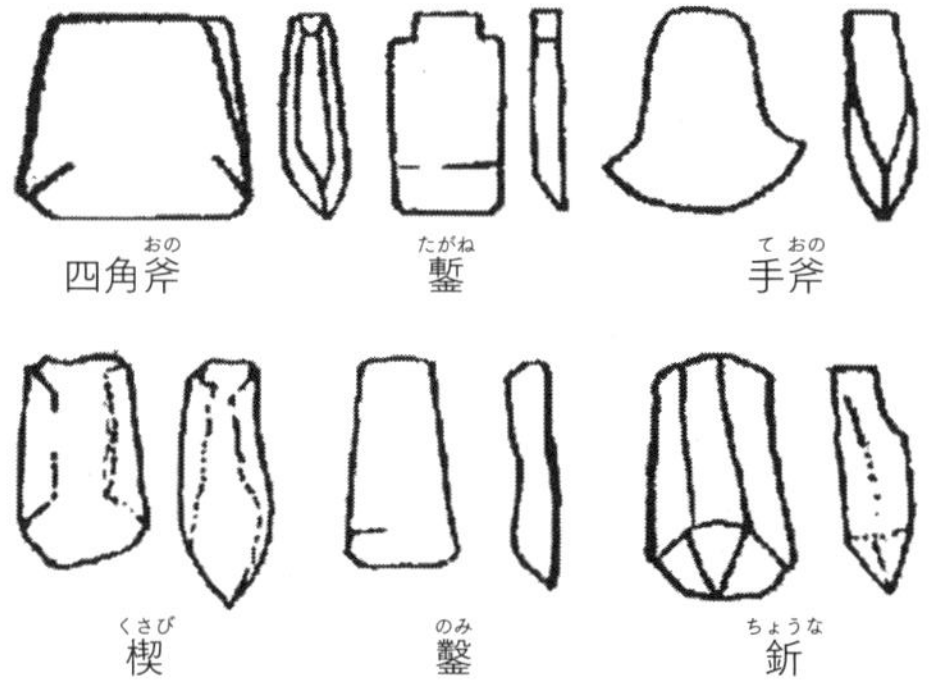

ミャンマー石器時代に使用されていた石器類

出典：教育省「中学1年生歴史教科書」2014年より転載

この時代に使われた石器は、カチン州（Kachin State）をはじめ、シュエボー（Shwebo）、パコク（Pakoku）、ヤメーディン（Yamyeethin）、ピイ（Pyay）、モロミャイン（Mowlamyaing）、メイーク（Myeik）などで発見されている。斧《おの》や鑿《のみ》、あるいは釿《ちょうな》といった石器は、東南アジア全域でも広く確認されており、狩猟や農耕に広く使われていたと考えられている。つまり、この時代の人々は食料調達をこれまでのような狩猟に頼る方法に加え、農耕といった自ら生産する方法も発明していたと考えられるのである。

2　石器時代の社会経済制度

石器時代初期から中期にかけて、現在のミャンマー地域に居住した人々は北欧型の生活様式をとっていたと言える。彼らは日々自然の脅威に立ち向かわなければならず、それは決して容易なことではなかった。食料を得るために打製石器を用い、手なずけた狩猟犬を飼っていた。これらは食料を得るために欠かせない「道具」であった。木の実や塊茎植物（ジャガイモなど）、球根、そして狩猟によって得た動物の肉や魚などが彼らの主要な食料であった。しかし、その後人々は徐々に土器、矢や弓などの作り方とその使い方などを習得していった。

石器時代後期には、人々は食料を自ら生産する術を習得するようになるが、まだ多くの食料は狩猟に頼っていた。しかしながら、徐々に食料を栽培したり、動物を飼うことが普及してくると、人々はこれまでのように食料を求めて移動する生活から一定の地域に住む定住生活へとその生活形態を変化させるようになった。この頃には、人々は石器以外にも弓や矢といった道具が普通に用いられるようになっており、矢の先に毒を塗りつけるという技術なども考案されていた。また、食料生産も丘陵地での細々とした農耕から平地での稲作へと発展していた。こうして、米、とうもろこし、豆類、かぼちゃ、タロいも、ヤムいもなど多様な食料が生産されるようになり、それとともに牛や水牛を農耕のための労働力として使用するようになった。

３　石器時代の文化

石器時代後期の人々は死後の世界を信じていた。死者は尊敬の念をもって土中に葬むられた。また、龍や精霊が崇められ、生贄《いけにえ》の儀式が執り行われていた。人々はこうした儀式の場で、酒を飲んだり、踊ったりすることで幸福がもたらされると信じていた。さらに、この頃には竹や丸太をくり抜き動物の皮を張った簡単な楽器なども発明されており、こうした儀式の機会に演奏されていた。

石器時代後期には、身に着けるものにも変化が見られるようになっており、人々は下履きを身に着けたり、色とりどりのビーズで着飾ったりしていた。こうして徐々にではあるが、人々の生活は原始的な生活から文明化したものへと変化していった。

石器時代の絵画が、西シャン州（Western Shan State）のパダリン洞窟（Padalin Cave）で見つかっている。この壁画からも当時の人々の生活水準は決して低いものではなかったことが判明している。

私自身、教科書の記述だけでは判らないことがいくつかありました。以前は、疑問があっても特に時間をかけて調べることはなかったのですが、日本への留学以降は、疑問があれば調べないと何か気分が落ち着かないのです。

初期の石器文化が、なぜ「アニャーディアン文化」と呼ばれているのかということについて調べてみると、イギリスの研究者がミャンマー北部のアニャー（Anyar）を調査し、そこから当時の石器を発見したことが起源になっていることが判りました。また、石器時代中期の頃の石片などが発見された「マイパン」の位置を地図上で確認してみると、現在のタウンジー（Taunggyi）の東部に位置する小さな町であることが判りました。これまで、このような理由や具体的な位置も知らずに、この単元を教えていましたが、実際に名称の起源や地図上の正確な位置を知ると、この単元に対する興味関心のようなものが少し芽生えてきたような感じがしています。不思議なものです。

第2章　「古代の都市国家」を教える

本章における教科書抜粋部分はすべて「高等学校一年生歴史教科書」からのものです。

この単元は現行の中学校の歴史教科書にはありません。中学校では、「石器時代」の後、すぐに「パガン朝」に入ります。しかし、高等学校の歴史教科書にはこの単元が含まれており、簡潔ではありますが、古代の都市国家としてピュー人の国、モン人の国、ラカイン人の国の三つが記載されています。

私自身、普段の中学校の授業では「教科書に沿って教える」という慣習に従って、こうした内容には触れません。しかしながら、この小さな都市国家はミャンマーの歴史を理解していく上で重要な役割を果たしますので、ここでは高等学校の歴史教科書の記述を少し紹介しておきます。

1　ピュー人の都市国家の成立

ピュー（Pyu）人はチベット＝ビルマ系の民族でミャンマーの北部山岳地帯からエヤワディ川流域の肥沃な平原地帯に移り住み、自分たちの都市国家を建設したと考えられている。[1] ピュー人の都市国家としてはダガウン（Tagaung）、マインモー（Maingmaw）、ベイタノウ（Beikthano）、ハリン（Halin）[2]、タイェーキッタヤー（Tharaykhittaya）[3]などが確認されている。

ダガウンは、現在のマンダレー（Mandalay）地方ピンウールィン（Pin Oo Lwin）郡にあり、エヤワディ川東岸に栄えた古代都市国家である。当初はエヤワディ川西岸に興り、次第に東岸に移ったと考えられている。ダガウンはミャンマーの最も古い都市国家であり、「ミャンマーはダガウンから始まった」と言われるほどである。

実は、この地域から発掘された古代建築や工芸品は長らくパガン朝のものである

1　ピュー人は、豆類、粟、さとうきび栽培と水稲作を有機的に組み合わせた自立性の高い経済システムを形成していたと考えられている。

2　別名ハリンジー（Halingyi）とも呼ばれている。

3　別名シュリークシュートラ（Sri Kestra）とも呼ばれている。

と考えられてきた。しかし、二〇〇〇年にシンニャットコン（Sinnyatknoe）村の丘陵が調査され、そこからアノーヤター王が統治していた紀元十一世紀頃よりもかなり早い時期に作られたと思われる煉瓦建築物や粘土製の装飾品などが発見されたことで、ピュー人による都市国家の存在が立証された。これ以外にもピュー人の人骨、鉄製の工芸品、貨幣などが見つかっている。

マインモーは現在のチャウセー（Kyaukse）地域に位置する古代都市国家である。マインモーという名称は「城壁に囲まれた地域」という意味をもっており、実際に直径二・五キロメートルほどの円形をした城壁で囲まれていたと考えられている。マインモーの発掘調査では、ベイタノウやハリンと同様の建築遺跡が見つかり、そこには馬に乗る人々の絵が描かれ、周囲にはピュー人の人骨が埋葬されていた。ま

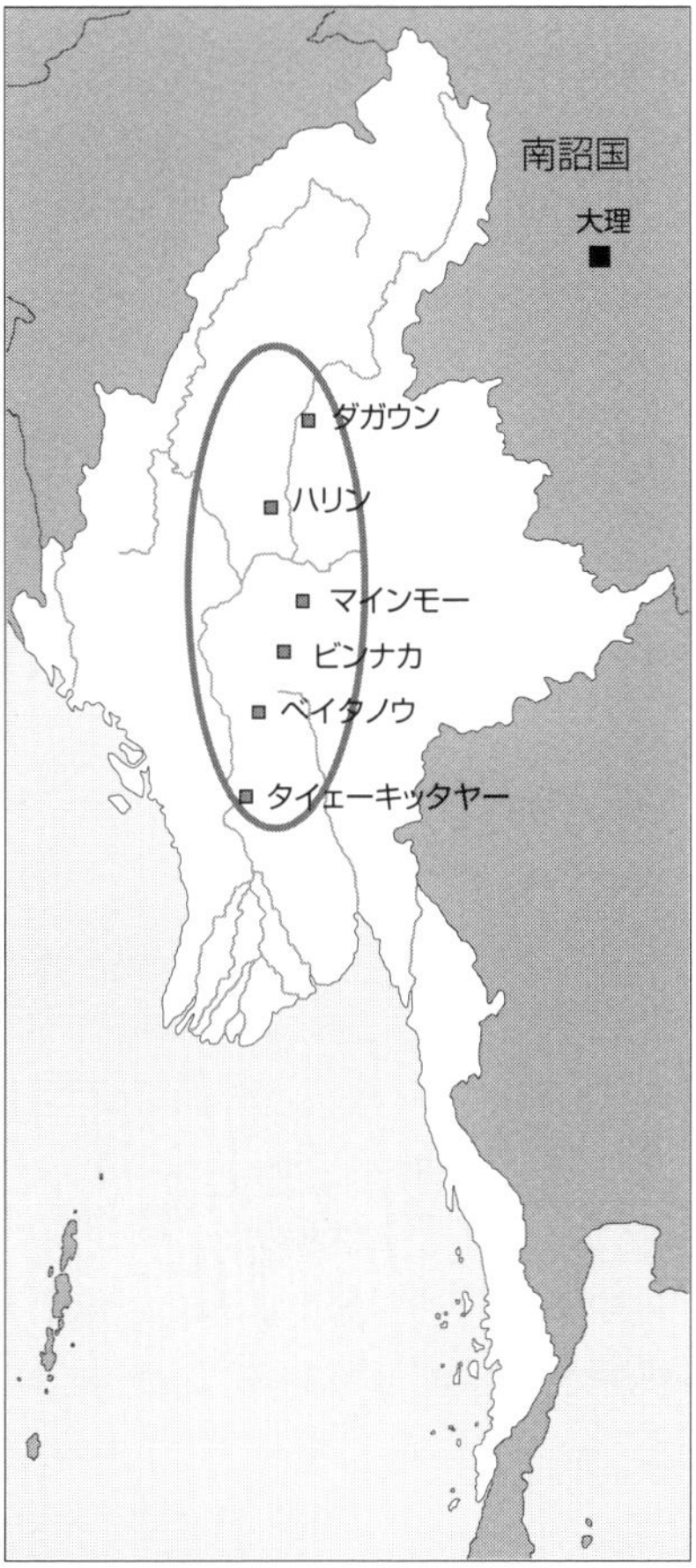

ピュー人の国
出典：筆者作成

た、銀製の釈迦像が見つかっており、そこには四行からなるピュー文字が書かれていた。さらに、マインモーの東部五キロメートルのところからはピュー文字が刻まれた石碑も見つかっている。加えて、二〇〇五年には金製釈迦像七体、同じく銀製釈迦像七体、銅製釈迦像一体、銀製骨壺七個という大発見があった。

ベイタノウは紀元四世紀初期から栄えたピュー人の都市国家である。現在のマグウェー（Magway）地方のインチャウン（Yinchaung）平原に位置し、ほかの都市国家と同様、エヤワディ川流域に興ったと考えられている。ベイタノウは、エヤワディ川が農産物などの商品の運搬に使われるようになって以降、一大商業都市として発展したようである。ベイタノウは巨大な城壁で囲まれ、その外側には濠《ほり》がめぐらされていた。また、出入口はすべて二重に門が設置されていた。町の東側は耕作地となっており住居地域とは壁で区切られていた。さらに町には大きな湖があり、敵の攻撃から守る役割を果したのではないかと推測されている。なお、ベイタノウの勢力が衰え始めると、新しく興ったタイェーキッタヤーによって滅ぼされてしまう。

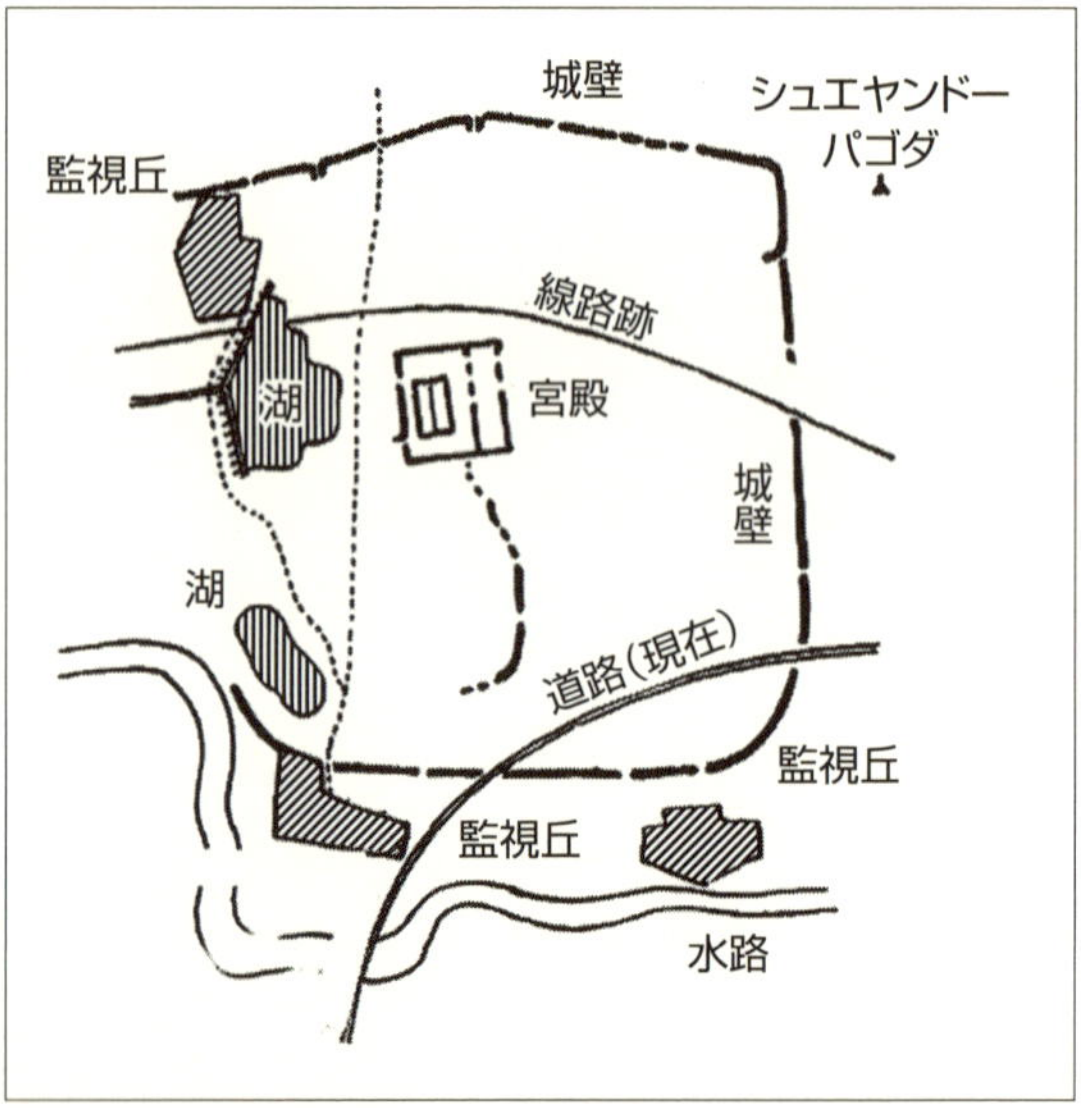

ベイタノウ都市国家

出典：教育省「高等学校１年生歴史教科書」2004 年より転載

ハリンは、現在のサガイン（Sagaing）地域のムー（Mu）川とエヤワディ川に挟まれた地域に位置し、紀元二世紀頃から九世紀まで繁栄を誇った都市国家である。この時期はベイタノウの衰退期であったが、ハリンは逆に勢力を増していった。ハリンもエヤワディ川流域に位置していたことから商業都市として発展していたと考えられている。都市の形状はおよそ三平方キロメートル程の南北に長い長方形と推測されており、ほかのピュー人の都市国家と同様に城壁で囲まれていた。城壁内の南東部にはナガヤン（Nagayan）と呼ばれる湖、城壁外部の南部にはハリンと呼ばれる湖があった。ハリンは、先に見たベイタノウよりも文化的水準が高かったと考えられており、特に文学においては見るべきものがある。

タイェーキッタヤーは、現在のピイ（Pyay）の南東およそ八キロメートルに位置し、紀元三世紀から九世紀頃まで栄えた都市国家である。都市の形状は、ベイタノウやハリンとは異なり、不規則な円形をしており、およそ九平方キロメートルの大きさだったと考えられている。都市は強固な煉瓦壁によって囲まれ、その全長は九キロメートルにも達する。場所によってはその壁は二重、三重になっており、壁の外側は濠がめぐらされていた。町の北東部には大きな湖があり、他方、南東部は小高い丘陵で、そこに宮殿や住居、宗教的建造物などがあったようである。町の中に湖があったことで、用水路などが完備され、人々が生活するだけの食料や飲料水は十分にあったと考えられている。

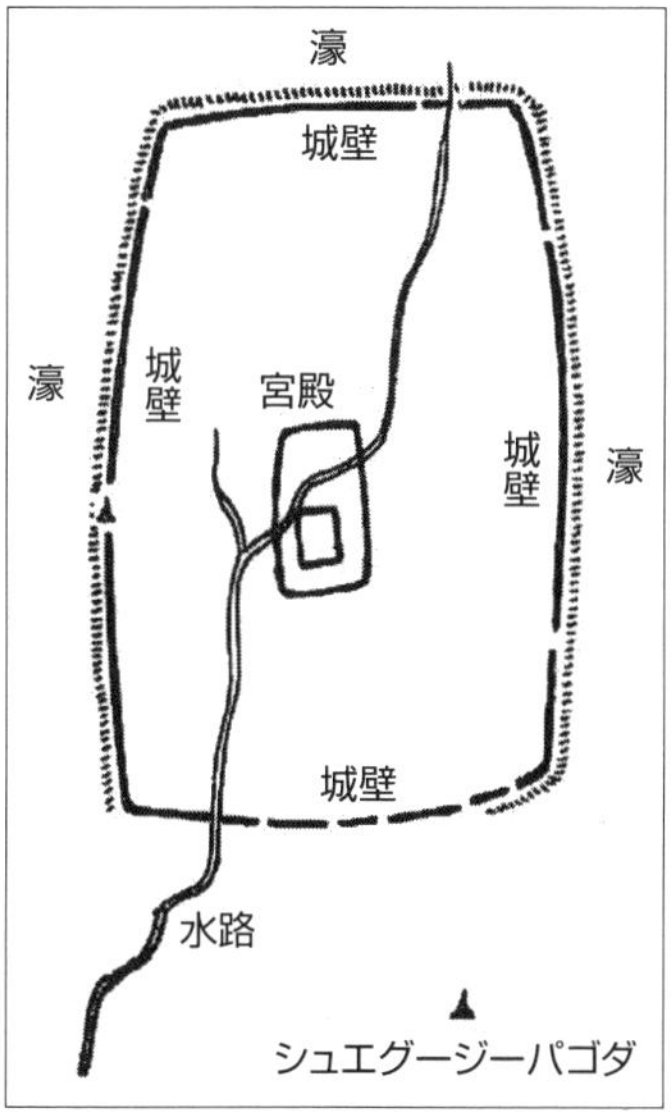

ハリン都市国家

出典：教育省「高等学校1年生歴史教科書」2004年より転載

タイェーキッタヤーはピュー人による都市国家の中では大きさといい、その勢力といい、最大の都市国家であり、近隣のマレー（Malay）半島やスマトラ（Sumatra）、ジャワ（Jawa）、バリ（Bali）をはじめ、北インド（India）や東インド沿岸部、さらには中国雲南（Yunnan）との交易も行っていたと考えられている。[4] しかしながら、紀元八三二年、中国雲南にあった南詔《なんしょう》（Nanzhao）国[5]の攻撃によって滅亡してしまう。

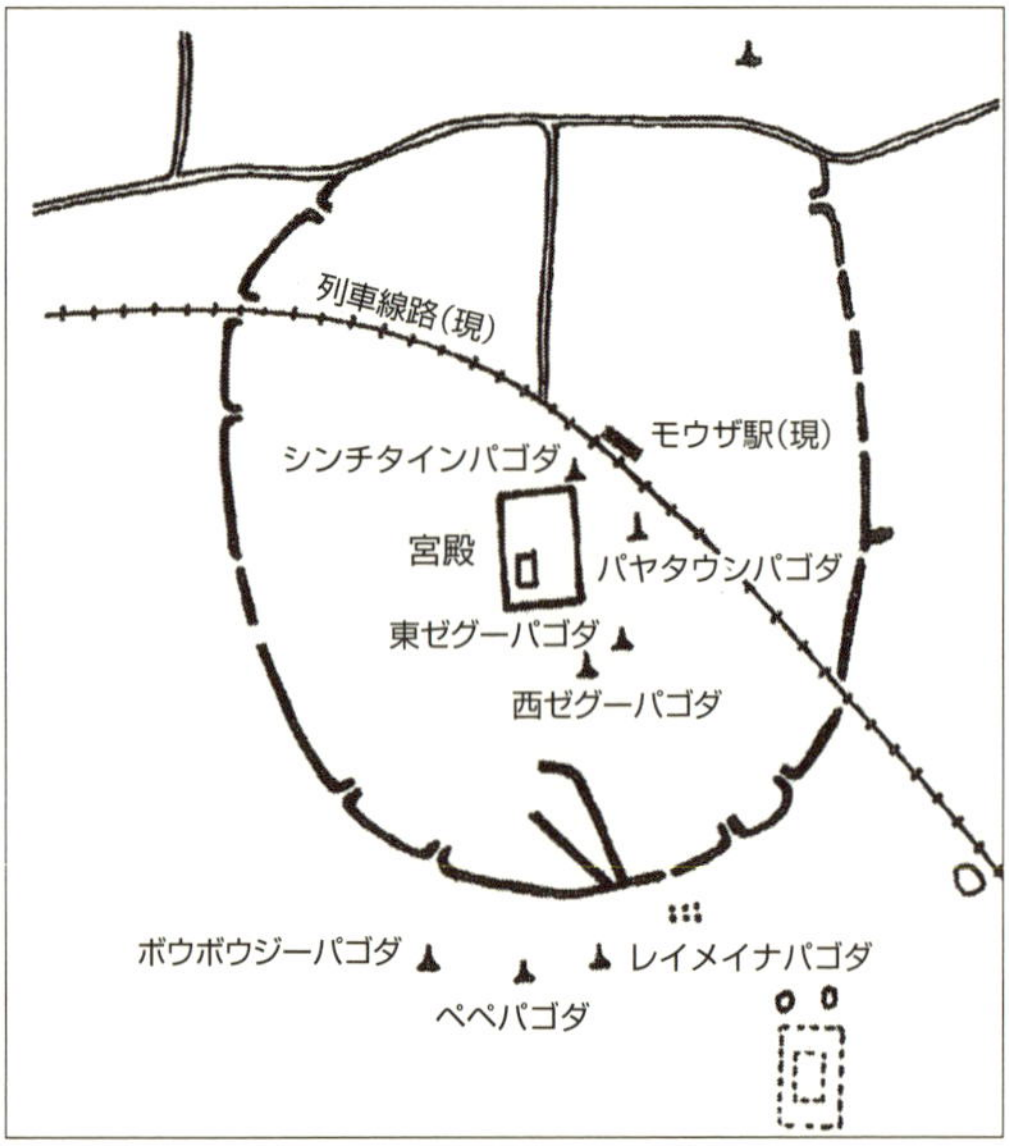

タイェーキッタヤー都市国家
出典：教育省「高等学校 1 年生歴史教科書」2004 年より転載

タイェーキッタヤー遺跡から発見された銀貨
出典：大英博物館

4　扶南《ふうなん》（一～七世紀、現カンボジアに興った国家）や真臘《しんろう》（五五〇～八〇二年、現ベトナム南部に興った国家）、ドゥヴァーラヴァティー（現在のタイ・メコン川下流域に興った王国）なども交易を行っていたと考えられている。

5　南詔国はビルマ族の王国であり、七三八年から九〇二年までの一六四年間続いた。最後は漢人によって滅ぼされる。

モン人の国
出典：筆者作成

2　モン人の都市国家の成立

モン人はモン＝クメール系の民族で、最初は現在のミャンマー東部のタイとの国境地帯に散らばって居住していたが、その後、徐々にミャンマーに入ってきたと考えられている。彼らは、三世紀頃にミャンマー南部にトゥワナブミ（Thuwunnabumi）と呼ばれる王国を建設した。[6] この王国はエヤワディ河口からタイ国境にまで至る地域に勢力を拡大し、現在のモン州山岳周辺地域の重要な商業中心地として発展した。

トゥワナブミはインド、マドラス（Madras）、マレー半島、タイ（Thailand）などと交易を行い、様々な商品が交換された。インド人の貿易商がトゥワナブミに定住するようになると、仏教が国内で急速に広まっていった。[7]

3　ラカイン人の都市国家の成立

ラカイン（Rakhine）は、古くはチベット＝ビルマ系の民族が居住した地域で、主

6　「トゥワナブミ」は東南アジアを指し、「黄金の土地」を意味するモン語である。モン人はこの名称を使っているが、ミャンマー語ではタトゥン（Thaton）と呼ばれ、タトゥン王国の名称で広く通用している。

7　モン人は、六世紀頃になると、下ミャンマー及びタイのチャオプラヤ川下流域一帯を含む地域を支配し、ドゥヴァーラヴァティー（Dvaravati）王国を建国したと考えられている。中国史書『陳書』や『冊府元亀』などの記録によれば、長径一～二キロメートル、短径〇・五～一キロメートルの楕円形の都市を築いていたようである。ドゥヴァーラヴァティー王国は十一世紀頃まで続いたとされているが、ミャンマーでもその頃には中心がハンターワディー（Hanthawaddy）に移り、その後ハンターワディー王国として栄えたようである。ただ、モン人は次第にタイ人やミャンマー人に同化されていった（石井米雄・桜井由躬雄編『東南アジア史Ⅰ大陸部』山川出版社、一九九九年、一〇〇～一〇二頁参照）。

に海岸線に沿って都市国家が建設された。有名な都市国家としてワイタリ（Waithari）があるが、これは四世紀頃にカラダン（Kaladan）川の中流域に興った。ワイタリの首都は現在のミャウウー（Mrauk U）の北方にあったと考えられている。この「ワイタリ」という名前はインドのガンジス（Ganges）川沿いに立地する同名の都市名から採られたと言われている。

以上が高等学校一年生の歴史教科書からの抜粋です。この記述を見ると、ピュー人の都市国家にはかなりの紙幅が割かれているにも関わらず、モン人及びラカイン人の都市国家はほんの数行だけの記述に留まっていることが判ります。古代ということで、十分な検証にまで至っておらず、確認できる歴史的事実の量に違いがあるのかもしれません。しかし、そう考える一方で、私が心配していることもあります。というのは、ピュー人の都市国家に比して、モン人やラカイン人の都市国家はそれほど重要でないという歴史観が現行の教科書の根底にあるのではないかということです。このことは、これ以降の単元内容を詳細に見ていくと単なる私の推測ということで済まされる問題ではないことが判明してきます。

第3章　「最初の統一王朝　パガン朝」を教える

本章における教科書抜粋部分はすべて「中学一年生歴史教科書」からのものです。

この単元は、ミャンマーの歴史教育の中で最も重要なものの一つです。というのも、今日のミャンマーという国の基礎を築いた王朝として、ミャンマー人であれば誰もが常識として知っておかなければならない教養だからです。したがって、この単元を教える際には自然と力が入ります。また、私自身も歴史の教師として、この時代には興味を引かれるので、様々な資料などを通して得た知識なども、授業中に生徒に伝えるようにしています。

ただ、私自身の率直な意見として、とても興味深い単元であるにも関わらず、どうしても教える内容が単調になってしまい、生徒の興味関心を十分に引き出すことができずに困っています。実際の授業では、教科書を生徒に何度か音読させ、さらに黙読させた後、パガン朝を統治した国王について順に説明していきます。その後、パガン朝の社会状況、すなわち、行政制度や経済、文化について一つひとつ見ていくのですが、この授業方法というか、内容提示順序というか、単元構成というか、そういったものがこの単元の授業を単調にしてしまっている大きな原因なのではないかと最近考えるようになってきました。ただ、同僚にそのことを相談しても、「そんなこと言ったって、教科書通りに教えないと校長から叱責されるんだから仕方がないよ」といった回答しか返ってこないのです。私の悶々とした日々は続きます。

1　パガン朝の誕生と歴代国王

タイェーキッタヤーを中心にミャンマーを組織的に統一したと考えられているピュー人は紀元九〇〇年代の初め頃までに消滅した。その後、ミャンマーの地で最も卓越した力を誇ったのはパガン朝（Bagan Empire）である。

サムダルト（Samudarit）王は、タイェーキッタヤーの滅亡後、各地に散った民族を統合し国家建設を開始した。この国家建設の過程において、歴代君主はヨネルット（Yonehlut）、スリピェーサヤ（Sripyitsaya）、タンパワディ（Tampawaddy）と次々に首都を移し、最後にパガン（Bagan）[1]の地を首都とした。首都パガンが建設されたのは紀元八四九年、ビンビャ（Pyinbaya）王の時代であると考えられている。ミャンマーの史記によれば、パガン朝では国王が五十五代続いたと記されているが、[2]石碑に刻まれた記録からは十三の国王が判明している。

パガン朝は組織的に統率されていたであろう古代文明の基礎の上に建設されたと言われており、ピュー、モン、パラウン（Palaung）、カイン（Kayin）、タング（Taungthu）、テット（Thet）、チン（Chin）、ラカイン（Rakhine）、ビルマ（Bamar）、シャン（Shan）など各地の民族を統一した巨大な王朝であった。[3]したがって、パガン朝は、当時、卓越した王朝として隣国などからも一目置かれていた。

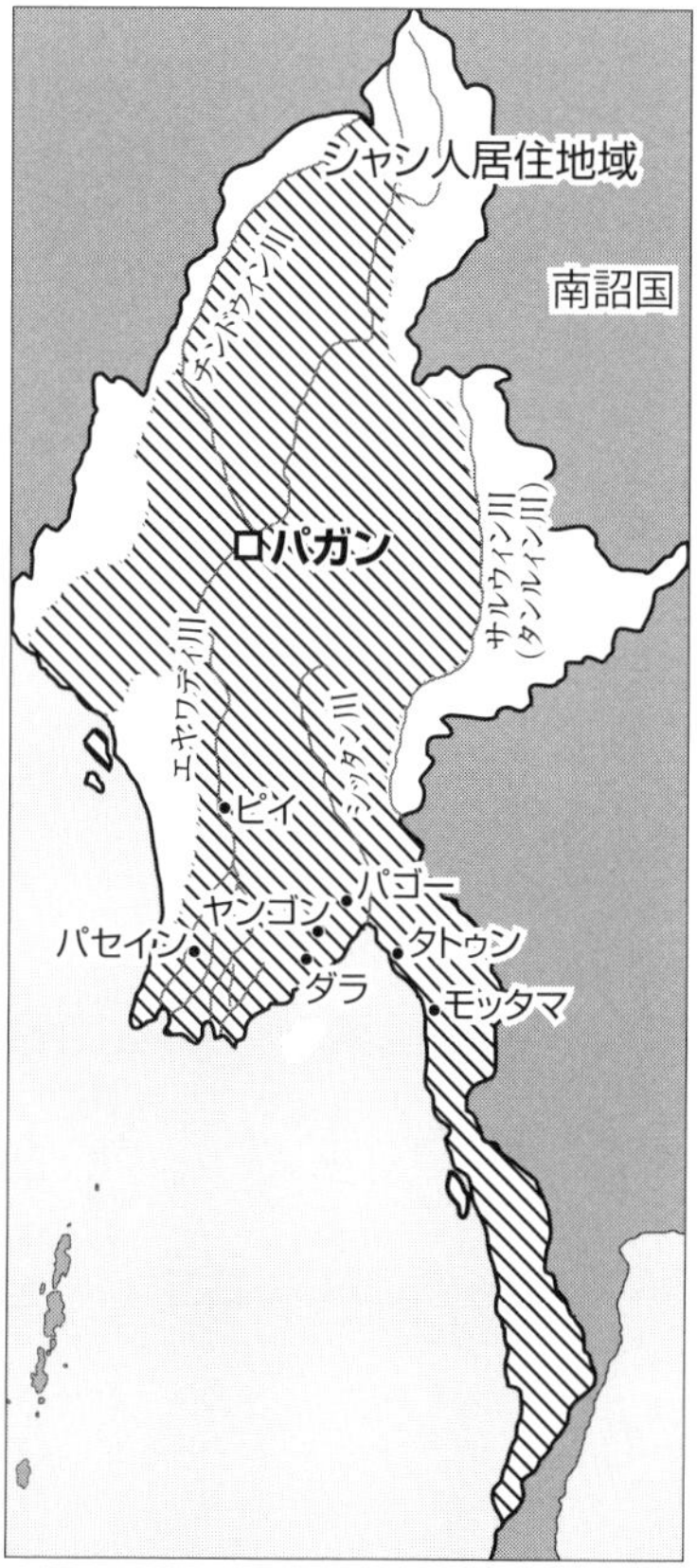

ミャンマー最初の統一王朝
（パガン朝）
出典：教育省「中学１年生歴史教科書」2014年より抜粋

1　「パガン」の名称は「ピュー・ガーマ（ピュー人の村落の意味）」が転訛したものと言われている（石澤良昭他『東南アジアの伝統と発展』中央公論社、一九九八年、一九七〜一九八頁参照）。

2　国王が五十五代続いたとされる説は、出土品や碑文などによって概ね否定されているが、この国王五十五代説から言えば、パガン朝が建設されたとされる紀元八四九年当時の国王ビンビャは三十一代目にあたる（大野徹『謎の仏教王国パガン―碑文の秘めるビルマ千年史』日本放送出版協会、二〇〇二年、一三〇頁参照）。

3　現在のミャンマーの民族構成はパガン朝時代の民族構成を原型としている（大野徹、前掲書、二〇〇二年、一四一頁参照）。

パガン朝は、アノーヤター（Anawrahta）王が即位して以来、各地にその名が知れ渡るようになった。また、首都のパガンは、エヤワディ川とチンドウィン（Chindwin）川という二つの大きな河川の合流点にあり肥沃な地域であった。

■アノーヤター王（在位一〇四四～一〇七七年）

アノーヤターが王位に就く以前には、各地に封建君主を長とする小国が多数存在していた。南部にはモン人による国、北部及び東部にはシャン人による国、さらに西部にはラカイン人の国などが見られた。アノーヤター王はこうした各地に散在する小国を支配下に収め、全国を統一しようと考えた。

王はパガン地方の統一を強固なものとするために、まず経済改革に取り組んだ。パンチャウセー地方に大規模な水路を建設し、農業地域の拡大を図ったのである。パンラウン（Panlaung）川とゾージー（Zawgyi）川に水源を頼っていた当地の人々は、アノーヤター王の支援によって七つの堤と用水路を建設し、耕作地を拡大していった。また、王は灌漑《かんがい》設備の維持と保護のために付近の農村や郡を組織して共同体を形成し、その運営に当たらせた。さらに、アノーヤター王はメティラ（Meiktila）湖を復活させた。こう

アノーヤター王の肖像[4]
出典：ミャンマー国立博物館

4　ミャンマー国立博物館にあるアノーヤター王の像は、個性的な王の容貌を表しているが、実は王の容貌について記録が残っている訳ではなく、彫刻家ウー・ハンタン（U Han Tan、一九二六～二〇〇〇年）の洞察力の賜である（ヤンゴン日本人会「ヤンゴン素描7」参照、http://ygn-jpn-association.com/yangon-sketch-7/）。

して、チャウセー及びメティィラ地方は一大穀倉地帯に変貌し、パガン朝の重要な食糧基地として発展していった。

　王朝の経済力が強化された後も、アノーヤター王は引き続き、他民族を自国の支配下に収めることに余念がなく、より強力な国家建設を目指して軍隊強化にも力を入れた。王は南進し、これまでモン人の支配下にあった南部の都市タトゥン及びタニンサリ（Tanintharyi）地方を攻略し、これを支配下に収めた。こうして、ミャンマーで最初の広大な領土をもった統一王朝が誕生したのである。

　アノーヤター王は、タトゥン地方から仏教経典や学のある僧侶、学者をパガンの地に連れて来て積極的にモン文化を導入した。

　また王は、バーモ（Bhamo）からタウングー（Taungoo）（シャン高原から低層渓谷一帯）にかけて、タウンピュー（Htaung Pyu）、ヤーピュー（Yar Pyu）、セピュー（Se Pyu）など四十三の武装都市を建設するとともに、多くの兵士を雇用して、それらの都市に配置した。というのも、当時、パガン朝の北東地域には南詔国と呼ばれる国家があり、常に脅威に晒《さら》されていたことからこれらの都市を王朝防衛のための前哨《ぜんしょう》基地としたのである。これは、アノーヤター王によって高度に発達した防衛戦略が実施されていたことを意味する。

　さらに、アノーヤター王は隣国スリランカへの軍事提供も行った。スリランカは当時南インドの封建君主による攻撃に苦しんでおり、支援を求めていたからである。加えて、アノーヤター王は、南部のタニンサリ地方の防衛のためにイェ（Ye）、メイーク（Myeik）、ダウェー（Dawei）にも前哨基地を建設した。他方、アノーヤター王は、東南アジア諸国との交易を拡大することにも努力した。

このようにアノーヤター王は、有能な封建王朝国家の指導者として能力を発揮し、王朝の発展に多大な影響を及ぼした。このことは、人々を上手く組織し、彼らのもてる力を効果的に活用する秀でた才能をもっていたアノーヤター王の大きな功績であると言える。

■ソウルー王（在位一〇七七〜一〇八四年）

アノーヤター王が亡くなった後、その息子ソウルー（Sawlu）がパガン朝の王位に就いた。しかし、ソウルーは王朝を運営していくだけの十分な能力を備えておらず、結局、直属の部下の反乱によって王朝は急速に統一力を失った。[5]

■チャンシッター王（在位一〇八四〜一一一三年）

チャンシッター（Kyansittha）王は、モン人とビルマ人との融和統合に努めた。というのも、モン人はパガン朝支配下の集団の中で最も力をもっていることを知っていたからである。チャンシッター王は、モン人とビルマ人がよい関係を維持しなければ王朝の安寧はありえないと考えていた。そこで、王はモン族出身の学者を王朝法廷での相談役に任命したり、モン文学をはじめとするモンの文化を積極的に奨励した。また、モン族の王妃であるキンウー（Khin Oo）を自身の妃に迎えるとともに、その即位式をモン族の習慣に見習って執り行い、その記録のための石碑にはモン文字を使って記載した。

5　一説では、一〇八四年タトゥンを中心としたモン人の勢力による反乱によって落命したと言われているが、そのほかに部下であったモン人のヤマンカン（Yamankan）に処刑されたという説もある（大野徹、二〇〇二年、前掲書、一七五頁、及びハーヴェイ、G・E（東亜研究所訳）『ビルマ史（一九七六年）ユーラシア叢書〈16〉』原書房、一九七六年、四六頁参照）。

さらに、チャンシッター王は、モン人とビルマ人の友好関係維持のために、自分の孫にあたるアラウンシードゥー（Alaung Sithu）を後継者に任命した。他方、息子のヤーザクマー（Raja Kumar）にはダニャワディー（Danyawaddy）地方[6]と山岳地帯にある七つの地域を与えるにとどめた。[7]

■アラウンシードゥー王（在位 一一一三〜一一六〇年）

アラウンシードゥー王の時代にもパガン朝は繁栄を続けた。ただし、アラウンシードゥーが即位した当初はパセイン（Pathein）やタニンサリ、ラカイン南部で反乱が起こったが、王は速やかにこれらの反乱を鎮圧した。王は経済の核とも言える農業を発展させることに尽力し、農地の面積を正確に測るための測量法を発明した。さらに、王は王朝内の交易を発展させるために重さと長さの単位を統一し、それを全国的に広めた。

アラウンシードゥー王は、行政整備のために法律を制定し、それに基づいて行政判断を行った。これは「アラウンシードゥー行政制度（ピャットン〈Pyat-hton〉）」として知られている。また、王は近隣国から経済的及び宗教的な信用を得るために、インド、スリランカ、マラヤと良好な関係を築くことに尽力した。こうして、国内の安定的な状況が続いたことで、社会分野はもちろん、文学、芸術、建築など様々な分野が花開くこととなった。

6　ラカイン地方の北部。

7　チャンシッター王はタンブラ（Thambula）、キンウー、アパエヤダナ（Apaeyadana）、キンタン（Khin Tan）の四人の女性と婚姻関係を結んでおり、ヤーザクマーは妻タンブラとの間にできた息子である。アラウンシードゥーは妻アパエヤダナとの間にできた娘であるシュエエイシ（Shwe Einsi）の息子、すなわちチャンシッター王にとっては孫となる。ヤーザクマーはビルマ族であり、モン族との友好関係維持のためにはモン族の血筋を引いた孫アラウンシードゥー（ビルマ族とモン族の混血）を王位に就ける方が政策上有利であろうという意図があった。

■ナラトゥー王（在位一一六〇～一一六五年）

ナラトゥー（Narathu）王は統治能力を十分に有しておらず、残念ながら、パガン朝を発展させることはできなかった。しかしながら、ナラトゥー王が建立したと言われているダマヤンジー寺院（Dhammayangyi Temple）は建築学的に見て、この時代の特徴のある有名な寺院である。

■ナラパティシードゥー王（在位一一六五～一二一一年）

ナラパティシードゥー（Narapati Sithu）王[8]は、一度分裂した国内を再統合し再発展させることに成功した。[9]この時代、パガン朝の領土は、東はサルウィン（Salween、またはタンルイン〈Thanlwin〉とも呼ぶ）川、西はミサギリ（Mitsagiri）、北はガサウンチャン（Ngasaungchan）、南はダウェーからさらにサリンチャイ（Thalinkyay）洞窟にまで拡大した。

また、この時代にはミャンマー語による文学が発展した。王宮を守護する衛兵も正式に結成され、公務員には食料や衣服が配給された。税金も組織的に徴収されるようになった。

■ナラパティシードゥー王の後の後継者たち

ナラパティシードゥー王以降の後継者は、残念ながら国家指導者としての十分な資質をもちあわせておらず、パガン朝は徐々に衰退し、不安定な状況となっていった。その後、国内で反乱が頻発すると同時に、外国からも攻撃を受け、王朝は危機

8　ナラパティシードゥー王はパガン朝において重要な役割を果たした最後の君主であると考えられている。

9　パガン朝は、ナラパティシードゥーが王位に就く以前、スリランカとの抗争で混乱し不安定になっていた。

10　シャン三兄弟の一人である。

11　パガン朝の大臣アサンカヤ（Athinkhaya）、ヤーザティンジャン（Yazathingyan）、ティハトゥ（Thihathu）の三兄弟を指す。この三兄弟はシャン族の血をひくと言われているが、パガン朝の下で育ち、完全にビルマ化していたと考えられている（石井米雄他、一九九九年、前掲書、百三十二頁参照）。

12　パガン朝滅亡後に、ミャンマーの中央平原地帯にミンザイン（Myinsaing）王国（一二九七～一三一三年）が建設されるが、この王朝は兄弟の死によってわずか十数年で滅亡する。それ以降は、この地はピンヤ（Pinya）王国とサガイン（Sagaing）王国が勃興する

に晒されるようになった。

ナラティーハパテ（Narathihapate）が君臨していた時代、元朝（モンゴル帝国）がパガンに侵攻してくると、王はパガンを放棄して南部のピイ（Pyay）に逃亡してしまい、結局、彼の庶子（妾の子）ティハトゥ（Thihathu）[10]によって殺害されてしまう。王の死後、息子のチョウスワー（Kyawswa）が王位に就くが、元軍はすでに衰退しきったパガンに幾度となく侵攻を繰り返した。

ちょうどこの頃、王朝内ではシャン三兄弟[11]の勢力が急速に強まっており、[12]パガン朝の王家はソウニッ（Sawnit）王の擁立を最後に滅亡した。[13]

（Chisholm. Hugh. ed. *Encyclopedia Britannica 11th edition*, Cambridge University Press, 1911 参照）。
13　ソウニッ王には子オウサナー二世（Uzana II）がいたが、彼が亡くなった後は王家に男子継承者がなく、パガン王室は断絶した。ただ、パガン朝は一二八七年に元朝に降服した時点で事実上滅亡したと考えてよい（ハーヴェイ、G・E、一九七六年、前掲書、一一六頁参照）。

ここまでの内容は、パガン朝の歴代国王とその時代の出来事が中心に述べられており、この後、まとめとしてパガン朝に君臨した十三人の国王の名前とその在位期間が記載されています。これまで長らく気付かなかったのですが、最近、ハーヴェイ（G. E. Harvey）の執筆した歴史書を注意深く読んでいた時（これまでこの本は国内では発禁図書とされていたらしい）、教科書に出てくる十三人の国王とハーヴェイの本のそれが異なっていることを発見しました。これを契機に、ほかの資料もいくつか調べた結果、どうやら教科書の記述が間違っているのではないかという結論に達したのです。ただし、こんなことを公言すれば、大変なことになりそうなので、誰にも相談できずにいます。

これ以外にも、この単元でもう一つ気になることがあります。〝パガン朝に元朝が侵攻した際、ナラティーハパテ王は首都を放棄して南部のピイへ逃亡し、その後、庶子のティハトゥによって殺害されてしまう〟という箇所と、〝王朝内ではシャン兄弟の勢力が急速に強まっており、パガン朝の王家はソウニッ王の擁立を最後に滅亡した〟という箇所です。ティハトゥはシャン兄弟の一人であり、彼らシャン人の勢力が強まったことでパガン朝が滅亡したことは事実であると理解はできても、このような描き方に対して何か納得しがたいものを感じています。というのは、こうし

教科書とハーヴェイによるパガン朝の歴代国王の比較

教科書の記述

	国王名	在位期間
1	アノーヤター (Anawrahta)	1044～1077年
2	ソウルー (Sawlu)	1077～1084年
3	チャンシッター (Kyansittha)	1084～1113年
4	アラウンシードゥー (Alaung Sithu)	1113～1160年
5	ナラトゥー (Narathu)	1160～1165年
6	ナラパティシードゥー (Narapati Sithu)	1165～1211年
7	ナンダウンミャー (Nataungmyar)	1211～1230年
8	ナラセインハオウサナー (Naratheinkha Uzana)	1230～1235年
9	チャゾワー (Kyaswa)	1235～1249年
10	オウサナー (Uzana)	1249～1256年
11	ナラティーハパテ (Narathihapate)	1256～1287年
12	チョウスワー (Kyawswa)	1288～1298年
13	ソウニッ (Sawnit)	1298～1334年

ハーヴェイその他の記述

	国王名	在位期間
1	アノーヤター	1044～1077年
2	ソウルー	1077～1084年
3	チャンシッター	1084～1113年
4	アラウンシードゥー	1113～1167年
5	ナラトゥー	1167～1170年
6	ナラティンカー (Naratheinkha)	1170～1173年
7	ナラパティシードゥー	1173～1211年
8	ティロミンロ (Hilominlo)	1211～1234年
9	チャゾワー	1234～1250年
10	オウサナー	1250～1255年
11	ナラティーハパテ	1255～1287年
12	チョウスワー	1287～1298年
13	ソウニッ	1298～1335年

出典：筆者作成

た記述のために、シャン人はあたかもパガン朝の「敵」のように解釈され、また実際にも「シャン人＝敵」、「パガン朝（ビルマ人）＝味方」という構図を印象付ける授業が広く行われているのです。現在のミャンマーという国の主要民族であるシャン人をこのように扱ってもよいのでしょうか。私がこのように考えてしまうのは、私の先祖が中国系シャン人であるからかもしれませんが、あまり気分のよいものではないことは確かです。

さて、パガン朝の歴代国王についての記述に続き、教科書は当時の行政制度、社会制度、文化についての内容に移っていきます。ただし、ここはなかなか生徒に興味関心をもたせることが難しい部分です。歴代国王のように具体的な人物や出来事を示すことが難しく、抽象的な記述が中心となるため、生徒にはどうしても重要語句や名称の暗記を強要することになってしまいがちなのです。結局、内容を理解することなしに、単に用語をそのまま覚えているだけなので、本当の歴史理解には繋がりません。ただ、私自身も例外ではありません。いろいろな用語などは覚えてはいますが、それについて詳細に説明できるかというとかなり怪しいのです。

２　パガン朝の行政・社会経済・文化

■行政制度

パガン朝は君主体制をとっていた。君主の命令は「法」そのものであり絶対服従であった。しかしながら、こうした絶対的な君主の力以上のものもあった。それは仏教の教えである。また、国王の十戒、上級官僚の六原理、よき社会関係を維持するための四規則の他、伝統的習慣、国王顧問役からの助言なども君主の力を制限するものであった。

パガン朝の君主は、宗教的儀式を司ったり、軍事部門を強化するなど、国家繁栄のために様々な努力を行うと同時に、窃盗や強盗などを罰する司法に関する業務も監督をしていた。

パガン朝の行政制度においては、官吏は任命され、国家運営の責にあたった。当時の行政担当局は「クンビャウジ（Kunbyaukyi）」あるいは「クンビャウゲ（Kunbyauknge）」と呼ばれ、国家の内政及び宗教行事を一手に引き受けた。司法局は「タヤータンピン（Tayar Thanpyin）」と呼ばれ、「アムヌン（Amunwun）」と呼ばれる判例に基づいて判決が下された。また、知事（Governor）も任命制で、彼らは国境付近の地域の監督にあたった。

行政組織の内部においては、職位は絶対的なものであり、職位の高低によって人々からの尊敬の度合いや多様な機会の享受頻度も異なっていた。また、ある行政官が裁判にかけられた場合、懲罰もその人の地位によってその軽重が左右された。すなわち、同じ罪を犯しても、地位の高い人に対しては地位の低い人よりも軽い刑罰が与えられたのである。

■経済状況

パガン朝では封建制度を基礎にしていた。ここでは農業を主とした経済活動が行われており、灌漑《かんがい》用の水路などの建設が積極的に行われた。降水量の比較的多い地域の農業は雨水に頼ることができたが、降水量の少ない地域では灌漑に頼るしかなかった。当時の耕作地は、水田、高地、沈泥地、果樹園の四つに大別され、米の栽培は水田で、キビ、アワ、とうもろこし、ごまなどは高地で、フジマメ、ササゲ、ヒヨコマメ、メロン、きゅうり、ニンニクなどは沈泥地で、くだもの類は果樹園で栽培された。また、キンマ草[14]も果樹園で作られていた。

農業を行う上で重要な貯水池やダムの多くはアノーヤター王の時代に建設された。パンラウン（Panlaung）川のキンタータム（Kintar Dam）やガニンダム（Nganine Dam）、ピャウンピャーダム（Pyaungpyar Dam）、クメルダム（Kumel Dam）、それにゾージー川のワルテットダム（Nwartet Dam）やクンセイダム（Kunsay Dam）、グータウダ

14　東南アジアで広く栽培されているコショウ属のつる草。乾燥した葉は健胃や去痰として用いられる。

ム（Gutaw Dam）などである。

パガン朝では、隣国であるスリランカやマラヤ、タイ、南インドの国々との交易も盛んに行われた。パセイン、タトゥン、メイークなどの町は東南アジアの交易に大変重要な役割を果たした。これらの都市では、様々なものが取引されたが、パガン朝の主要な交易品としては木蝋《もくろう》、白檀《びゃくだん》、蜜蝋《みつろう》、象牙[15]などであった。

■社会状況

パガン朝では、「王族」、「延臣」、「一般庶民」、「奴隷」という四つの地位によって人々は区別されていた。王とその家族は特権的な階級であり、すべての人々から尊敬されていた。「延臣」は王の相談役、官吏、主計などを含む人々を指し、「一般庶民」は農民をはじめ、商人、職人などを指した。「奴隷」には寺院や僧院に寄進された「三宝奴隷（Sasana）」と個人に使役される「奴婢《ぬひ》奴隷」が存在していた。[16]

■文化―宗教・信仰

アノーヤター王が即位する以前、精霊（ナッ〈Nat〉とも呼ばれる）や龍（ナーガ〈Nagar〉とも呼ばれる）を崇拝する奇妙な精霊信仰[17]やアリー（Ari）仏教と呼ばれる密教的ないかがわしい呪術儀礼などを行う大乗仏教が信仰されていた。このアリー僧による教えはパガン朝に少なくない影響を与えていたという。そこで、アノーヤター王はモン族の高僧シンアラハン（Shin Arahan）を招き、説法を聞いて自ら上座

15　木蝋はハゼノキの果皮から採った脂肪でロウソクやマッチの製造、器具の艶出《つや》しに用いられる。白檀はビャクダン科の半寄生常緑高木で香料植物として栽培されている。蜜蝋は蜜蜂の巣を加熱・圧搾して採取した蝋で、ロウソクや光沢材などに利用される。

16　パガン朝時代の「奴隷」は「クワヤン」または「チュン」と呼ばれており、西欧世界で意味する「奴隷」というよりは、むしろ「隷民」や「臣民」に近いものであった。平素は、農業や工業、芸能などに携わっており、お上に対して毎年決まった額の租税を納入するだけでよかった。ただし、クワヤンは支配者にかなり隷属した存在であり、お上の都合で容易に身分が変更させられた。王や官吏が自己の領地を寺院などに寄進すると、その領地に暮らす住民は「三宝奴隷」となってしまい、子々孫々に至るまでその施主によって指定された仕事から離れられなくなったようである（石井米雄他、一九九九年、前掲書、一二五～一二六頁参照）。

17　ミャンマーの民間信仰で、現在においても各地で見られる。アノーヤター王は仏教の興隆にあたって、当時各地で信仰されていたナッに様々な工夫をしたと言われている。例えば、シュエズィー

ナッ信仰の総本山ポパ（Popa）山
出典：筆者撮影

部仏教に帰依するとともに、タトゥンを征服するや否や仏教経典（Pitakas）と学識のある僧侶をパガンに連れて来るなどして、アリー仏教を一掃し、上座部仏教を王朝内に普及させることに尽力した。こうして、上座部仏教は伝統的な信仰に大きな影響を与えることになった。

もともと仏教には二つの派があり、一つは北インドから伝わった大乗仏教、もう一つは南インドから伝わった上座部仏教である。[18] 上座部仏教を信仰する人々は、輪廻転生の教えを信じ、死後の人生がよりよいものとなるように、土地や奴隷、財産などを進んで寄進した。

またパガン朝では、上座部仏教以外にも、ヴィシュヌ（Vishnu）神やシヴァ（Siva）神、ガネーシャ（Ganesa）といったヒンドゥー教の神々も信仰されていた。

さらに、パガン朝時代には多くの寺院や仏塔が建立された。有名なものとしては、シュエズィーゴン（Shwezigon）パゴダ、アーナンダ（Ananada）寺院、タッビンニュ（Thatbinnyu）寺院、ダマヤンジー（Dhammayangyi）寺院などがある。

■文化—文学

パガン朝時代はミャンマー文字が大きく発展した時期でもある。パガン朝の最初

ゴンパゴダの基壇にナッの木像を祀らせたり、ナッを三十七にまとめ、その上に仏教の守護神ダジャーミン（帝釈天）を置いて仏教の優位性を表すという具合である。パガンの南東五十キロメートルのところにあるポパ山は、家の守護神であるマハーギーリー・ナッの住処として信仰を集めている（アジアネットワーク『ミャンマー情報事典』一九九七年、星雲社、一一八〜一六三頁、田村克己・根本敬『アジア読本　ビルマ』一九九七年、河出書房新社、二〇五〜二一二頁参照）。

18　仏教を二つに大別すると、スリランカやタイ、ミャンマー等の地域に伝わった南伝の上座部仏教（または上座仏教、テーラワーダ仏教、南伝仏教、小乗仏教とも呼ぶ）と、中国やチベット、日本等の地域に伝わった北伝の大乗仏教に分類される。一説によれば、初期仏教教団の根本分裂によって生じた上座部と大衆部のうち、前者の流れを汲んでいるのが上座部仏教と言われている。

アーナンダ寺院

シュエズィーゴンパゴダ

ダマヤンジー寺院

タッビンニュ寺院

奉納彫刻[19]

出典：教育省「中学１年生歴史教科書」2014年より転載

19　苦灰石《くかいせき》に釈迦の一生における八つの基本となる状況が彫られている。パガンに保存されている（Aung Thaw, *Historical Sites in Burma*, Ministry of Union Culture, Government of the Union of Burma, 1972, p.81 参照）。

の頃はモン文字が広く使われていたが、ミャゼーディー(Myazedi) 碑文の研究が進むにつれて、この頃にはすでにミャンマー文字も使われていたことが分かっている。ミャゼーディー碑文とは、チャンシッター王の息子であるヤーザクマーによって書かれ、四面それぞれにピュー語、モン語、ミャンマー語、パーリ語の四言語で王の功徳が記された石碑である。[20] また、アラウンシードゥー王の時代には、これらとは別の古代ミャンマー文字が使われていたことも分かっている。パガン朝の時代には、石碑や壁画、鐘画、さらには四音一行からなる韻文などが盛んに作られ流行した。

ミャゼーディー碑文
(1113年作成)
出典：パガンのミャゼーディーパゴダ

■文化―建築及び芸術

パガン朝時代に建立された数々の仏教寺院の建築様式の素晴らしさには目を見張るものがある。仏塔や寺院に一歩入れば、規則正しい石積技術、しっかりした質感と重量感、自然光の取り入れ技術などに気付くであろう。また同時に、数々の絵画や彫刻に出会うことができる。パガン朝時代の高度な技術を駆使した伝統的芸術と呼ばれるものが十ほどあり、それには絵画、石工、青銅鋳物、彫刻、金銀細工、蹄鉄などが含まれる。

この時代には、職人芸や手工芸が繁栄し、農機具の製造や織物製作、宝石加工なども盛んに行われるようになった。また、これまでにない独特の文化が見られるようになったのもこの時代である。これは、モン人、ピュー人、シャン人らがもって

20 アノーヤター王の時代の碑文にはサンスクリット文字のみが使用され、ソウルー王の時代にはパーリ語が使われていた。チャンシッター王の時代になるとモン文字が頻繁に使用されるようになった。ミャンマー語の使用が主流となるのは、ナラパティシードゥー王の時代からそれ以降にかけてである。また、ミャゼーディー碑文は一一一三年頃に作成された石碑で、チャンシッター王とヤーザクマーの話が記載されている。

いる民族的特徴や慣習をビルマ族の文化に融合することで生まれたものである。もちろん各民族がもつ固有の文化もあちらこちらで見られたことは言うまでもない。こうした融合された独特の文化は、現在のミャンマー文化の土台になっていると言える。

3 パガン朝の滅亡

アノーヤター王によって築かれたパガン朝は十三世紀末頃までに滅亡した。ナラティーハパテ王とその後継者たちは王朝を維持していくだけの十分な資質をもちあわせておらず、徐々に高まる王朝内部の不満によって内乱が起こった。これと時期を同じくして、王朝の外では元朝（モンゴル族の国家）の侵略に苦しめられていた。ナラティーハパテ王は、ガサウンジャン（Ngasaunggyan）で元軍を撃退しようと派

パガン朝時代の建築様式[21]

壁画[22]
出典：教育省「中学1年生歴史教科書」2014年より転載

21 パガンにあるティンガンヨン（Thinganyon）寺院のアーチ型ペディメント（Aung Thaw、一九七二年、前掲書、七六頁参照）。
22 パガンにあるナンダマンニャ（Nandamannya）寺院の壁に描かれた壁画（Aung Thaw、一九七二年、前掲書、九三頁参照）。
23 元朝がパガン朝に接近してきたのは一二七一年頃である。この時、元朝はエヤワディ流域北辺地域にいたタイ族の支配を巡りパガン朝に宣慰司を派遣してきた。ナラハティーハパテ王は内附を拒否し元朝に攻撃をしかけたが、すでに元朝は北部ミャンマー地域を支配下に入れて勢力を拡大していた。そのため、王は元朝に対する内附を決意するしかなかった。パガン朝が元朝に朝貢することを条件に、元は軍を引き上げた。そ

兵するが、残念ながらその試みは失敗に終わってしまう。パガン朝は元朝との停戦を話し合うために、シンディタパマウク（Shin Ditha Pamauk）を特使として北京に派遣した。彼の秀でた外交戦術によってようやく元軍は退却することとなった。[23]

チョウスワー王の時代には、国王の権力が及ぶ地域はパガン周辺部に限られ、経済的に重要な地域であったチャウセー地方はシャン三兄弟に占領されていた。こうして、王朝の行政機能が十分に機能しなくなると、モン人、ラカイン人、シャン人らが結託し、各地で内乱を引き起こすようになった。[24]

さらに、ソウニッ王の時代には、再び元軍がパガンに侵攻してきたが、悪天候のために途中で退却を余儀なくされた。他方、王朝内ではシャン三兄弟がチャウセー地域の支配を背景にますます力をつけてきていた。その結果、ソウニッ王の後は王位が継承されることはなく、新しい封建制都市国家が各地に興るようになった。

の後、ピイに逃亡していたナラティーハパテはパガンに帰還しようとしたが、一二八七年、庶子のティハトゥに毒殺される（石井米雄他、一九九九年、前掲書、一三一～一三二頁参照）。

24　ナラティーハパテ王を殺害したティハトゥは王の長子ウザナとともに後継者争いで落命し、生き残った子チョウスワーが即位した。しかし、一三〇一年、シャン三兄弟の一人アサンカヤが再び侵攻してきた元軍に勝利し、パガン朝の農業基地であったチャウセー地方を占領すると、チョウスワー王は名目的なものに過ぎなくなっていった（石井米雄他、一九九九年、前掲書、一三二頁参照）。

パガン朝の学習が終わると、私は、生徒の理解度を試すために試験を行っています。問題は教科書に例示されているので、通常、それと同じ問題を出しています。その中の一つに「パガン朝の行政制度について説明しなさい」という問いがあります。当然、教科書の記述通りに答えれば正解としますが、注意深く教科書の記述を見てみると、「これって行政制度について書かれているの？」という疑問がわかないでもありません。そこで、私なりにパガン朝時代の行政制度について調べた結果、以下のようなことが判りました。

パガン朝では、支配領域は「カルイン（Khayaings）」、「トゥイク（Taik）」、「ヌインナム（Naingngans）」と呼ばれる三地域に分けられていたようです。カルインは王朝の中心となる地域を指し、その後周辺部への領土拡大によって得られた地域をトゥイク、さらにその外側、すなわちパガン朝の権力が直接及ばない地域をヌインナムとしていたようです。

カルインと呼ばれる地域は具体的にはチャウセー、ミンブー（Minbu）、タウンビョウ（Taungbyone、マンダレーの北部）の三地域であり、いずれもミャンマーの中央平原に位置し、年間降水量は千二百ミリメートル以下と少ないのですが、アノーヤター王の時代以来、灌漑設備が整備されたために一大穀倉地帯となっていました。

トゥイクは、主としてシュエボー、チンドウィン川下流域、パコク、中央平原南部の地域を指し、アノーヤター時代にはまだ支配が及んでいなかったと考えられますが、もともとはピュー人の支配地域でもあり天水による米作や畑作が行われていました。

ヌインナムは、さらに周辺に広がった地域で、南はバゴー（Bago）地方やタニンサリ地方、北はバーモ地方に及んでいたと考えられます。この地域は、パガン朝というよりは、辺境のアッサム（Assam）やベンガル（Bengal）、雲南、チャオプラヤ（Chaophraya）川流域との関係が強く、パガン朝から離脱し独立王朝を築く傾向があったようです。

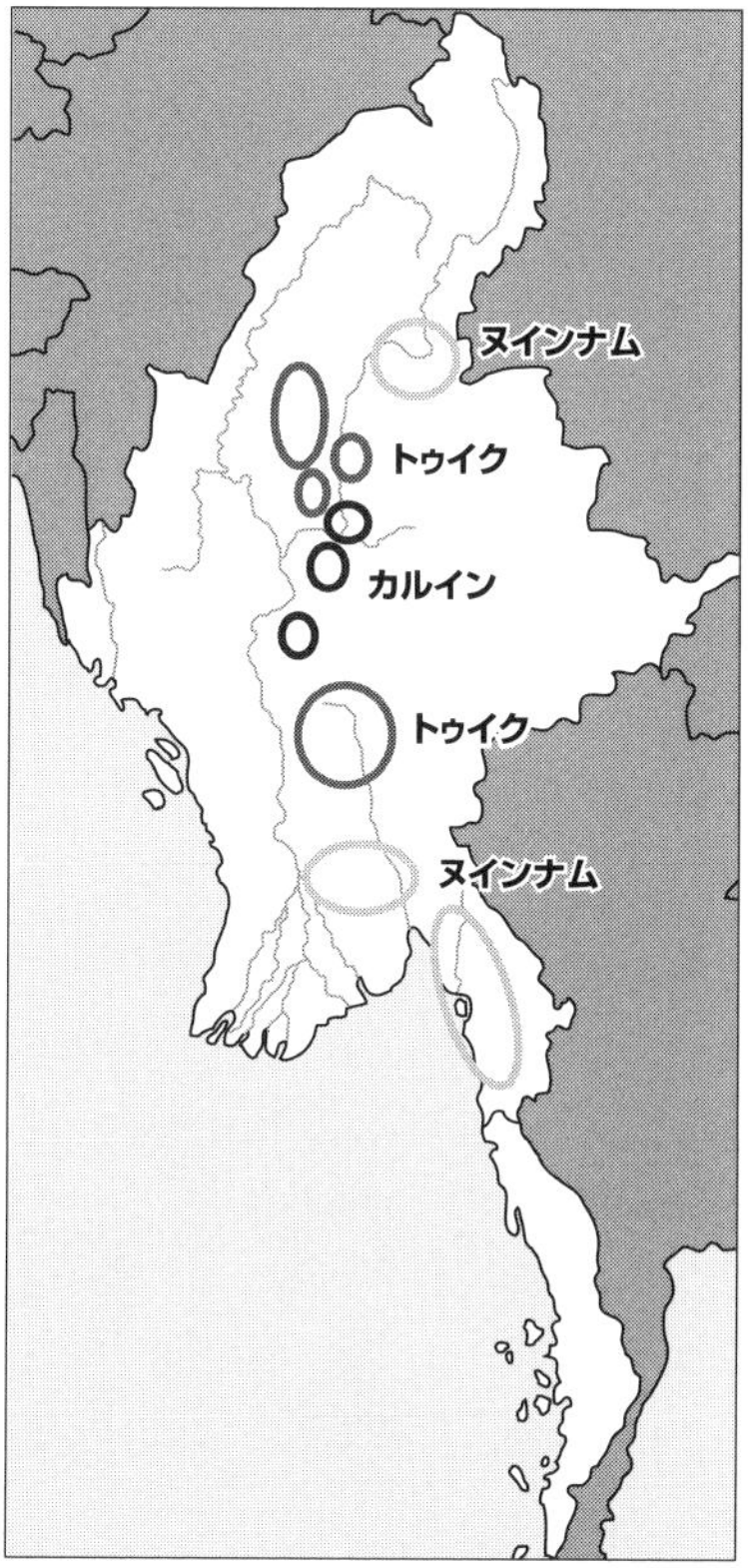

カルイン・トゥイク・ヌインナムの分布
出典：筆者作成

私が独自に調べ理解した内容は以上です。実はこれこそがパガン朝におけるマクロ的視点からの行政制度についての情報ではないでしょうか。教科書にはこうした重要な情報がすっぽりと抜けているように感じられます。

さて、もう一つ教科書には「パガン朝における宗教について説明しなさい」という問いがあります。この

アーナンダ寺院のレリーフ

パガンの仏教壁画

出典：パガン王朝（ウィキペディア）より転載

問いに対して「アノーヤター王以前には密教が広く信仰されていたが、国王が高僧シンアラハンを招き上座部仏教を国教としてからは仏教が中心的な宗教になった」と教科書の記述通りに解答すれば正解としているのですが、いろいろな資料や当時の研究成果を子細に調べてみると、パガン朝時代の宗教は王朝自体を滅亡に導く重要な要素を孕《はら》んでいたことが判ってきました。以下、そのことについて少し触れておきます。

パガン朝では、アノーヤター王が上座部仏教に帰依し、これを国教とすることでこれまで各地で行われていた密教的な信仰の広がりを抑えようとしたことは教科書の記述の通りですが、その後、こうした密教的な信仰がなくなったかと言えば、答えは否です。パガン朝では、仏教やヒンドゥー教が広く信仰されており、仏教の中でも大乗系、密教系、上座部系と様々な宗派が存在していたと考えられています。このことは、窟院内の壁画やサンスクリット語経典の存在、また、宮廷の行事や公の催しがバラモン僧や占星術師の采配の下に行われたことやチャンシッター王が自らをヴィシュヌ神の化身と称していたことなどからも明らかです。パガン朝では、こうした宗教が別々のものであると認識されていたというより、むしろこれら多様な宗教が未分化の状態で混在していたと考えた方がよいのかもしれません。

当時の人々は、未来における福楽の招来や来世におけるよりよい状態での再生を願い、功徳を積むことに腐心し、宗教施設の造営、土地や労働力の寄進を積極的に行いました。これらの宗教施設や土地には免税措置がとられていたために、王室から見れば、徴税することができず、決して好ましいものではありませんでした。ティロミンロ王の時代になると、こうした土地は無視できないほど拡大しており、王室財政を圧迫するようになっていました。そこで、チャゾワー王はこうした宗教土地の没収に乗り出しましたが、これによって寺院や民衆との対立は激しくなったのです。

ちょうどその頃、密教的要素をもったアラニャ（Aranya）僧団が現れてきました。これは、喧騒な集落を離れ、森の中での修行を重んじる出家僧の集団を母体としており、マハーカサッパ（Maha Kassapa）の指導の下で大きく成長していきました。マハーカサッパは王都パガンの東方に大寺院を開くとチャウセー地方にまで勢力を広げ、一二四七年から一二七二年頃にはシュエボーやチンドウィン川下流域一帯の土地を次々に獲得していきました。上座部仏教の律によれば、僧院施設や僧伽の維持は在家の寄進に依存しなければならなかったことから、僧侶が土地を購入したり、これを開発することはもってのほかとされていました。この意味からアラニャ僧団は従来の宗教とは一線を画すものであったと言えます。また、彼らは儀式において飲酒はもちろん、牛肉や豚肉を食しており、通常の僧の規律からは考えられない行為も堂々と行っていたようです。

こうした異端集団を一掃しようと、チャゾワー王はスリランカから多数の僧侶を招聘《しょうへい》し、仏教の律の厳守を行いましたが、マハーカサッパの死後もアラニャ僧団は発展し続け、パガン朝の滅亡以後も宗教界の中心勢力となっていったのです。

以上がパガン朝における宗教の実態なのですが、こういうことも授業で触れていけば、もっと歴史の授業が面白くなり、当時の社会についての見方や考え方も広がっていくのでしょうが、なかなか教科書から離れて授業を行うことは勇気が必要です。

第４章　「小国分裂の時代」を教える

本章における教科書抜粋部分はすべて「高等学校一年生歴史教科書」からのものです。

この単元は、ミャンマーにおける最初の統一王朝であるパガン朝が滅亡した後の時代であり、次の統一王朝までの約二百年の期間を扱ったものです。ただし、この単元は中学校では扱われず、高等学校で初めて出てきます。それもわずかの紙幅を割いての記述に留まっているのが現状です。私は中学校で歴史を教えているので、通常の授業ではパガン朝の後、すぐにハンターワディー（Hanthawaddy）朝に移るのですが、最近になって、こうした歴史学習に疑問をもち始めるようになりました。「なぜ、この小国分裂の時代が中学校の歴史教育で取り扱われないのだろう？」。また、「高等学校でも極めて簡潔にしか取り扱われてないのはなぜだろう？」。私が考えるに、これらの小国は現在のミャンマーの国土全体を統一した王朝でなかったということもあるかもしれません。しかし、それにも況《ま》してこれらの王朝がビルマ人によるものではなかったという事実が大きく関係しているのではないでしょうか。

この二百年の間に成立した小国には、ミンザイン（Myinsaing）王国、ピンヤ（Pinya）王国、サガイン（Sagaing）王国、インワ（Innwa）王国、ピイ（Pyay）王国、ハンターワディー（Hanthawaddy）王国、シャン王国、ラングラット（Laungkrat）王国、ミャウウー（Mrauk U）王国があります。このうち、ミンザイン王国、ピンヤ王国、サガイン王国、インワ王朝、シャン王国はシャン人によって興された王国であり、ハンターワディー王国はモン人（シャン人の血も引いている）、ラングラット王国とミャウウー王国はラカイン人によるものです。ビルマ人によるものはピイ王国のみなのです。

現在、私の学校では、道徳や音楽、ライフスキルなどの教科において「ミャンマーに居住するすべての民族の協働と友好」を常に強調しており、このことは他校でも同様です。こうしたことを一方で強調しながら、他方でこのようなビルマ人を中心とした歴史観で教科書が編纂されているという事実は、私には何とも腑《ふ》に落ちないのです。

以下、高等学校の歴史教科書の内容を見ていきたいと思います。

1　ピンヤ王国の勃興

シャン三兄弟の中で最も優秀であった末っ子のティハトゥは一三〇九年王位[1]に就くとすぐに、元朝からシャン人の王国を守ると宣言し、一三一二年にピンヤ王国を興した。彼は、ウザナー（Usanar）、チョーズワー（Kyawswar）、ナウヤター（Nawyahtar）、アティンカヤー（Athinkayar）、タラピャー（Taraphyar）という賢い息子たちに恵まれ、彼らを各地に派遣し軍事行動を起こした。しかしながら、こうした彼の努力は報われず、結局平和で繁栄した王国を長期にわたって維持していくことは出来なかった。

ピンヤ王国では、およそ五十年のうちに六人の君主が登場し、元軍によって破壊された地域を立て直すために努力した。しかし、一三三一年、ウザナー王の時代に大洪水が発生し、パゴダや寺院、さらには洞窟内僧院などが水没した他、多くの家屋が崩壊し、広大な農地を喪失するという大被害を被った。

他方、チョーズワー王の時代には、信仰の盛んであった地域の調査が行われ、石に刻まれた様々な宗教的碑文などが収集されるなど歴史的に重要な活動が行われた。

しかしながら、ピンヤ王国はたびたび周辺地域に居住するシャン人の来襲を受け、王国は常に脅かされていた。

1　この年代は確実に証明されたものではなく、多様な解釈が存在する。ピンヤ王国成立時の「一三一二年」という理解が一般に普及しているという説もある。したがって、本書のこれ以降の記述においては「一三一二年」説を採用することにする。例えば「付属資料」における記述などがそれに相当する。

2　サガイン王国の勃興

ティハトゥ王の息子アティンカヤーは、一三一五年、サガイン地域北部にサガイン王国を興した。これによってミャンマーの地にはピンヤ王国とサガイン王国が、それぞれ別の王によって統治されることになった。サガイン王国はおよそ五十年間続き、その間に七人の君主による統治が行われた。

サガイン王国では、常に封建領主たちが覇権争いを繰り返し、不安定な状態が続いていた。それに加え、外部からはシャン人たちの侵攻に苦しめられた。一三六四年シャン藩主トーチブワー（Thochibwar）率いる軍がピンヤ王国とサガイン王国を攻撃し、両国は完全に滅亡した。[2]

3　インワ王国の勃興

ピンヤ、サガイン両国の滅亡後、アティンカヤーの一族であり、かつダガウンの君主でもあったタドーミンピャー（Thadoe Minphyar）は王国再建を目指し、義弟ミントミン（Myint Min）と協力して、分裂し各地に散っていたシャン人勢力を再統合していった。

初代君主タドーミンピャー王の後を継いだミントミンは別名「ミンチースワー（Minkyi Swar）」とも呼ばれ、三十三歳という若さにして王の座に就き、三十年近く王国を治めたことから「長寿王」と呼ばれている。彼の統治時代は、大きな暴動や

2　ここで言うシャン藩主というのは、エヤワディ川北部のモー（Maw）盆地に興ったモーシャン（Maw Shan）を指す。

戦闘はなく平和で安定した状態が続いた。その背景には、官僚や官吏が従うべきことが記された法規の制定など行政制度が整備されていったからである。他方で、国王は統治下にある人民が不自由を感じないように、小さな事についてはよくよくせず、大きな問題についてはそれを小さくする術を積極的に人々に教示した。さらに寛大な税制の導入も行った。

ミンチースワーの後、彼の息子トラヤーパヤー（Taraphyar）が王位に就いたが、彼の統治は短命に終わった。その後、一四〇〇年ミンカウン（Minkaung）が権力を握ると、積極的に周辺地域に侵攻し、東はシャン、西はインド、南はモンにまで領土を拡大していった。このように、タドーミンピャー王をはじめ、彼の後継者たちによる努力は強力な国家建設に大きく寄与したのである。

4　ハンターワディー王国の勃興

パガン朝の滅亡後、下ミャンマーではハンターワディー（Hantharwaddy）とモッタマ（Mottama）の城主が徐々に力をつけていた。そして、一二八一年にはシャン一族の血を引くワーレルー（Wareru）がスコータイ（Sukhothai）朝ラームカムヘーン（Ram Khamhaeng）王[3]の援助を受けてモッタマの支配を確実にした。また、一二八八年にはンガモン（Nga Mon）がハンターワディーの支配を確実なものとしていた。当初、ハンターワディーとモッタマの間では平和な状態が維持されていたが、上ミャンマーからの敵と戦ううちにワーレルーの勢力がハンターワディーにまで及ぶようになっ

3　ハンターワディー王国の建国者であったワーレルーは、シャン族（父）とモン族（母）の間に生まれた長男で、若い時、スコータイ朝の軍人として従事した。また、スコータイ朝の第三代目にあたるラームカムヘーン王は近隣諸国に対して同盟を締結し、協調していく政策を採っていたこともあって、ハンターワディー王国の建国を支援した。

ていた。
ワーレルーの統治は建国後も徐々に拡大し、南はダウェーにまで及ぶようになった。[4] これに対し、隣国のラームカムヘーン王はモッタマ、モロミャイン、タニンサリの領有権を主張し、ワーレルーと対立するようになった。

バニャーウー（Banyar Oo）が七代目君主として王の座に就いた頃、アユタヤ（Ayutthaya）朝にしばしば脅かされたため、一三六九年には首都がハンターワディーに移された。その後、王位がバニャーウーの息子ヤザーディリ（Yazar Darit）によって継承されると、王国の勢力はますます強化され、統治地域も拡大していった。

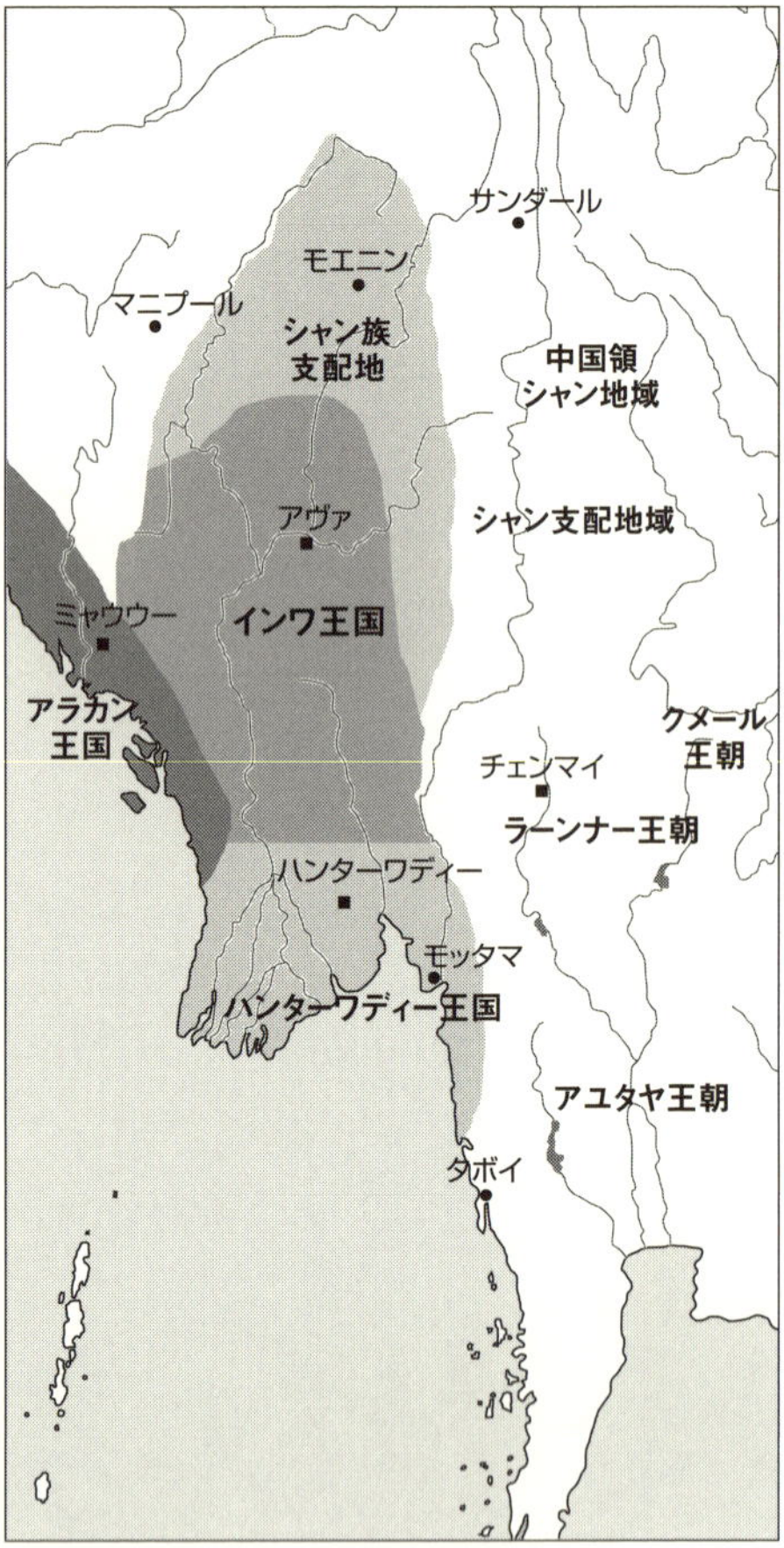

15世紀頃のミャンマー情勢
出典：筆者作成

4　ワーレルー王の偉業は、支配地を拡大したこと以外に、現存するミャンマー最古の法典「ワーレルー・ダンマタ（Code of Wareru）」を集大成したことがあげられる（石澤良昭他、一九九八年、前掲書、二六八頁参照）。

5　ラングラット王国とミャウウー王国

十一世紀から十五世紀にかけてラカイン地域を支配した王国には、年代順にピンサ（Pyinsa）王国、ダリン（Darin）王国、クレイク（Khreik）王国、ラングラット（Laungkrat）王国の四つがある。国名はいずれもその中心都市から名付けられている。その中で、ラングラット王国はミンティー（Minhtee）王の時代に最も繁栄したが、後継者がなかったため、友好関係にあったインワ王国から君主を出すことになった。インワ君主ミンチースワーの叔父にあたるソーモンチー（Saw Mongyi）がミンティー王の後を継ぎ、その後、ソーモー（Sawmae）に引き継がれた。

しかし、ミンソーモン（Min Saw Mon）が王位に就いた頃、インワ王国との関係は以前とは異なりかなり悪化していた。一四〇六年にはインワ王ミンカウンによって侵攻されると、王はベンガルに亡命し、ここにラングラット王国は滅亡した。

一四三〇年、ベンガルに亡命していたミンソーモンはベンガルのスルタンの援助を受けて復位し、ミャウウー（Mrauk U）王国を興した。ミャウウー王国は、ミンビン（Minbin）が王位に就いた頃にはかなり大きな勢力を誇るようになっていたと考えられている。[5]その証拠に、当時ミャンマーの統一王朝建設に向けて急速に勢力を拡大していたタビンシュエティー（Tabin Shwe Hti）王とバインナウン（Bayint Naung Kyaw Htin Naw Rahtar）による強力な攻撃をも退けている。

また、ラジャチー（Raja Kyi）王の統治時代、ハンターワディー朝ナンダ（Nanda）王の勢力が弱まったことを機に、タウングー城主と手を結び、ハンターワディー朝

5　ミンビン王が統治していたのは一五三一～一五五三年であり、この時期までにミャウウー王国は強大な国家となっていた。

に攻撃をしかけ、ナンダ王の拉致に成功している。この時、王はポルトガル人将校フェリペ・デ・ブリート（Felipe de Brito e Nicote）を同行し、彼をハンターワディー防衛軍として同地に留めた。

一五三一年から一六三八年の間、ミャウウー王国の勢力はますます拡大していった。それと同時に、ポルトガルやオランダからの貿易商がミャウウー王国を訪れるようになり、これらの国々との関係を深めていくことになった。この後、ラジャチーの息子ミンカーモン（Min Kha Mong）が王位を引き継ぎ、王国の繁栄を維持したが、彼の死後、ミャウウー王国の勢力は急速に衰えていった。

6　インワ王国とハンターワディー王国間の四十年戦争

インワ王国ではミンカウン王（一四〇〇〜一四二三年）が、ハンターワディー王国ではヤザーディリ王（一三八五〜一四二三年）が勢力を誇るようになってから両国の間では絶え間なく戦闘が繰り返されるようになっていた。これは一般に「四十年戦争」と呼ばれている。

この原因は、ハンターワディー王国でヤザーディリが王位に就くことを好ましく思わなかった属州ミャウンミャ（Myaungmya）の知事がハンターワディーと戦うためにインワ王国に協力を求めたことに始まる。

戦闘は当初、下ミャンマーのエヤワディ河口を中心に行われていたが、次第にラカイン地域にまで及ぶ大きなものとなっていった。インワ軍の主力はピイまで南下し、ハンターワディーを攻略しようとしたが、なかなかうまくいかなかった。他方、ハンターワディー軍は一度インワにまで到達したが、インワ軍を落とすことはできなかった。結局、両者の戦闘はどちらが勝利するともなく、延々と長期にわたって繰り広げられた。

一四二三年、インワ王国でティハトゥが王位に就くと、ヤザーディリ王の後継者争いで内紛を起こしていたハンターワディー王国に大軍を送り大規模な軍事行動を起こした。これが結果的に「四十年戦争」の最後の戦いとなったが、やはり決着はつかなかった。

この長期の戦闘によって、上ミャンマー、下ミャンマーともに大きな打撃を受け、両国からは多数の人々が安全な地を求めてタウングー（Taungoo）に避難するようになっていた。

7　四十年戦争後のインワ王国とハンターワディー王国

四十年戦争の後、インワ王国はティハトゥ王による統治が継続されたが、ハンターワディー王国では新たにバニャーダマヤザー（Banyar Dhama Yarzar）が王位を継いだ。しかし、この王位継承に対して不満をもったバニャーヤン（Banyar Yan）とバニャーチャン（Banyar Kyan）はインワ王ティハトゥと秘かに手を結んだ。というのも、バニャーチャンは妹シンソープー（Shin Sawbu）をティハトゥに妻として提供したことでインワ王国と親族関係を築いていたからである。

しかし、しばらくするとインワ王国は北部のシャン人によって脅かされるようになる。一四二五年、ティハトゥ王がシャン藩主オーバウン（Ohn Baung）によって殺害されると、その後はシャン人による統治が続く。シャン人によるインワ王国は領土を北部へ拡大し、ナラパティ（Narapati）王の時代には中国に迫ったため、中国とも対立するようになっていた。

ナラパティ王の後、ミンカウン（Min Kaung）二世が即位するが[6]、その頃からインワ王国の勢力は急速に衰えていく。王国下の藩が反旗を翻したり、北部のシャン人のたびたびの侵攻によって王国は苦しめられた。インワ王国は近年勢力をつけてきたタウングー君主と協力関係を結ぶが、勢力を回復することはできなかった。

シュエナンチョーシン（Shwe Nang kyawt Shin）王の時代になると、これまで友好関係にあったタウングー城主からの攻撃を受けるようになっただけでなく、北方のモエニン（Moe Nyin）君主ソーロン（Salon）やその息子トハンブワ（Tho Han Bwar）の反逆などもあり、ますますインワ王国の勢力は衰退していった。

トハンブワ（一五二七～一五四二年）が王位に就くと、彼は冷酷な統治を行い民衆を苦しめただけでなく、パゴダや寺院を壊し、僧侶を殺害するなどの残虐な行為を繰り返した。そのため、結局は民衆によって殺害されてしまった。この後、コーマイン（Kone Hmaing、一五四三～一五四六年）、モービェ（Moe Byal、一五四六～一五五二年）、シトゥーチョーティン（Sithu Kyaw Htin、一五五二～一五五五年）が統治するが、インワ王国は滅亡の一途を辿り、一五五五年には完全にバインナウン王の統治下に入った。

6　ナラパティ王の後、王位を継いだのは息子ティハトゥラ（Thihathura）」であり、その後、ミンカウン二世が即位する。

他方、ハンターワディー王国では、バニャーダマヤザー王の後、バニャーヤン王（一四二六〜一四四六年）、バニャーチャン王（一四五〇〜一四五三年）、ラテムートー王（Late Hmut Htaw、一四五三年）、シンソーブー女王（一四五四〜一四七二年）、ヤザーディパディ王（Yazar Dipadi、一四七二〜一四九二年）、バニャーヤン王（Banyar Yan、一四九二〜一五二六年）、トゥシンタカーユッピ王（Thu Shindakar Yutpi、一五二六〜一五三九年）が順に統治を行った。この中で、シンソーブー女王はミャンマーの歴史上唯一の女性統治者である。彼女の統治時代、仏教の教えをもとに政治を行い、人々は平和で安寧な社会を享受したと言われている。

彼女の後、義理の息子ヤザーディパディが王位を継承した。彼は、王権の正統化をはかるため、二十二人の僧侶をスリランカのティーホー（Thiho）に派遣し、帰国した僧侶をして、新たに戒壇を設立し、この新戒壇で具足戒を受けた者のみを僧侶として認めるという重要な改革を行った。この結果、一万四千二百六十五人が新しく僧侶となった。

トゥシンタカーユッピ王の頃、勢力をつけてきたタウングーのタビンシュエティー王による侵攻を受け、ハンターワディー王国は完全に滅亡した。

第5章　「二度目の統一王朝」を教える

本章における教科書抜粋部分はすべて「中学二年生歴史教科書」からのものです。

この単元は、中学二年生の歴史学習の中心となる部分です。中学一年生でミャンマーの最初の統一王朝としてのパガン朝を教え、二年生では二度目の統一王朝を教えるのです。教科書によれば、「ハンターワディー朝」と「インワ朝」という王朝名が付けられ、前者においては三人の王が、後者は十人の王が君臨したとされています。これらの王朝名は、その首都がどこに置かれたかということを基準に付けられたのですが、ここで大きな疑問が湧いてきます。というのは、すでに見てきたように、二度目の統一王朝が成立する以前に「ハンターワディー王国」や「インワ王国」が存在し、ここでさらに同じ名称を使うことによって、これまでに栄えた小国としての王国と統一王朝としての帝国の理解に混乱をきたさないのかという疑問です。

ハーヴェイの歴史書やその他外国で出版された文献を見ると、二度目の統一王朝は「タウングー朝」と呼ばれていたり、それをもう少し細かく「初期タウングー朝」と「ニャウンヤン朝」の二つに分けられていたりして、決して「ハンターワディー朝」や「インワ朝」という名称は使われていないことが判ります。では、どうして教科書にはこのような混乱を招く可能性のある記述が使われているのでしょうか?

これは、あくまでも私の個人的な見解ですが、この教科書はビルマ族を中心とした歴史観を基本にしており、他民族、すなわちシャン人やモン人などはミャンマーの歴史において重要な部分ではないという考え方が底流にあるように思えてならないのです。すなわち、小国分裂時代に存在した「ハンターワディー王国」や「インワ王国」（いずれもシャン人やモン人の王国）については重要視する必要はなく、あくまでも「ハンターワディー」及び「インワ」と言えば、ビルマ族であるタビンシュエティー王やニャウンヤン王から始まる統一王朝を指すという歴史観を植え付けさせようという意図が見え隠れしているのではないかということです。

さて、この単元の前半部分は、タビンシュエティー王とバインナウン王の英雄伝です。周辺地域のシャン族やモン族を次々に隷属下に置くとともに、隣国アユタヤ王朝にまで攻勢をかけ支配下にしてしまうという話は、生徒の興味関心を引きやすく、ある程度集中して教師の話を聞いてくれます。しかし、クラスの中には少数ではあるものの、シャンやモン出身の生徒もおり、彼らは何とも言えぬ表情をして授業に参加していることも事実です。こう言う私も教科書の英雄伝をもとに、こうした君主の功績を大々的に賞賛するような授業には疑問をもっているのですが……。

1 ハンターワディー朝の誕生

インワとハンターワディー両国間の四十年にもわたる長い戦いの中で、タウングーは安全な地として多くの難民が流入してくるようになっていた。[1] 当時、タウングーはインワ王国の属領の地位にあり、タウングーの城主は地方都市の長官という位置付けであった。しかし、シャン族の脅威によってインワ王国の勢力が弱まってくると、タウングーは徐々に勢力を伸張してきた。さらに、サガインやピンヤからの大量の難民がタウングーに流れ込み、その結果、タウングーは多くの移民人口を擁する巨大な都市国家へと発展していったのである。

■ミンチーニョ王（在位一四八五～一五三一年）

一四八五年、ミンチーニョ（Min Gyi Nyo）が王位に就くと、タウングーの軍事力はますます強化された。まずミンチーニョは、インワ王国の勢力衰退を機にヤメーディン（Yamyeethin）と付近の五地域を支配下に収めた。[2] これらの地域は周辺の農地に灌漑用水を供給する重要な地域でもあった。さらにミンチーニョはインワ王国のシュウェナンチョーシン（Shwe Nang Kyawt Shin）王の娘と婚姻関係を結び、その祝儀としてチャウセー地方を割譲される。チャウセー地方はインワ王国の経済におい

1 パガン朝の滅亡後、中央平原地域ではインワにシャン人、バゴーにモン人、タウングーにビルマ人という勢力形成がなされていた。

2 ヤメーディンの他、タウンドゥインジーやピイなどを支配下に置いた（石井米雄他、一九九九年、前掲書、二七八～二七九頁参照）。

て戦略的重要拠点であったため、チャウセー地方を手に入れたタウングーは経済面でもますます力をつけることになった。

一五二七年、シャン族がインワを占領すると、多くのビルマ人高官らも難民としてタウングーに流入した。これによってタウングーの人口は増大し、軍事力がさらに強化されることになった。

ミンチーニョは、ハンターワディー王国侵攻のための軍事計画中に死亡した。

■タビンシュエティー王（在位 一五三一～一五五〇年）

ミンチーニョの後、彼の息子タビンシュエティー（Tabin Shwe Hti）が王位を継いだ。タビンシュエティーは何者をも恐れぬ勇敢な性格で、その勇猛さでミャンマーにおける二度目の統一王朝の建設にとりかかった。当時ミャンマーの地には、トハンブワが治めるインワ王国、ナラパティ（Narapati）が治めるピイ王国、トゥシンタカーユッピ（Thu Shindakar Yutpi）が治めるハンターワディー王国があった。タビンシュエティー王はこうした小王国を統合して強大な統一王朝を建設したいと考えていた。そこで、兵士を集め、軍事力を強化すると、これらの王国に対して軍事行動を起こしたのである。

ちょうどその頃、ハンターワディー王国では十分な統一が図られておらず、パセイン（Pathein）、ミャウンミャ、モロミャイン（Mawlamyaing）、モッタマ（Mottama）（またはマルタバン〈Martaban〉）という四つの都市国家に分裂していた。タビンシュエティー王はまずパセインとミャウンミャを支配下に収めると、一五三九年にはハンターワディーの攻略に向かった。ハンターワディー軍はピイ（Pyay）に向かって逃れ、川向うのナウンヨー（Naung Yoe）に一時的に落ち着いた。そこで、タビンシュエティー王は水路から、義理の兄チョウティンナラザール（Kyaw Htin Naw Rathar）[3]は陸路からハンターワディー軍を追跡した。タビンシュエティー軍よりも早くにナウンヨーに到着したチョウティンナラザールは、熟練した戦闘技術と戦略を駆使してハンターワディー軍を相手に勇敢に戦い、完全な勝利を収めた。

次に、タビンシュエティー王はモッタマ（マルタバン）に軍を派遣し、その地を支配下に収めた。こうして、かってモン人が支配していた地域をほぼ統治下に置くと、今度はモン人とビルマ人の融合を進めた。首都をタウングーからハンターワディー（現在のバゴー〈Bago〉）に遷すと、モン人の伝統に則って即位式を行い、モン人の指導者に対して適切な官職と記章を与えた。このようにして、タビンシュエティー王はミャンマー第二の帝国ハンターワディー朝の確固とした基礎を築くことに成功したのである。

その後、タビンシュエティー王はピイへ侵攻し、その地も支配下に収めた。これに対し、インワ王国はシャン族と手を結びピイ奪回を試みたが、その試みは失敗に終わった。[4]タビンシュエティー王はエヤワディ

ナッ神として描かれたタビンシュエティー王
出典：Tabinshwehti（Wikipedia）より転載

3 チョウティンナラザールは後のバインナウン王である。彼はもともとサトウヤシから砂糖を精製する業者の息子であったと言われている。彼が生まれてすぐ後にミンチーニョ王の妻の一人に息子ができたため、彼の母が王宮に入って乳母として王の息子を養育した。この王の息子はタビンシュエティー王である（大野徹、二〇〇二年、前掲書を参照）。

4 ハンターワディー王国のトゥシンタカーユッピ王がピイに逃れていたことと、ピイ城主がインワ王国と同盟関係にあったことから、タビンシュエティー王のピイ攻略に対して、インワ王国は奪回を試みたのである（石井米雄他、一九九九年、前掲書、二七九頁参照）。

川を遡り、サリン（Salin）、サレー（Salay）[5]、パガン（Bagan）を次々に征服していったが、インワには王軍を進めることはなかった。

一五四八年、タビンシュエティー王は、当時タニンサリ地方の港湾都市を支配下に置いていたタイ（サイアム〈Siam〉）からタワイ（Htawai、またはタボイ〈Tavoy〉）を奪回した。[6] 翌一五四九年には王は三仏塔峠（Phayar Thone Su）を越えてサイアムに軍を進めたが、残念ながら、サイアムの首都であったアユタヤ（Ahyuhdaya）を攻略することはできなかった。ただし、サイアム君主と面会をし両国間の緊張を和らげることには成功した。

タビンシュエティー王は、数々の軍事遠征によって領土を拡大していった。他方、

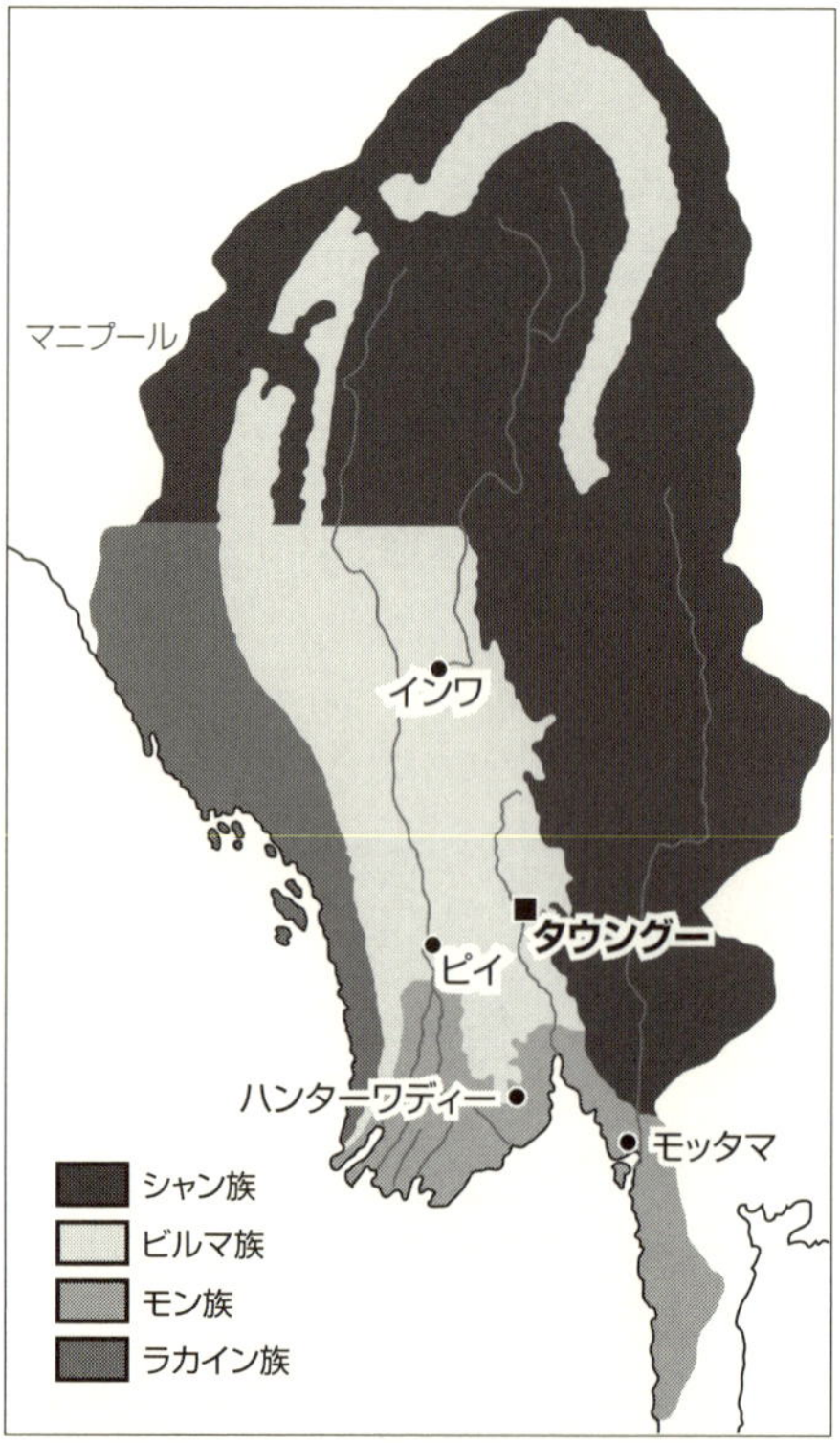

勢力を強めるタウングー城市

出典：教育省「中学２年生歴史教科書」2014 年の図をもとに筆者作成

5　サリン、サレーともにミャンマー中部のエヤワディ川東岸に位置する小都市。特にサレーはパガンの南三十六キロメートルのところにあり、十二世紀から十三世紀にかけて仏教都市として栄え、現在でも百三もの遺跡があり文化保護区に指定されている。

6　タワイは現在のダウェー（Dawei）である。タビンシュエティーは、イェー（Ye）やベイク（Beik）などの港湾都市も征服した（石井米雄他、一九九九年、前掲書、二七九頁参照）。

7　タビンシュエティー王はハンターワディーを攻略した翌年の一五四〇年に、ポルトガル人ジョアノ・カイェイロ（Joano Cayeyro）率いる鉄砲隊七百人を傭兵として雇用し、火薬という新兵器を導入して軍事力を大きくした。彼が支配地域を拡大できたのもこの新兵器のおかげである。他方、ポルトガル人が持ち込んだアルコールに溺れ、これが王朝滅亡の原因の一つとなったことは大きな皮肉と言うべきであろう（大野徹、二〇〇

王はポルトガル人傭兵たちが持ち込んだアルコールに溺れ、アルコール依存症をきたした。[7]そして、最終的には泥酔し注意散漫になったところを暗殺されてしまったのである。[8]王の死後、各都市の支配層であった封建君主たちは次々に反乱を起こし、ついにハンターワディー朝は分裂を始めたのである。

■バインナウン王（在位一五五〇～一五八一年）

タビンシュエティー王の死後、国内は混乱を極め、日々高まる政治的不安はハンターワディー朝を崩壊の危機へと導いた。[9]そのような時、登場したのがバインナウン（Bayint Naung Kyaw Htin Naw Rahtar）[10]である。彼は法律や規則を再整備し、ハンターワディー朝の秩序回復を図った。彼はまずタウングーを奪回した後、ピイへ赴いた。ピイの城主はバインナウン軍に激しく抵抗したため、バインナウンは一時退却し、その代わりにエヤワディ川沿いの町や村を次々に支配下に収めていった。しばらくして、ピイの軍事力が衰えると見るや否や再び同地に軍を進め、ようやくピイを攻略した。

バインナウン王[11]
出典：ミャンマー国立博物館

続いてバインナウンはサレーとパガンに軍を進め、この地の奪回にも成功した。またバインナウンは、モッタマ周辺にあった町や村々の城主たちも支配下に入れた。こうして、一五五二年にはハンターワ

二年、前掲書を参照)。
8　ハンターワディー王を称したサミン・サッカヲ（Smim Sawhtut）によって殺害されたとされている（石井米雄他、一九九九年、前掲書、二八〇頁参照）。
9　一五五〇年頃にはシリアムでハンターワディー王国（モン人国）の末裔が反乱を起こし、スミントー・ラーマを僭称した。またこれとは別に宮廷内では（モン人の）ハンターワディー王サミン・サッカヲと名乗る者が反乱を起こした（石井米雄他、一九九九年、前掲書、二八〇頁参照）。
10　チョウティンナラザールは、母が乳母として王宮に入ったため、一緒に王宮で育った。成人してから王女と結婚して「バインナウン」という名前が与えられたが、これは「王の兄」という意味である。つまり、前王タビンシュエティー王の兄（正確には義兄）ということを示している（大野徹、二〇〇二年、前掲書を参照)。
11　ミャンマー国立博物館にあるバイナウン王の像は、個性的な王の容貌を表しているが、実は王の容貌について記録が残っている訳ではなく、彫刻家ウー・ハンタンの洞察力の賜物である（ヤンゴン日本人会、前掲書を参照)。

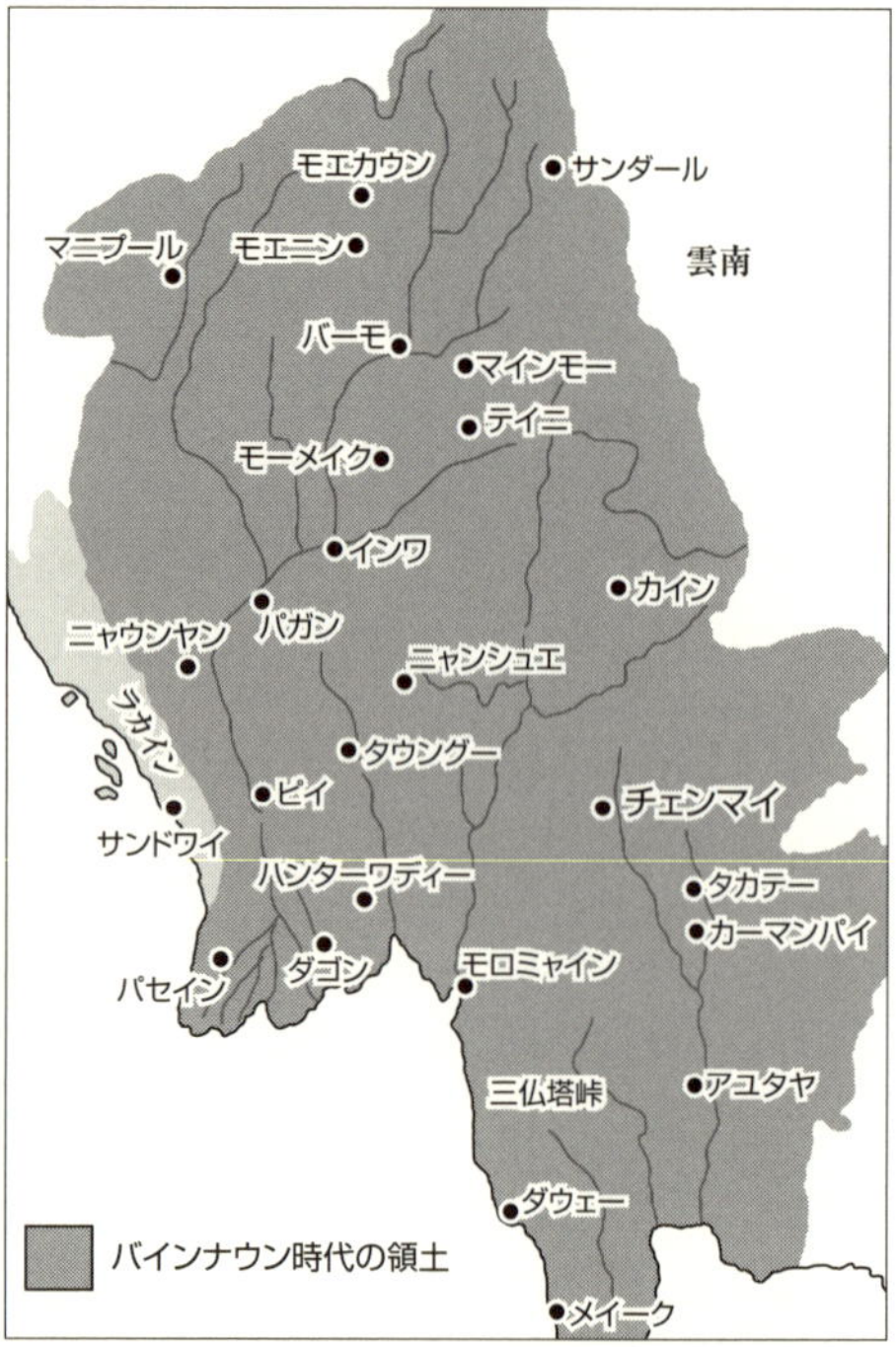

バインナウン時代の王朝領土
出典：教育省「中学２年生歴史教科書」2014 年より転載

ディー城主の勢力を抑え込み、中央平原をほぼ完全に掌握した。この時の支配領域はタビンシュエティー王が暗殺される直前とほぼ同じ規模までに回復していた。

さらに、一五五五年にはバインナウンは二度にわたる侵攻の末、ようやくインワを落城させると、上ミャンマーとチンドウィン川地域のほぼ全域を支配下に置いた。この後、バインナウンはシャン族が支配する地域に軍を進め、モエニンなどをはじめとする北部シャン地方の主要な都市を支配下に置いていった。一五五六年にはモエカウン（Moe Kaung）、モーメイク（Moe Meik）、マニプール（Manipur）、チェンマイ（Chiangmai）、リーンジーン（Lin Zing）[12]を、一五六二年にはマインモー（Mine Maw）とサンダール（Sandar）[13]を次々に支配下に置いた。[14]

12　リーンジーンは現在のラオス人民民主共和国の首都ビエンチャンである。

13　現在の雲南省保山（バオシャン）の東部に位置する。

14　バインナウン軍がこのような快進撃を次々に成功させ、支配地域を拡大できた理由として、タビンシュエティー王の時代から雇用されていたポルトガル人鉄砲隊を巧みに利用したことがあげられる。

また、バインナウンは、アユタヤ王朝の首都アユタヤの領有を画策し、アユタヤに対して貢物として二頭の白象を要求した。一五六三年、兵力で勝っていたバインナウン軍がアユタヤ王朝を打ち負かすと、白象四頭とアユタヤ王チャクラパット（Chakarafart）とその家族を捕虜としてハンターワディーに連行した。

その後、捕らえられた王はハンターワディーで僧侶として出家し、しばらくして巡礼の旅という名目で秘かにアユタヤに戻った。アユタヤに戻ると、彼は息子の支援を受けて再びミャンマーに反旗を翻したが、バインナウンは一五六八年アユタヤに侵攻し、再度アユタヤを打ち負かした。それ以来、アユタヤはミャンマーの支配下に入り、バインナウンがこの世を去るまでアユタヤはミャンマーの隷属下に置かれた。[15] このようにバインナウンは広大な地域をもつハンターワディー朝を打ち立て、これはマニプールやチェンマイ、ラオスまでも含んだ強大な帝国であった。

ミャンマーのほぼ全域とアユタヤ、ラオス、チェンマイ及びラオス南部地域のメコン川の流域一帯を支配下に収めた後、バインナウンはラカイン地方の征服を企てた。しかし、その征服計画立案中の一五八一年、バインナウンはこの世を去ってしまった。

■ナンダ王（在位 一五八一～一五九九年）

バインナウン王の死後、息子のナンダ（Nanda）が王位に就いたが、その後すぐに、ハンターワディー朝下にあった城主らは一斉に王に対し反乱を起こした。そして、ハンターワディーとインワが対立している隙に、アユタヤの王もハンターワディー

15　この部分は文献により事実認識が異なっている。後に異なった解釈について述べる。なお、チャクラパットは一五四八年から一五六四年の十六年間にわたりアユタヤ朝を統治したが、一五六四年からミャンマーの支配下に置かれた。一五六八年に再独立を果たすまではマヒン（Mahinthrathirat）がミャンマー配下の君主として統治を行った。

に対し反乱を起こした。これに対し、ナンダ王は五度にもわたるアユタヤへの派兵を行ったが、結局、アユタヤを攻略することはできなかった。

一五九九年、ラカインの王と手を結んだタウングーの城主によってハンターワディーが支配されると、ナンダ王はタウングーに連行され、ハンターワディーの王宮も火を放たれ焼失した。結局、ナンダ王はタウングーの王の息子ナッシンナウン(Nat Shin Naung)によって暗殺され、タビンシュエティー及びバインナウンの二人の王によって築かれたハンターワディー朝は滅亡した。

教科書には、〝バインナウンはアユタヤを支配下に収めた後、白象四頭とアユタヤ王チャクラパットを捕虜としてハンターワディーに連行した〟こと、〝その後、チャクラパットがアユタヤに秘かに戻り、息子の支援を受けてハンターワディーに反旗を翻したが、バインナウンに打ち負かされた〟ことが記載されています。ただし、文献によってこの解釈にかなりの違いが見られるようです。例えば、私が日本留学中に読んだ大野(二〇〇二年)『謎の仏教王国パガン』によれば、人質に取られた人物及びバインナウンとアユタヤの力関係が教科書のものとは大きく異なっています。大野の解釈は以下のようです。

バインナウンは、一五六九年にタビンシュエティーの念願であったアユタヤ王朝の首都アユタヤの領有を画策、兵糧責めにしました。アユタヤは従来から難攻不落と言われていましたが、バインナウンの一年以上に及ぶ兵糧責めにより、脱走兵が続出し最終的に陥落、白象王と呼ばれたアユタヤのチャクラパットから白象四頭と人質を取り、毎年三十頭の象と三百斤の銀の納入を約束させ、委任統治を行いました。

しかし、この後アユタヤではチャクラパットと彼の後継者マヒン(Mahinthrathirat)が死亡したので、マハータンマラーチャー（Mahathammarachathirat、サンペット一世）を即位させました。サンペット一世は人質として取られている自分の息子を、王女と引き替えに解放を要求しました。バインナウンはこれに応じましたが、これが逆にバインナウンの猛将ぶりの終わりとなったようです。このサンペット一世の息子は、ナレースワン（Naresuan、サンペット二世）と呼ばれており、彼は現在のラオスにあったラーンサーン（Lan Xiang）王国と手を結んで、一五七四年にハンターワディーに反旗を翻し、アユタヤの独立を達成しました。この後ナレースワンはバインナウンが占領したタイ族の領土を次々と回復していったのです。バインナウンは一五七四年にラーンサーン王国を攻撃していますが失敗に終わりました。

以上、大野の解釈を紹介しましたが、解釈の違いがお判りいただけたでしょうか。私自身、どちらの解釈が正しいのかは判りませんが、この二つの解釈によるバインナウンの印象はかなり違ってしまうことは確かです。

2　インワ朝の誕生

■ニャウンヤン王（在位 一五九九〜一六〇五年）

ハンターワディー朝の滅亡後、ピイ、タウングー、モッタマ、ラカインなど小規模な封建都市国家が各地で興った。また、モエニンやモエカウン、セインニ（Seinni）、シパウ（Hsipaw）はシャン族によって支配され、タンリン（Thanlyin）[16]においては、フェリペ・デ・ブリート（Felipe de Brito e Nicote）、別名ンガ・ジン・カー（Nga Zin Kar）と名乗るポルトガル将校によって支配されていた。この当時のタンリンは防衛のために町全体が砦で囲まれていた。

16　当時はシリアム（Syrium）と呼ばれていた。現在のヤンゴン南東部にあるティラワ（Thilawa）を含む一帯で、ヤンゴン中心部から十五キロメートルほどのところに位置している。なお、ティラワは二〇一二年より経済特別区として、日本などの支援によって一大工業団地になっている。

このような分裂状況にあったミャンマーを再統一したのがバインナウン王の息子ミンイェナンダメイット（Min Ye Nanda Meit）王子である。彼はニャウンヤン（Nyaung Yang）王子とも呼ばれていた。というのも父バインナウン王、そして兄ナンダ王の時代を通してニャウンヤン地方における徴税の権利を有していたからである。

タウングーやチェンマイがハンターワディーに造反して以来、彼はニャウンヤンを要塞化し、同時に軍隊の強化に力を入れた。彼がインワに移ると、ハンターワディー王の元従者やピイ王の元傭兵たちが数多く新しい指導者に忠誠を誓おうとインワにやってきた。こうして、一六〇〇年には、ミンイェナンダメイット王子はインワで正式に王に即位した。王子はマハティハトゥ（Mahar Thiha Thu）という称号を授かったが、ニャウンヤン王として広く知られている。また、ニャウンヤン王の人徳の高さと影響力の大きさから、インワ朝の繁栄期は「ニャウンヤン時代」とも呼ばれている。

ニャウンヤン王は、タウングーの占領下にあったヤメーディン地方を皇太子に治めさせると、王自身はニャウンシュエ（Nyaung Shwe）、モエカウン、バンマオ（Ban Mao）、モエニンに侵攻し、これらの都市を征服した。一六〇五年には長らくシャン族の支配下にあったモエメイト（Moe Meit）、シパウ、セインニも占領した。しかしながら、その後ニャウンヤン王は病魔に侵され、首都インワに戻る途中にこの世を去った。

■アナウペッルン王（在位 一六〇五～一六二八年）

ニャウンヤン王の死後、皇太子が王の後を引き継ぎマハダムハラジャール（Mahar Dhammaha Rajar）という称号を受けるが、彼は一般にはアナウペッルン（Ahnout Phet Lun）王として知られている。

アナウペッルン王は、一六〇九年にはタウングーを苦戦の末にようやく占領し、タウングー城主にこの地はインワ朝の領土であることを認めさせ、その城主にタウングー支配を任せた。一六一二年にはピイに侵攻し、その地も支配下に収めている。

ちょうどその頃、タンリンを治めていたポルトガル人将校ンガ・ジン・カーはモアトマ君主バニャーダラ（Banyar Dhalla）と手を結んで、一六一二年にタウングーに攻め入ると、タウングー王宮はじめ僧院を含む多くの建造物に火を放った。また、タウングー城主の息子ナットシンナウン（Nar Shin Naung）を捕虜とした。これに対し、アナウペッルン王はタンリンに軍を進め戦闘を開始したが、要塞化されたタンリンに侵攻することは容易ではなかった。そこで、アナウペッルン王の軍は、タンリン郊外からトンネルを掘り進め、そこを通ってタンリン市街に入り込んだ。こうして要塞を突破すると、たちまちタンリン全域を支配下に収めることに成功した。

こうした状況下において、モアトマ君主バニャーダラは早々とアナウペッルンに忠誠を誓ったが、他方、アユタヤ王の従属下にあったタワイ君主はアナウペッルン王を無視してヤイ（Yay）[17]に侵攻した。これに対し、アナウペッルン王はすぐにタワイに王軍を派遣し、その地を占領下に収めた。また、アナウペッルン王はタニンサリ地方で戦闘を始めたアユタヤ軍に果敢に対峙し、その勢力を退けることにも成功した。

一六一四年にはアナウペッルン王はチェンマイとその東部に広がる一帯を支配下

17 ヤイはモロミャインとタワイの中間にある港町で、現在イェ（Ye）と呼ばれている。

に収めると、さらにラカイン地域のサンドワイ（Sandwai、タンドゥエ〈Thandwe〉）にも侵攻し、この地域も支配下に置いた。こうして、アナウペッルン王は小さな封建国家を統一して一大帝国を築き上げたのである。この帝国は、東はチェンマイから西はタンドゥエ、北はモエカウン及びモエニンから南はタニンサリに至る広大な領土を有していたと言える。

アナウペッルン王は、単に各地の小都市国家を統一しただけでなく、築き上げた帝国の発展と繁栄のためにも尽力した。首都をこれまでのインワからハンタワーディー（現在のバゴー〈Bago〉）に移した。しかし、一六二八年ハンターワディーの西部で一時逗留していた時に、息子のミンイェディバ（Min Ye Deitbba）に暗殺されてしまう。

アナウペッルン王が亡くなった後、ミンイェディバが王位に就いたが、それを知った二人の叔父タトダマラジャール（Tha Toe Dhamma Rajar）とミンイェチョウスワール（Min Ye Kyaw Swar）はすぐにインワに侵攻し、その地を支配下に収めた。そして、従者の意見に従って、ハンターワディーに下るとその地も支配下に収め、最後にミンイェディバを処刑した。[18]

■タールン王（在位 一六二九〜一六四八年）

タトダマラジャールは実質的にインワ朝の君主となったが、すぐには戴冠の儀式を行わず、代わりにチェンマイへ軍隊を進め、その地を支配下に収めた。そして、支配地チェンマイから象や馬、さらには勇敢な傭兵を大量に首都ハンターワディーにもち

18　ミンイェディバ王は三日天下に終わったと言われている（石井米雄他、一九九九年、前掲書、二八四頁参照）。

帰った。その後、ようやく戴冠式を執り行い、ティリダマラジャールマハールディピティ（Thiri Dhammha Rajar Mahar Dipiti）という王の称号を正式に受けた。この時代、ミャンマー帝国は平和が続き繁栄した時期でもある。王がタールン王（Thar Lun Min、「帝国を従来以上に繁栄に導いた王」という意味）として知られるのにはこのような理由からである。タールン王は最初数年間はハンターワディーを首都としていたが、一六三五年には首都を再びインワに移している。

タールン王は、戦闘によって帝国を拡大するよりも平和を維持し、特に帝国の経済の発展に力を注いだ。というのも、彼が王位に就く以前の百年余りは、常に至る所で戦闘が繰り広げられ、その結果、何千人もの命が奪われ、かつ帝国の経済状況は低迷の一途を辿ったからである。そこで、タールン王は、帝国の経済を立て直すために種々の戦略的計画を作成し、実施に移した。

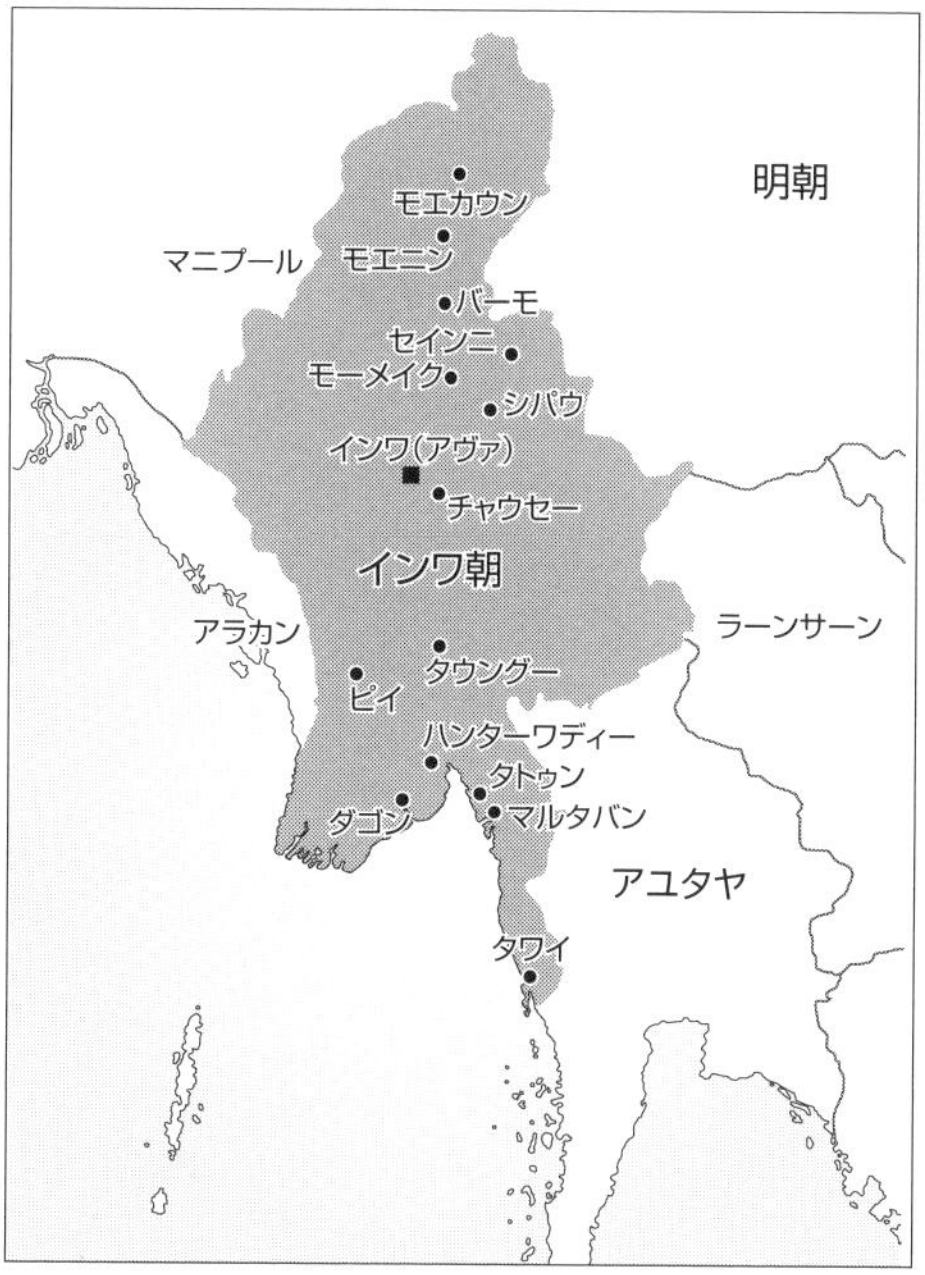

1650 年頃のミャンマー
出典：筆者作成

タールン王は、食

糧増産をはじめとした農業部門の発展のために、兵士や戦争捕虜などをチャウセー地方の農作業に従事させた。また同時に、水源確保のために湖や小川、ダム、水路を新たに掘ったり、改修したりした。さらに、王は若者や未婚者に対して結婚を奨励し、将来の帝国を担う人材の十分な確保のために人口増加を目指した。加えて、王は国勢調査を行い、人口規模、世帯数、国の所有地、宗教目的のために寄進あるいは提供された土地など、必要な情報を収集するとともに、土地の所有者から適切な徴税を行うために納税制度を創設した。このように王は、帝国の社会経済発展計画を実施したのである。

また、タールン王は、法令や規則を発布し、人々がこれらの約束事に厳格に従うようにした。こうした結果、帝国の穀物及びその他の食料生産は増大し、国内経済は急速な成長を成し遂げた。王室関係者及び一般市民が共に社会経済分野における王の指示や指導に心から従うようになって、帝国は平和で、遵法精神に溢れ、経済的にも華やかな繁栄を享受した。タールン王の巨大帝国は、東はチャインヨーチ(Kyaing Yone Kyi)、チェンマイ、リーンジーン(Lin Zing、現ラオス人民民主共和国の首都ビエンチャン)。西はラカイン、北はモエカウン及びモエニン、南はタニンサリ海岸地域に至る広大な地域を領土とした。

■ピンタラエ王とその後の後継者たち

タールン王の死後、その息子(長子)がピンタラエ(Pin Ta Lae)王として帝国を継承した。当時、中国の明朝最後の皇帝である崇禎帝《すうていてい》(ヨンリー〈Yong Li〉)[19]は満州人(清)

19　明朝第十七代皇帝で一六二八年から一六四四年まで皇帝の地位にいた。

の脅威からピンタラエ王の下に避難しており、ピンタラエ王は彼をサガイン（Sagaing）に留まらせていた。しばらくして、帝国には中国からの大量難民が押し寄せてくるようになった。これによりインワやチャウセー一帯に居住していたミャンマー人はたちまち食糧危機に見舞われるようになったが、軍事力で劣っていたピンタラエ王はこうした中国人の流入を阻止することはできなかった。しかし、ピイ（Pyay）王の時代になってから崇禎帝とその従者たちによって中国人の流入を阻止することに成功し、中国人による脅威はようやく収まった。

ピイ王の後継者であるナラワラ（Narawara）王は、帝国の発展という面では目を見張るような貢献や成果はなく、その後に続くミンイェチョウティン（Min Ye Kyaw Htin）王、サネー（Saturday）王、タニンガヌェー（Sunday）王、マハールラジャディパティ（Mahar Rarja Dipati）王らも自己の快楽にしか興味を示さず、帝国を運営する力量を欠いていたために、強大なインワ朝の力は急速に弱まっていった。

さて、ハンターワディー朝とインワ朝の歴代君主と彼らによる成果についての学習を一通り終えると、私は必ずこれらの王朝に君臨した君主を統治順に書かせるテストを行っています。なぜなら、教科書の単元末問題として、この問いが与えられているからです。従来、私はこのことに対してほんとんど疑問など抱くことなく、平然とテストしていました。そして、覚えられていない生徒に対しては、厳しく接していました。しかし、よく考えてみると、私は授業ですべての君主について説明した訳ではなく、特にインワ朝の第四代君主ピンタラエ王以降は、何も説明していないに等しい状況です。それにも関わらず、君主の名前だけを覚えさせるというのは、学習としてどのような意味があるのだろうかと考えるようになったのです。いまだに明確な答えは出ていませんが、こうした学習こそが生徒の歴史学習に対する意欲を削ぎ、「歴史＝暗記暗唱科目」といった間違った考え方を生んできた大きな原因ではないかと考えています。

では、次の節、「ハンターワディー朝とインワ朝の行政・社会経済・文化」について見ていこうと思います。すでに触れたように、この節も教えるのが非常に難しいところです。というのは、記述が抽象的であるだけでなく、私も含めた多くの教師が一つひとつの内容について十分に熟知していないために、具体的な例示をすることができず、どうしても教科書に書かれた記述をそのまま暗記させるという授業しか行えていないからです。

加えて、教科書には、ハンターワディー朝とインワ朝あわせて二七〇年にも及ぶ期間の社会的及び文化的な内容が一つにまとめられて記載されているというのも教授活動の効果的な組織を困難にしています。私自身は、前節の君主の統治時代の学習内容の中に、こうした社会経済的な内容も入れ込んで教えていけば、もっと興味深い授業が出来るのではないかといつも考えているのですが、教科書の記載順序を変えるような授業を行うことは難しいのが現実です。

3　ハンターワディー朝とインワ朝の行政・社会経済・文化

■行政制度

ミャンマー第二の帝国では、絶対君主制が採用されていた。君主からの命令はどんなものであろうと「法」と見なされ、絶対的な力をもつという制度である。しかしながら、こうした君主の絶対的権力も仏教教義にだけはある程度制限され抑制されていた。例えば、十戒（一．博愛、二．宗教実践、三．善行、四．公正、五．寛容、六．安息、七．慈恵、八．残忍性の回避、九．忍耐、十．対立の忌避）は王の権力をも凌ぐものであった。また、伝統や慣習、貴族からの意見なども同様にかなり大きな影響力をもっていた。

帝国は、それぞれの時代の君主独自の考え方によって統治されていた。すなわち、宗教に関連する事柄、国家の開発方針、軍事力の強化などすべてが君主の個人的な決定に委ねられていたということである。また、君主は窃盗などの軽犯罪をはじめ、訴訟などにおいても一手に責任を担っていた。そこで、常に一貫した公正な裁判が行われるように法律や刑罰に関する規約を整備した。また、君主は支配層が人民を虐げるのではなく、正義をもって対することを強調した。例えば、バインナウン王の時代には、王宮に大きな釣鐘が設置されたが、これは、支配層による横暴な行為が発生した場合には、これを鳴らして知らせるという目的をもっていた。

帝国の君主は、非正規の官僚や従者、軍人を任用し、正規任用の者たちと同様に各種行政運営を担わせた。この時代、軍人と文人との明確な区別はなく、すべての官僚が平時は行政業務を、戦闘が必要となった時には、王もしくは皇太子の指揮の下、軍人となって敵に立ち向かった。ただし、官僚内部には厳格な階層があり、各自はその階層に応じた社会的特権を有していた。

帝国の君主は、戦略的に重要な国境地域には知事（Governor）を任命し、そのほかの地域には首長（Mayor）あるいは軍司令官を置いて行政にあたらせた。首長は行政全般、司法、防衛、徴税などの責任を担う一方、軍司令官は行政及び防衛において首長を補佐するという位置付けであった。首長が治める地域は、村とそれらのいくつかを一まとめにした行政単位があり、それぞれに長が置かれた。[20] これらの職位はある血統の下で引き継がれ、それ以外の者がその職位に就くことはなかった。ただし、モエニン、モエカウン、バーモなどの遠隔地は「ソーブワ（Sawbwa）」[21]と呼ばれる地位にあったシャン族によって支配されていた。

このように絶対君主による非常に組織的な支配が行われたために、ミャンマー第二の帝国は繁栄を謳歌するとともに、質の高い行政が可能となったのである。

■経済状況

ミャンマー第二の帝国においても農業は帝国経済を支える主要な生産活動であった。農民は灌漑水路の掘削、ダムや堤防の建設を行うとともに、古い施設を拡張したり、修繕したりしながら、米やそのほかの穀物栽培地を広げていった。

当時の農地は大きく四つに区分されていた。稲作地、穀物畑、野菜畑、果樹園である。稲作地はライアー（Lair）と呼ばれ、冬季に稲作を行うムリンライ（Murin Lai）と呼ばれる田圃《たんぼ》と雨季に稲作を行うタンライ（Than Lai）と呼ばれる田圃があった。穀物畑はヤール（Yar）と呼ばれ、とうもろこし、雑穀、大麦、クジャクヤシ[22]などが栽培されていた。野菜畑はカイン（Kaing）と呼ばれ、種々の野菜の他、たばこも生産されていた。果樹園はウーインチャンミャイ（Oo Yin Chan Myay）と呼ばれ、多様な果樹の木が育てられていた。

当時は、国内交易、海外貿易ともに発展し、そこでの支払いは物々交換以外にも、金、銀、銅などの金属片が使われていた。この金属片は重さ（チャッター〈kyats〉、

20　この統治方式は、ハンターワディー朝及びインワ朝時代に考案されたもので、これまでのように地方の都市を王族に与え、これを支配させるという方式とは異なる。地方に散在するいくつかの村を一つにまとめ、中心となる村に役所を置いて、それを中央から派遣した知事や首長に統治させたのである。このように中央から派遣された官僚が地方での主権者となったため、これまでのように地方が中央に対して反旗を翻すことは不可能となった（石井米雄他、一九九九年、前掲書、二八五頁参照）。

21　「ソーブワ（Sawbwa）」はシャン州のモン族君主によって用いられていた高貴な職位である。シャン語では通常「王」や「王国」を意味する。

22　クジャクヤシはコモチクジャクヤシ（子持ち孔雀椰子）またはカブダチクジャクヤシ（株立ち孔雀椰子）とも呼ばれる東南アジアで普通に見られるヤシである。フェノール系の強い抗酸化力をもつことが知られている。また、一部の地域では実が強精強壮目的に食用とされてきた。

当時のミャンマーの重さの単位）の異なる数種類があり、それによって価値が異なっていた。ラカイン地方では早くから貨幣の鋳造も行われ、それが交易に広く使われるようになっていた。ヨーロッパ商人もすでにこの当時貨幣を用いていたようである。帝国には、交易を目的として、中国人、インド人、ペルシャ人、アラブ人、ポルトガル人、イタリア人、イギリス人など多くの国々からの商人が来るようになっており、彼らの貿易船が到着する港湾都市を中心に交易活動が活発に行われた。こうした状況の下、帝国では造船業も興り、特にタンリン、モッタマ、ミャウウーはニャウンヤン朝時代には一大港湾都市となっていた。

帝国の君主は、首長や司令官、港湾局長、徴税官を任命し、商人と貿易船に関するすべての活動を監督させるとともに、税の徴収を行わせた。外国からの商人は、帝国の君主によって任命された代理人を通じて交易活動を行わなければならず、また君主によって定められた規則や規定に従わなければならなかった。

■社会関係

ミャンマー第二の帝国の時代（十六世紀から十八世紀にかけて）には、ビルマ族をはじめとして、多様な民族が調和をもって国内に居住していた。さらに、インド人、中国人、ペルシャ人、アラブ人、イタリア人、フランス人、ポルトガル人、イギリス人などの外国人も多く居住していた。

封建制度の下では明確な社会階層と差別があった。当時は、主に「王族」、「従者」、「庶民」、「奴隷」という四つの階層に分けられていた。王と王妃、その親戚を含む

「王族」は特権階級であり、庶民から特別に崇拝される存在であった。「従者」とは貴族や官僚などである。「庶民」は一般に「アタイ（Ah Thai）」と呼ばれ、農民、商人、職人などが含まれた。社会的最下層は「奴隷」であり、寺院や僧院において労働奉仕する奴隷（例えば、仏塔の清掃や施しを提供するなど）と王族の従者に所有され労働奉仕する奴隷との区分があった。

階層の異なる者同士の結婚は認められており、男性及び女性は平等な権利を有し、男女間での差別はなかった。ただし、家庭においてはすべての者が家長（父）に敬意を示し、従順であることとされていた。

■文化―信仰

ミャンマー第二の帝国では上座部仏教が広く信仰されていた。釈迦の教えを後世に伝えるために、多くの仏像が作られ、仏塔や寺院が建設された。他方、動物や、時には人間を生贄《いけにえ》にするといった原始的で儀礼的な慣習は禁止された。なぜなら、こうした慣習は人道面からも、また釈迦によって説かれた仏教的生命観からも受け入れられないものだったからである。こうして、アニミズムに基づいた儀礼や活動、虐待などは厳しく取り締まられることになった。

人々は寺院建設などの宗教目的のためには農地を寄進することを厭わず、また、釈迦像や寺院に対し食料や花類、飲料水などを進んで奉納した。また、君主も仏教僧の集団（サンガ〈sangah〉）に秘かに加わり、僧侶から天文学や占星術を学んだ。当時は「プウェチャヤウン（Pwe Kyaungs）」と呼ばれる仏教学校があり、そこでは若者に対して宗教経典を教授するだけでなく、ロキ学（Loki Arts）と呼ばれる天文学や占星術が教えられていた。

帝国ではすべての人々に信仰の自由が保障されており、各人がそれぞれに自身の信念に基づいた宗教を信仰していた。したがって、上座部仏教が浸透してはいたが、マハラナ（Maharana）仏教徒やイスラム教徒、それにキリスト教徒などもたくさんいた。

■文化―文学

帝国では、パーリ語文学やモン文学、シャン文学に加えて、ミャンマー文学[23]が大きく発展した。例えば、「メタサール（Mattasar）」と呼ばれる心地よい表現様式で書かれた説教、「ピョー（Pyoh）」と呼ばれる快音調や隠喩などの修辞的構成で装飾された叙事詩、「モーグン（Mawgun）」と呼ばれる重大な出来事や勝利の記録、「エージン（Ayegin）」と呼ばれる王族の子ども向けに書かれた王家の血統を讃えた伝統的詩歌などが編纂《へんさん》され広まった。当時よく知られるようになっていた詩人の多くは仏教の高徳僧であり、例えば、アシンウルタマチョウ（Ashin Ultama Kyaw）やアシンマハシラブンサ（Ashin Maha Silavunsa）、アシンマハルタサラ（Ashin Maha Rhthasara）、アシンタジョルサラ（Ashin Tajorsara）などである。

叙事詩に関して言えば、伝統的な詩歌、例えば、王族のお祝いや少女の美、あるいは若者の勇気に対する賞賛を描いた詩歌は「ブウェ（Bwes）」と呼ばれていたが、釈迦の説教をまとめたジャタカ（Jataka）は「ピョー」として編纂された。これ以外

23　ここで言う「ミャンマー文学」とはビルマ語（ミャンマー語）で書かれた文学を指す。したがって、「ビルマ（ミャンマー）語文学」とした方が正確であろう。

にも、当時の帝国で広く普及していた詩歌として「ラトゥ（Ratus）」と呼ばれる季節や愛、時には森や滝といった自然環境を描いた抒情詩などもあった。「ラトゥ」詩人としては、ナワディジー（Nawaday Gyi）とナシンナウン（Nat Shin Naung）の二人が傑出していた。ナワディジーは抒情詩以外にもいくつかの伝統詩歌を創作しており、釈迦への愛をテーマにしたもの（ピャヤールタイラトゥ〈Phayar Tai Ratus〉）、王室の栄光を讃えたもの（ミョブウェ〈Myo Bwe〉）、最愛の人のもとへ使者としてパラキート（インコの一種）を送った出来事を描いたもの、軍隊行進の歌を表したものなどがある。ナシンナウンは最愛の少女の完璧なまでの美しさや若者への憧れを描いた詩、さらに軍隊行進曲などの伝統的詩歌を数多く残したことで有名である。

ニャウンヤン朝時代の傑出した詩人としては、タウンフィラーサヤドウ（Taung Philar Sayadaw）やシンタンコ（Shin Than Kho）、ウー・カラー（U Ka Lar）、廷臣パデタラジャ（Padetha Raja）などがいる。タウンフィラーサヤドウは、学術的な論文を編纂しており、そこには君主から提示された問いや問題とそれに対し彼が君主に献上した回答と解決策などがまとめられている。また彼は数多くの説教も残している。ウー・カラーは、典型的な散文調で描かれた王室の年代記を残している。[24] パデタラジャは、叙事詩や王室で上演されていた戯曲の他に、「タヤラチン（Tayarachins）」と呼ばれる伝統的詩歌を残している。これは、始まりと終わりが同じ調べという特徴をもった詩歌で、庶民、特に貧農たちの農村での日常生活を生き生きと描いたものである。シンタンコは「エージン」や「ラトゥ」を著した他、王室の象を褒め称える伝統詩歌や戦いの勝利を記録した「モーグン」も残している。

24　これは『大年代記』と呼ばれ、本格的なビルマの王統史である。

ミャンマー第二の帝国の時代は、ミャンマー文学の繁栄期とも言われている。これは、数々のミャンマー語で著された文学、特に散文や詩歌が大いに花開いた時代であったからである。

■文化―芸術及び建築

この時代のミャンマー文化[25]はサイアム（タイ）文化の影響が大きい。当時のミャンマー人[26]はサイアム文化、特にチェンマイから伝えられた音楽や楽器、仏教説話などを積極的に取り入れていた。また、この時代の建築や手工芸は、パガン朝に比べると技術面においてやや見劣りはするものの、絵画や彫刻、金細工、蹄鉄技術、石工技術などは従来よりも発展が見られる。漆器、織布、ガラス細工、貴金属研磨、青銅鋳造も同様である。タビンシュエティー王やバインナウン王は、仏塔、寺院、僧院、宮殿などを精力的に建立した。その中でも最も有名なのは、バインナウン王によるカンボーザタディ（Kamboza Thadi）宮殿[27]であろう。当時、同宮殿に拝謁した旅人たちの記録によれば、非常に壮大かつ荘厳で、内部の部屋や大広間は一面に金箔が張られていたということである。また、バインナウン王はマハゼディ（Mahar Ceti）仏塔[28]を建設するとともに、数多くの仏塔及び僧院を建設した。

タールン王によってサガインの地に建立されたラジャムニカウンハムドウ（Raja Muni Kaung Hmdaw）仏塔は、巨大な円蓋状で、ミャンマー第二の帝国時代を通して最も有名な建築美術の一つに数えられている。また、ラカイン地方に興ったミャウウー王国は寺院や仏塔建築においてたいへん高度な技術をもっていたことで知られ

25　ここでの「ミャンマー文化」は主としてビルマ族の文化を意味している。

26　ここでの「ミャンマー人」はビルマ族を意味している。

27　現在のバゴーにあるが、これは一九九七年に復元されたものである。バインナウン王の婿であるタウングー城主が周辺国のアラカン王と組み、ハンターワディーと戦闘をした際に、焼失してしまった。

28　現在のバゴーにあり、バインナウン王がスリランカから贈られた仏陀の聖歯、エメラルドの鉢、そのほか聖なる遺物を祀って一五六〇年に建立したものである。一六〇〇年にポルトガル人デ・ブリートによって仏塔の聖傘が壊され、飾ってあった全ての金や宝石が持ち去られた。仏塔は大地震で崩壊し、現在のものは一九八二年に修復再建されたものである。

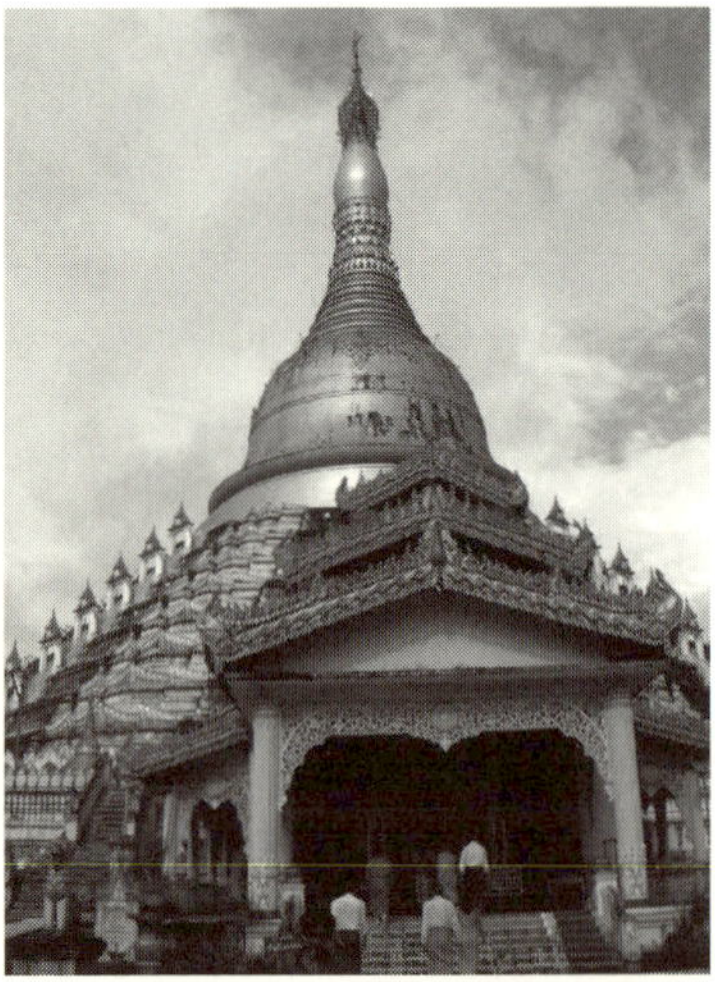

バインナウン王によって建立されたカンボーザタディ宮殿（上）とマハゼディ仏塔（右）
出典：教育省「中学２年生歴史教科書」2014年より転載

タールン王によって建立されたラジャムニカウンハムドウ仏塔
出典：教育省「中学２年生歴史教科書」2014年より転載

ている。

音楽に関しては、この時代の戯曲はパガン朝時代のものとかなり異なっていると言える。というのも、上演者は独特な方法を用いて演出に変化をもたせるようになったのである。

以上のように、ミャンマー第二の帝国では、整った行政制度、豊かな経済状態、平和な社会状況といった安定した社会環境の中で、文化面でも高度に発展を遂げることができたと言える。

ハンターワディー朝及びインワ朝の行政・社会経済・文化についての学習を終えると、いつものように私は生徒にテストを課します。その問いの一つに「ミャンマー第二の帝国で採用されていた行政制度について説明しなさい」というものがあります。この問いは、私が個人的に作成したものではなく、教科書に練習問題として与えられているものです。ほとんどの生徒は、この問いに対して、教科書の「行政制度」の節で記載されている内容をそのまま一字一句まで同じように答えてきます。

実は、私自身もこれについて教科書に書かれている以上の知識はもっておらず、従来、このことについてあまり深く考えたこともありませんでした。しかし、ある時、友人から「なぜ、このような新しい行政制度を採用したんだろうね？」という質問を受けたことがきっかけで、私はいろいろな文献を調べ、ようやく最近この背景と理由について理解できるようになりました。私が調べ、理解したことは以下のようです。

従来、ミャンマー帝国では地方の城市を王族に与え、これを支配させるという統治方法を採用していました。しかし、アナウペッルン王はタウングーとピイを支配下に入れると、中央から派遣した知事に監督させるようにしました。次のタールン王もこの統治方式を引き継ぐとともに、地方に散在する城市をいくつかのグループにまとめ、中心に役所を置いて、これらを国務院に責任を負う知事に統治させるようにしました。また、当該地方の行政とは無関係の軍司令官、目付《めつけ》を派遣し、知事の業務を監視させました。新しい統治方式は、地方の主権を握った王族が、次第に力をつけて中央政府に反旗を翻すという従来からの問題を制度的に不可能にしてしまうという利点がありました。

中央政府にはいくつかの司法行政機関が存在しましたが、国事は事実上、国務院と枢密院によって運営されていました。国務院は王子を含む数名の大臣に加え、大臣補佐、書記官長、連絡官によって構成され、三権が集中する国政の最高決議機関でした。他方、枢密院は主として宮廷業務を取り扱い、枢密官、伝奏官、連絡官等で構成されていました。勅令はここで発せられ、伝奏官の手を経て国務院に送られ、発布されました。これらの高級官僚は世襲ではありませんでしたが、概して主要な家系から選出される傾向にありました。王族や高級官僚には城市が知行地《ちぎょうち》（封建的な主従関係成立の要件として権力者が服従者に分封した土地）として与えられ、その地で徴収される租税を俸禄として享受しました。しかし、知行地に知行主が在地することは許されず、またこれは特定の人物やその業績に対して与えられるもので、譲渡や相続はできませんでした。ところが、在地の領主（ダヂー）は自己の領地を相続したり譲渡したりすることが可能でした。そこで、ニャウンヤン王の時代には中小の城市を支配する領主権の認定とその領域の確認作業が行われ、タールン王の時代には各領主は自身の支配領域とその範囲を示した調書を作成し提出することが義務化されました。

またこの時代、「アフムダーン（Ahmudan）」と呼ばれる集団が存在しました。これは戦争捕虜や住民の中から選ばれた中央集権を支える常備の各種軍隊、宮廷警護隊を連帯や組として組織したものです。アフムダーンは王都のみならず、地方にも存在しましたが、地方領主の管轄外に置かれていました。彼らはどこに居住していようと直属の上司の支配を受け、すべてが中央の当該長官につながっていました。したがって、地方領主から見れば、自己の領域内に国家に属する直属の集団が存在することになり、自己の領地と言えども一元的にこれを支配することはできなかったのです。この点からすれば、地方領主の権限は大きく制限されていたと言えます。しかし、王都を離れるにしたがい、アフムダーンの駐屯地は減少していきます。そうした所では、地方領主が住民全体の支配権を握っていました。税金の徴収は土地の慣行に任されていたため、実際にどれだけの税金が住民から徴収されているのか、中央政府は把握できませんでした。また、住民数にしても中央政府は地方領主の報告を逐一チェックする機関をもっていませんでした。

唯一、地方領主の職務を監視できるのは、知行主や中央から派遣された知事でしたが、逆に言えば、これらの上司と結託すれば何事でもできたということです。前述のように、王弟や王子が都に留め置かれたことにより、これまで地方政権の反乱という形で発生していた政権争いや継承権争奪は宮廷内紛争として現れることになります。ここでは国務院のメンバーが主役を演ずるようになり、特定の王族と結託した派閥が形成されていったのです。この派閥は当然アフムダーンの上下関係や知事＝地方領主の系統をとおって地方行政にまで及ぶようになりました。こうして、地方における地方領主の不正や租税の横流し等が派閥の上司黙認の下に横行するようになったのです。

王室は減少する税収を、直接支配下にあるアフムダーンへの誅求によって補おうとしますが、その結果、国王から下付されていたアフムダーン地の抵当流れやアフムダーンの逃亡が発生し、これらは私有地や平民となって地方領主の支配管轄下に入っていきました。十七世紀になると、王室はアフムダーンの移動に関して制限を出しますが、これを食い止めることはできませんでした。

ミンイェチョウティン王の頃になると、国王は大臣たちの傀儡《かいらい》となってしまい、サネー王、さらにタニンガヌェー王の時代には、有力大臣を主軸とした派閥抗争が激化し、国政は混乱を極めました。治安は乱れ、飢饉《ききん》が頻発するようになりました。こうしてニャウンヤン王朝は滅亡の道を辿っていったのです。

少し長い説明となりましたが、以上が、新しい行政制度とその導入の背景です。実は、こういう情報こそが当時の行政制度を本当に理解する一助になるのですが、現行の歴史教科書にはこうした包括的な情報が欠けています。

4 ヨーロッパ人の到来と国際関係

現在のミャンマーの地に最初にやって来た西洋人は探検家や宣教師たちである。イタリアのベネチア（Venice）出身のマルコ・ポーロ（Marco Polo）は十三世紀のミャンマーについての記録を残している。[29]

一四三五年にはベネチア商人ニッコロ・デ・コンティ（Niccolò de' Conti）[30]がラカインとインワに到着し、ハンターワディーに四カ月間逗留《とうりゅう》している。また、一四六九年頃にイタリア商人のヴァルセマ（Ludovoico di Varthema）[31]がハンターワディーにやって来て、当地の荘厳さと君主の富について記録を残している。

さらに、一四九六年にはジェノバ（Genova）出身のサント・ステファノ（Hieronimo di Santo Stefano）[32]もハンターワディーを訪れている。一五一七年にはポルトガル商人のバロッサ（Barossa）がミャンマーを訪れ、当地の産物や港湾都市についての記録を残した。同じくポルトガル商人のフェルナンド・メンデス・ピント（Fernand Mendes Pinto）[33]はタビンシュエティー王やバインナウン王によるタイ、モアトマ、ピイへの軍事侵攻についての記録を残している。その他に一五五〇年頃にはキリスト教宣教師二名がミャンマーを訪れている。

マルコ・ポーロの肖像画
出典：教育省「中学２年生歴史教科書」2014年より転載

バインナウン王の時代になると、一五六九

29 マルコ・ポーロ（一二五九〜一三二四年）はベネチア共和国の商人であり、ヨーロッパへ中央アジアや中国を紹介した『東方見聞録』（イル・ミリオーネ〈Il Milione〉）を著した冒険家である。彼の旅は一二七一年から一二九五年の二十四年間、全行程一万五千キロメートルに及ぶ。往路は、中東、中央アジア、中国を経て、ミャンマーへという陸路、復路は、一旦中国に戻り、そこから東シナ海、インド洋、アラビア海と海路をとり、ホルムズ海峡から再び陸路でイタリアに戻った。

30 ニッコロ・デ・コンティ（一三九五〜一四六九年）はイタリアのキオッジャ出身で、インドからマレー半島、インドシナ半島、ジャワやモルッカ諸島を含む極東の島々を旅行し、『再認されたインディア（India Recognita）』を残している。

31 ルドヴィコ・デ・ヴァルセマ（一四六八〜一五一七年）はボローニャ出身の商人で『ルドヴィコ・デ・ヴァルセマの旅行記一五〇二年〜一五〇八年』を著した。

32 サント・ステファノは十五世

年にイタリアのベネチア商人シーザー・フレデリック（Caesar Fredrick）[34]が交易を求めてミャンマーにやって来た。そして当時のミャンマーにおける外国貿易の状況についての記録を残している。一五八三年にはベネチアのガスパロ・バルビ（Gasparo Balbi）がタンリン経由でハンターワディーに入り、ハンターワディー朝のナンダ王に謁見している。一五八六年にはイギリス商人のラルフ・フィッチ（Ralph Fitch）[35]がミャンマーを訪れ、ハンターワディーの城市についての記録を残している。

このように、ヨーロッパから数多くの商人や宣教師、あるいは冒険家がミャンマーに興味をもち訪れるようになっていた。この理由として、早い時期に同国を訪れたヨーロッパ人によって書かれた記録にあることは疑う余地はない。

では、当時ミャンマーとヨーロッパとは具体的にどのような関係をもっていたのであろうか。十五世紀以来、ポルトガル人は東洋の国々と交易を行っていた。彼らはインドのゴア（Goa）を交易の拠点として、タイやミャンマーへ多くの貿易代理人を派遣した。最初にミャンマーにやって来たポルトガル商人は武器を売ったり、傭兵として王に仕えたりして生活費を稼いでいたが、一五四〇年には七百名にも上るポルトガル人傭兵がタビンシュエティー王に仕えるようになっていた。また、ポルトガル人軍司令官や兵士の中には、傭兵としてモッタマ君主であったソーバニャー（Saw Ba Nyar）やバインナウン王、さらにはハンターワディーの王やラカインの王が率いる軍隊に参加する者もいた。

ミャンマー第二の帝国の初期における分裂、つまりハンターワディー朝の分裂は、ポルトガル商人をはじめ、そのほかのヨーロッパ商人（資本家）にとっては当地を植

紀後半にインドやミャンマーを遍歴し、『サント・ステファノの旅行記一四九五年～一四九六年』を著した。

33　フェルナンド・メンデス・ピント（一五〇九～一五八三年）はアジア、アフリカを遍歴し、『東洋遍歴記』を著した。

34　シーザー・フレデリックは一五六〇年代から一五八〇年代にインド、東南アジア、中近東を遍歴し、『ペグー報告書』を著している。

35　ラルフ・フィッチ（一五五〇～一六一一年）はロンドン出身の商人であり、初期のイギリス人冒険家としても知られている。メソポタミア、ペルシャ湾、インド洋を経て、インドや東南アジアを訪れている。

民地化するためには絶好の機会であった。ラカイン地方のラジャチー（Raja Kyi）王はハンターワディーを占領するとラカインに戻ったが、戻る前にポルトガル人将校のフェリペ・デ・ブリート（現地名ンガ・ジン・カー）[36]にハンターワディーを防衛させた。

　フェリペ・デ・ブリートは、その機を利用してタンリンに強固な砦を築き、同地を支配したのである。彼は、モッタマからパセインまでのミャンマー海岸線にある港湾都市に停泊する外国船から税を徴収し、それによって富を蓄えた。さらに、彼はゴアのインド総督[37]より武器と人材の援助を受けながら軍事力も強めていったことから、周辺地域において無敵状態となり、あたかも君主にようにタンリンを支配した。ラカイン王はミンカーモン皇太子をタンリンに送り、デ・ブリートを追い払おうとしたが、その試みは失敗に終わった。

象に乗って移動するデ・ブリート
出典：Cayetano J., 1966

　一六一二年にはデ・ブリートはミャンマー南部だけではなく、タウングーをも占領し、当地を治めていたナシンナウン（Nat Shin Naung）王を拘束すると捕虜として連れまわした。これに対して、アナウペッルン王は愛国者によって組織した王軍をタウングーに送り、ようやくデ・ブリートの強力な軍を撃退し、ハンターワディーを奪回することに成功した。こうして、アナウペッルン王によるポルトガル人の撃退によって、長らくミャンマーを経済的に植民地化してきたポルトガルとの関係が終わった。

36　フェリペ・デ・ブリート（一五六六～一六一三年）は、ポルトガル人冒険家かつ商人で、ミャンマーにやって来た当初はラカイン王の下に仕えていた。しかし、一五九九年にタンリンの知事になると、三隻の小型快速船と三千の兵を指揮するようになっていた。彼はタンリンを砦で囲み、ポルトガル人の居住を進めた。こうしてタンリンを実質支配するようになるとラカインからの独立を企てた（Cayetano J. Socarras, "The Portuguese in lower Burma: Filipe de Brito e Nicote," *Luso-Brazilian review*, volume III, 1966. を参照）。

37　ゴアはインド西海岸中部のマンドウィー（Mandvi）川の河口にある島に位置し、天然の良港を有する港湾都市である。十六世紀初めにはイスラム王朝のビジャープル王国の重要都市であったが、一五一〇年、ポルトガル王国のインド総督アフォンソ・デ・アルブケルケ（Afonso de Albuquerque）が千人のポルトガル兵を率いて来航し、この都市を降伏させた。一五三〇年にはポルトガル領インドの首都となった。

ポルトガル人の勢力が衰えると、今度はオランダ人やイギリス人が東インド諸島[38]を侵略し始めた。新しい入植者たちは東インド諸島を探検して回り、インド亜大陸を超えて、東南アジアの島嶼部にまで達した。そこで彼らは綿製品、宝石、香辛料などを安価で入手し、ヨーロッパ本国まで持ち帰った。イギリス人が東インド会社を設立したのは一六〇〇年で、同じようにオランダ人も一六〇二年にオランダ東インド会社を設立している。

当初、イギリス東インド会社は拠点をインド東岸に置いて商業活動を開始した。一六一五年、アナウペッルン王がチェンマイを支配下に収めるや否や当地の同社役員のトーマス・サミュエル（Thomas Samuel）を捕らえ、彼をハンターワディーに連行した。これによりサミュエルは余生をハンターワディーで過ごすことになる。サミュエルの死後、同社は彼の財産回収のために二人のイギリス人をアナウペッルン王の下に派遣する。これを契機にミャンマー帝国はイギリス東インド会社との正式な交易を開始することになる。王は二人のイギリス人使者に対して、交易を歓迎する旨の書簡と進物を渡し、その書簡に沿ってミャンマーはいくつかの港湾都市を窓口にしてイギリスとの交易を開始した。同じころ、ミャンマーはオランダとも交易を始めている。

タールン王の時代には、外国貿易も盛んになり、帝国は大きな繁栄を誇った。オランダ商人はインワやタンリンに拠点を開設し、そこでルビーや金、錫《すず》、封蝋《ふうろう》[39]などのミャンマー産品を入手した。一六四七年にはイギリスもタンリンに拠点を開設し、交易活動を積極的に行うようになっていた。しかし、オランダ商人はインド商人との競争によって、ほとんど利益を上げられなかったばかりか、多額の負債を抱える

38　東インド諸島（East Indies）は、東南アジアの島嶼地域を指す旧名である。現在のインドネシア（ニューギニアを除く）、フィリピン、マレーシアのカリマンタン島、シンガポール、ブルネイ、東チモールに相当する。「東インド」という名称は、大航海時代にアメリカ大陸に到着したヨーロッパ人が、当初その地をインドと信じたものの、後に本来のインドとは異なることに気付き、アメリカ大陸を「西インド」、本来のインドとその近隣地域を「東インド」と呼んだことによる。

39　松脂《まつやに》にシェラック、テンピン油、マグネシアなどを混合し、顔料で着色したもの。瓶などの密封や封緘《ふうかん》などに用いられる。

ようになっていた。他方、イギリス商人は大きな利益を上げていた。こうした状況のなか、オランダとイギリスがベンガル湾で対立し、その結果、イギリスが敗北した。

その後、イギリスの交易は急激に鈍化し、タンリンに開設した拠点は一六五七年には閉鎖された。他方、対立に勝利したオランダも交易から大きな利益を得られず、ミンイェチョウティン王の時代の一六七九年に拠点を閉鎖してしまう。オランダの退陣後、イギリス東インド会社は再びミャンマーとの交易機会をうかがい、同地から未加工火薬の購入と拠点の再開を求めてインワに使者を派遣したが、ミンイェチョウティン王はそれに応じなかった。こうして、ミャンマーとイギリスとの経済関係はしばらくの間幕を閉じることになった。

その頃、マドラス拠点のイギリス商人所有の商船が暴風雨に遭い、モッタマへ寄港を余儀なくされた。ミャンマーの港湾局は規定により同船を没収した。これに対し、インド知事はインワに代理人を派遣し、ミンイェチョウティン王に対し船員と船荷の返還を求めたが、結局、船員は釈放されたものの船舶と船荷は没収された。

一六九七年、マドラス知事はボイヤー（Bowyear）率いる代表団をインワに派遣し、ミャンマーとの間でチーク材や米、未加工火薬、封蝋などの交易を行いたい旨を伝えた。ミンイェチョウティン王は、船員の食糧目的としての米の交易は認めたが、それ以上の米の取引はもちろん、チーク材や火薬の輸出は認めなかった。このため、イギリスはミャンマーでの商業活動方針を切り替え、交易ではなく、イギリス人民間商人をタンリンに居住させ、彼らとの間で商業活動を行うことにした。ミャンマー側の監督の下、同地のチーク材を使って新しい商船を建造したり、また彼らの

40　これは一般にオーストリア継承戦争と呼ばれる。一七一三年、オーストリアの神聖ローマ皇帝カール六世は、ハプスブルク家の家督継承の原則を定めた。これにはハプスブルク家の領土不可分と男子のいないカール六世の次の家督を長女マリア・テレジアに継がせることが定められていた。ヨーロッパ諸国は一旦これを認めたが、

会社が所有する古い商船の改修を行ったりした。というのも、ミャンマーでは良質のチーク材が安価に入手できたからである。

同様に、フランスもタンリンに同国商人の居住を勧め、商船の建造を行った。こうしてイギリスとフランスによる植民地化活動をめぐる競争が激化し、インドにおいて両者の対立が生じることになる。

十八世紀の初め、オーストリアの王位継承問題を巡り、イギリスとフランスの間に戦闘が開始された。[40]両国はこの戦いで軍事用船舶が必要となり、下ミャンマーはこの点に関して重要な戦略地域となった。このためフランスはミャンマーとの友好関係をより発展させ、ハンターワディーのモン族と良好な関係を築くことに力を入れた。インドのポンディシェリー（Pondicherry）の行政官デュプレクス（Joseph-François Deplex）[41]は秘密裡に下ミャンマー全域を支配下に置く計画を立てていた。その計画をいち早く察したイギリスはハイジー島（Heikyi Island）[42]に軍事基地を建設しようと試みたが、ハンターワディー王はそれを認めなかった。また、フランス側のこの秘密計画も、アーロンパラ（Along Phara）王がハンターワディーを支配下に収めた時に完全に失敗に終わった。

カール六世の没後、まず、プロイセン王国がマリア・テレジアの相続を条件にシュレジェンの割譲を主張し、神聖ローマ帝国内のバイエルン公、ザクセン選帝侯もハプスブルク家に代わって神聖ローマ皇帝に選出されることを主張した。この機会にオーストリア＝ハプスブルク家の弱体化を狙うフランス（ブルボン王朝ルイ十五世）はスペイン（ブルボン朝）とともに、プロイセン、バイエルンなどに同調した。これに対し、植民地でフランス及びスペインと対立していたイギリスはハプスブルク家側についた（四手井綱正『戦争史概観』岩波書房、一九四三年、参照）。

41　ポンディシェリー（Pondicherry、またはPuducherryとも書く）はインド南東部に位置する当時のフランスの植民地であり、デュプレクス（一六九七～一七六三年）は当時フランスのインド植民地行政官であった。

42　エヤワディ河口にある小島。

この節の学習を終えて、いつも思うことは、「もっと効率的に歴史を教えられないか」ということです。というのは、この節の記述をご覧になってすぐにお判りになったと思いますが、この部分の内容は、すでに学習したタビンシュエティー王やバインナウン王、アナウペッルン王の時代に再度戻っているのです。行政や社会経済制度、文化、さらにはヨーロッパ人渡来といった内容が、歴代君主の功績や活躍とは切り離して構成されているので、そうなるのは当然なのですが、生徒に対して既習学習を再度行うというような印象を与えてしまっていることは事実です。

さらに、生徒の多くは既習の学習内容を理解しているというよりは、暗記しているだけなので、しばらく時間が経つとすっかり既習内容を忘れてしまっています。したがって、教師は再び既習の学習内容を繰り返し教えなければならないという悪循環に陥ってしまうのです。

先にも少し触れましたが、私は、歴代君主とこうした社会的な出来事を再構成し、現在ばらばらに提示されている情報を何とか一つのまとまりとして提示できないものかと考えています。そうすれば、歴史学習を効率的に行うことができ、かつ生徒にとっても興味深いものになると思います。しかしながら、教科書の記載方法が変わらない以上、学校現場でそれを無視して授業することはかなり難しいというのが現実です。

5　王朝の崩壊

ニャウンヤン王やアナウペッルン王及びタールン王の時代には、ミャンマー第二の帝国は強大な権力を誇り、華やかな繁栄を迎えた。これは君主たちが秀でた指導力と勇気、それに将来を見通す洞察力を備えていたからである。しかし、タールン王の後を引き継いだ君主は自身の享楽にのみ関心をもち、また帝国を治める十分な資質も備えていなかった。彼らの指導力の欠如は、自然災害や反乱といった国内にある潜在的脅威からも、また侵略戦争などの国際的な脅威からも人民を守ることができなかった。

ターールン王の後継者であるピンタラエ王の時代には、深刻な食糧不足が起こった。これは中国からの難民がミャンマーに大量に流入してきたことと、その後、彼らが反乱を起こし帝国の平和が乱されたことによるものである。そして、中国人難民による反乱が収まった後も、帝国はもはや繁栄を謳歌することはなかった。ピイ王の後、その息子ナラワラ王が統治するも一年後には亡くなってしまう。そして、ナラワラ王の弟のミンイェチョウティンが一六七三年に王位に就くや、マニプールのカタイ（Kathai）族との戦闘が起こる。カタイ族は帝国の北西部で反乱を繰り広げていた部族で、この戦闘でミャンマーは苦戦を強いられる。このことからピイ王を含むそれ以降の君主には帝国がこれまで築いてきた強大な権力を維持することができず、帝国の支配力は急速に低下していったことが判る。加えて、死に至らしめる疫病の流行や自然災害の発生によって、多くの人命が失われると同時に、公共財産や農地を喪失したことは帝国の力をさらに低下させることとなった。

マニプールのカタイ族の脅威は、タニンガヌェー王の時代になるとさらに大きくなっていた。同時に支配下にあった城市も中央政府に対して反抗するようになってきた。例えば、チェンマイでは、インワ朝の君主によって任命された首長が暗殺され、代わって地元の封建領主による支配が行われ、あたかも独立国家のように振舞っていた。

その後、マハールラジャディパティ王の時代にはサイアム軍がインワとその周辺一帯を侵略し、これによってインワ朝の権力は完全に地に落ちてしまった。

マハールラジャディパティが王位にいた時期、ハンターワディーの首長ウー・ア

ウン (U Aung) は中央の規則を無視して領民に重税を課し苦しめていた。その結果、彼は暗殺され、中央は新しい首長としてミンイェアウン (Min Ye Aung) を任命した。しかし、彼もウー・アウンと同様に、領民たちを搾取し苦しめたために、やはり暗殺されてしまう。その後、ハンターワディー地域では、ニャウンヤン朝時代の王族の血をひくタメインタウブダケイティ (Thamein Htaw Budha Keitti) を王に就け、新国家建設に向けて動き出す。この新国家は、インワ朝に仕えていた傭兵や官僚をも惹きつけ、インワ朝を逃れて新国家に加わるものも少なくなかった。こうして新国家はますます力をつけていった。新国家の王はイギリスやフランスから軍隊や兵器の支援も受け、軍事力を強大化していった。イギリスやフランスは当時、タンリンに交易拠点を開設し、ミャンマーの植民地化を秘かに進めていた。こうした外国からの支援をよく思わなかったハンターワディーの人々はタメインタウブダケイティを王位からおろし、彼に代えて勇敢で知的なバニャールダラ (Banyar Dalla) を王位に就けた。バニャールダラ王は下ミャンマー一帯を支配下に収めると、インワへの侵攻を企てた。ちょうどその頃、ゴナエイン (Gonna Ein) 率いるクェイ (Kwei) 族によ る大反乱がマダラ (Madara) 地方のオアポー丘陵 (Oat Pho Hill)[43] のふもとで起こった。これは中央からの重税に不満を抱いていた人々の反乱である。

一七五一年ハンターワディーのバニャールダラ王は陸路及び水路両方からインワに向けて軍を進め、これを包囲した。インワの町では人々は深刻な食糧不足によって飢餓に直面しており、インワ軍はもはや抗戦する力はなく、すぐに降服した。こうして一七五二年インワはハンターワディーの王の手に落ちた。マハールラジャ

43　現在のマンダレーの北部に位置する。

ディパティ王は捕らえられ、捕虜としてハンターワディーに連行された。
このように、タールン王の後継者たちは、強大なミャンマー第二の帝国を維持することができず、滅亡させることとなった。帝国の滅亡後、ミャンマーは再び小規模な都市国家に分裂していった。
繰り返しになるが、ミャンマー第二の帝国の滅亡の理由としては、君主の資質能力の欠如、経済の停滞、各地の封建領主による蜂起と反乱、海外からの脅威など複数の要因があり、それらが同時に発生したということが言える。

以上のように、この単元ではバインナウン王の時代に周辺地域を次々に支配下に収め広大な帝国を築いたこと、またタールン王の時代にも強大な王国の建設に成功したことが述べられており、それに伴った隣国アユタヤとの関係、ヨーロッパとの関係などが触れられていました。その一方で、中国との関係についての記述はそれほど多くはありません。「ビンタラエ王とその後の後継者たち」という節にわずかにその記載があるだけでした。

私が、中国系シャン人ということも関係しているかもしれませんが、この時代の中国、具体的に言えば、明朝や清朝との力関係はミャンマーの歴史理解において欠かせないものだと考えています。そこで、もう少しこの時代の中国との関係について私なりに理解している内容を以下に述べておきたいと思います。

ミャンマー第二帝国の勢力が北方に拡大すると、チェンマイ（Chaingmai）、チェンセーン（Chaingsen、共にラーンナー王国の都市）、チャイントン（Kengtung、ラーンサーン王国の都市）、シップソーンパーンナー（Sipsong Panna、チン・ホー族の王国）など、明朝の冊封《さくほう》（称号・任命書・印章などの授受を媒介として、君主と近隣諸国・諸民族の長が取り結ぶ名目的な君臣関係）を受けるタイ族の小国が次々に帝国の勢力下に入りました。明朝はこれらの小国の支配者に対し、土司《どし》

（中国王朝が隣接する諸民族の支配者たちに授ける特定タイプの官職の総称）という衛所の各級指揮官の称号を与えて間接支配していたため、ハンターワディー朝の侵略を見過ごすことはできず、劉綎《りゅうてい》（一五五八～一六一九年、明朝末期の武将）を雲南南部に派遣しました。

一五七三年、彼と鄧子龍《とうしりゅう》（一五三一～一五九八年、明朝の武将）が率いる明軍がミャンマー軍を破り、帝国に占領された地域を奪回しました。その後、一五九八年まで雲南辺境を巡る明と帝国の角逐《かくちく》が続きました。

一六四四年に明が滅亡すると、北京を占領した清朝に対して、明王族が中国南部で抵抗運動を組織しました。これを「南明」と呼びます。しかし、南明は次第に清軍に追い詰められ、一六五九年に南明最後の皇帝である永暦帝（南明第四代皇帝）は帝国領内に逃亡します。当時はインワ朝のピンタラエ王の時代であり、王は永暦帝を首都インワ近郊に抑留しました。永暦帝を奪回すべく南明側の李定国軍がインワ近郊に迫りましたが、火器に優れたミャンマー軍を破ることはできなかったようです。

一六六二年、呉三桂《ごさんけい》（ウ・サンクィ、明朝末・清初期の軍人）将軍の率いる優勢な清軍が永暦帝の引き渡しを求めてインワ近郊に迫ったため、帝国は永暦帝を呉三桂に引き渡しました。その後しばらく、帝国は清朝と没交渉でしたが、一七四九年、清朝は使者を帝国に派遣して朝貢を求めてきたため、帝国は一七五〇年朝貢使節を陸路北京に派遣しました。この使節団は一七五四年に北京に到着し、乾隆帝《けんりゅうてい》（清朝第六代目皇帝、Chin Lon、中国名 Qing Long）の歓待を受けました。しかし、この前後に帝国は滅亡してしまいました。

第6章　「最後の統一王朝　コンバウン朝」を教える

本章における教科書抜粋部分はすべて「中学三年生歴史教科書」からのものです。

この単元は、中学三年の歴史教育の中心となる部分であり、ミャンマー史の中でも重要なところです。この単元内容を見るとすぐに判りますが、最初に、混乱したミャンマーの国土を次々に統合していく勇猛果敢なアラウンパヤーの英雄伝が語られます。ちょうどパガン朝の滅亡後、各地で小国が興っていたのと同じ状況がここでも見られますが、その多くがシャン族の小国であることから、「小国＝混乱時代＝敵」という印象をもたせるような描き方になっています。そして、「アラウンパヤー＝英雄」の登場によって、その「敵」を倒し、平和な国家を建設していくという歴史観が示されています。ここから判ることは、シャン人はミャンマーの歴代王朝史にとっては敵視されるべき対象となっているということです。

次に、コンバウン朝初期の戦い、すなわち、国境を接するアユタヤ及び清朝との戦いが描かれます。どちらも一七六〇年代を通じて行われた激しい戦いでしたが、いずれもミャンマーが圧勝したという記述になっており、その勇敢さ、強靭さが讃えられています。ここでも「アユタヤ・清朝＝敵」に対して、「ミャンマー＝英雄」が果敢に攻めていったことが強調されています。

その後、コンバウン朝後期のイギリスとの三度にわたる戦闘が描かれます。ここでも「イギリス＝敵」という構図に変わりはありませんが、残念ながら、ミャンマーはその敵を打ち負かすことはできず、イギリスの不当な要求を受け入れます。ここではこれまでの「英雄伝」から一転して、「不当な侵略戦争に巻き込まれたミャンマー」という歴史観によって、ミャンマーの正統性を主張しています。

私は、この単元を教えるために、毎回かなり下調べをして授業に臨むようにしていますが、それでも十分にこの当時の社会について理解しているとは言えません。しかしながら、私はもっと知識を蓄えて、この当時の社会に生きた人々がどのような生活を送っていたのか、どのような考え方をもっていたのかといったことを授業で扱っていきたいと思っています。古代と違い、近世に入ればかなりの史料が残っているはずですが、ミャンマーでは言論統制、出版制限が長らく行われてきたこともあって、なかなかそうした史料に触れることができないのが残念です。

ところで、「コンバウン」という名称はどこから来たのでしょうか。これまで見てきた歴代王朝はすべてその王朝の中心都市の名前が付けられていました。したがって、「コンバウン」というのも地名ではないかという予想はもっていたものの、確信はありませんでした。そこで、いろいろと調べてみて初めて、「コンバウン」とはモーソーボ（Moksobo）地域、現在のシュエボー（Shwebo）を指す地名であったことが判りました。初代アラウンパヤー王がシュエボーを都にしたことがこの名前の由来になっていたのです。

1 コンバウン朝の誕生

コンバウン朝は、大きく初期コンバウン朝（一七五二〜一八一九年）と後期コンバウン朝（一八一九〜一八八五年）に分けられる。コンバウン朝（ミャンマー第三の帝国）の創始者はウー・アウンゼヤ（U Aung Ze Ya）、後のアラウンパヤー（Alaung Mintaya）王である。彼は、モーソーボ（現シュエボー）地域を中心に巨大帝国の建設を成し遂げた偉大な君主である。モーソーボはエヤワディ川とチンドウィン川に挟まれた地域で、エヤワディ川からわずか二十三キロメートルのところにある。

ニャウンヤン朝の最後の君主であったマハールラジャディパティは十分な統治能力をもたなかったため、彼の時代、政治、経済、軍事などあらゆる面での低下が著しかった。この機を利用してバニャールダラ（ウー・アウンラ〈U Aung Hla〉）率いるハンターワディーの勢力によってインワ（アヴァ）は侵攻され、一七五二年にはその支配下に入った。インワの王及び女王はハンターワディーに連行され、これによってミャンマー第二の帝国は完全に滅亡した。

アラウンパヤー王の彫像[1]
出典：ミャンマー国立博物館

しばらくして、ミャンマー一帯には多くの小集団が勢力を振るうようになってきた。例えば、マダラのオアポー丘陵のゴナエイン率いるクェイ＝シャン族集団、キンウー（Khin Oo）村指導者ンガチッニョ（Nga Chi Nyo）率いるビルマ族集団、モエカウンやモエニン、バンマオ、ティーボー（Thibaw）のシャン封建領主たちである。これに加え、ラカイン封建領主はミャンマー西部一帯で勢力を振るっていた。

モーソーボ村の指導者であったウー・アウンゼヤは、こうした小集団から身を守るために、モーソーボ村を含む周辺四十六の村々に協力を求め、一致団結して防衛することにした。彼はヤシで作った強固な防御柵で村を囲み、村の周囲には濠や溝を築いた。また、若者に対して軍事訓練を施した。さらに防御柵の付近にあるダムや湖、井戸、家屋などをすべて破壊し、敵が攻め入ってきてもこれらを使うことができないようにした。こうして、新しい帝国の建設に向けた準備が徐々に進められたのである。

しばらくして、ハンターワディー軍やクェイ軍がモーソーボ村に侵攻し、彼らの支配下に入るように求めてきた。ウー・アウンゼヤは策略を講じ、戦いに勝利した軍に対してのみ忠誠を誓うつもりであることを伝えた。その後、ハンターワディー

1　ミャンマー国立博物館にあるアラウンパヤー王の像は、個性的な王の容貌を表しているが、実は王の容貌について記録が残っている訳ではなく、彫刻家ウー・ハンタンの洞察力の賜である（ヤンゴン日本人会、前掲書を参照）。

軍が戻っていくところを待ち伏せし、ウー・アウンゼヤは一気にハンターワディー軍を破ったのである。ウー・アウンゼヤの強さが広まると、周辺の村々から人々が集まってきた。彼の軍隊は村々から集まった若者たちを中心とした素人兵によって組織されていたにも関わらず、モーソーボ一帯へ幾度にもわたって侵略を企ててきた敵を次々に倒していった。

一七五三年にはモーソーボはヤダナテインカ（Yadana Theinkha）と名称を変更し、ウー・アウンゼヤはアラウンパヤー王として王位に就いた。[2] 加えて、彼とともに戦った英雄たちは高位が与えられ、特に各村からの四十六名の指導者には貴族の地位が提供された。

これ以降、アラウンパヤー王はこれまでの防衛から攻撃を中心にした軍事行動を

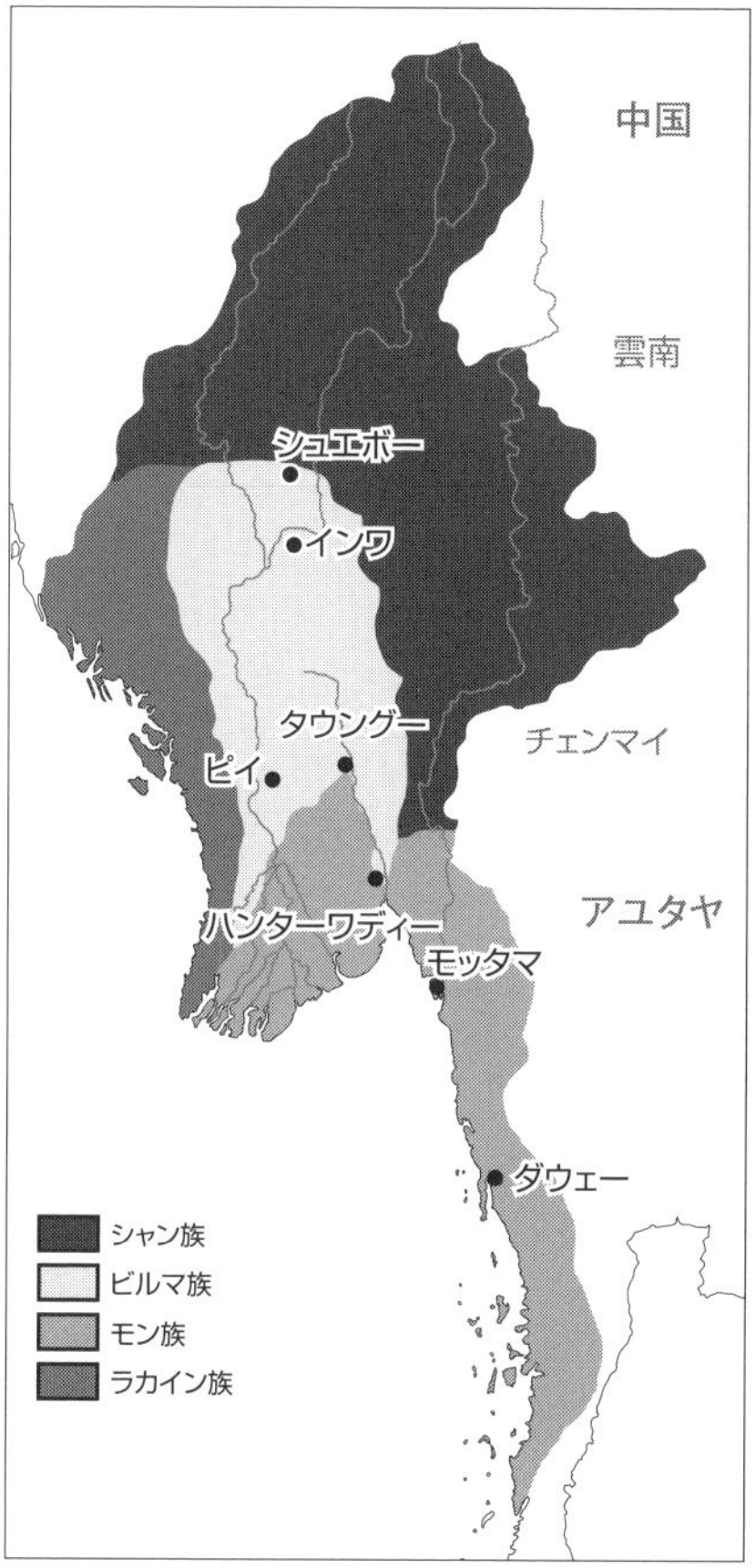

アラウンパヤー王以前のミャンマー

出典：教育省「中学３年生歴史教科書」2014 年の図をもとに筆者作成

2 「アラウンパヤー」は「菩薩」という意味である。

とるようになる。彼は、エヤワディ川とチンドウィン川に挟まれた地域一帯を支配下に置くと、ンガチッニョ及びゴナエインを次々に倒し、インワ一帯をほんの一カ月ほどで統治下に置いた。

次に、アラウンパヤー王はエヤワディ川に沿って南下し、ルンセイ（Lun Hsay）を支配すると、地名をミャンアウン（Myan Aung）と改称し、当地の兵士たちを彼の指揮下に組み入れた。その後、デルタ地域一帯の封建領主たちもアラウンパヤー王に忠誠を誓うようになった。政情が不安定なためラカインの山岳部に逃避していた人々もアラウンパヤー王に忠誠を誓うようになった。

アラウンパヤー王は一七五五年ダゴン（Dagon）を支配下に置くと、ラングーン（Rangoon）と改称し、当地の兵士たちを彼の指揮下に入れた。続いて彼は、タンリンに侵攻したが、タンリンの強固な防衛に阻まれ征服することはできなかった。翌一七五六年、彼は再びタンリンを陸路と水路の両方から攻めたが、火砲による攻撃を受けて市街に近づくことさえできなかった。そこでアラウンパヤー王は九十三名の軍指揮官たちを総動員してタンリンに総攻撃を仕掛け、ようやく当地を占領することに成功した。占領後にはタンリンに援護に来ていたフランス船も没収した。

同年、アラウンパヤー王は、インワ朝を滅亡に追いやった強力な軍隊をもつハンターワディーに侵攻し、一カ月にも及ぶ戦闘の末、同地を一旦は降伏させた。しかし、翌一七五七年にはモン族の徹底抗戦派による反乱が起こった。王はここでも多数の軍指揮官を派兵し、ようやくハンターワディーを完全掌握したのである。

ハンターワディー征服の後、アラウンパヤー王は故郷のヤダナテインカに一旦戻

3　アラウンパヤー王は、タイへの遠征時に道中で地元住民にかなりの残虐行為を加えたという報告もある。もともと彼は当時としては大変大柄な百八十センチメートル近くの体格をもち、天然痘の痕が顔中に残っていたと言われ、外

り、それから同地をたびたび脅かしていたマニプールへ攻撃に向かった。ちょうどその頃、ヤンゴン（Yangon）でハンターワディー軍の反乱が起こり、ダウェーでも首長による反乱が起こっていた。特に、前者はハイジー島にいたイギリス人が軍事的な援助を行っていた。アラウンパヤー王は、陸路と水路の両方から彼らに対し攻撃を加えた。

一七六〇年には、アラウンパヤー王はタイに侵攻し、難攻不落と言われたアユタヤを包囲するが、雨季に入りアラウンパヤー軍に疫病が蔓延《まんえん》すると、彼も病魔に冒され、退去を余儀なくされた。[3] 一七六〇年五月十一日、アラウンパヤー王はベーリン（Beelin）郡タートン（Thahton）地区キン（Kin）村にてこの世を去るが、[4] 彼はラカインを除くミャンマーのほぼ全域をその支配下に収めた。

2 王朝初期の戦い

コンバウン朝初期の頃、ミャンマーは国境を接するアッサム（Assam）、マニプール、タイ、中国などの国々と友好的な関係をもっていた。また、イギリスやフランスとも友好関係を築いていた。ただし、これら友好関係には二つの意味があった。一つは平和のための関係であり、もう一つは軍事協力のための関係であった。

初代アラウンパヤー王は、一七六〇年にアユタヤに侵攻し、そこを包囲したが、疫病にかかり撤退を余儀なくされ、最後はベーリン郡キン村にて亡くなった。

三代目のシンビューシン（Hsinbyushin）王は、強力なアユタヤに対し南北二方向か

見も含め、タイ族はもちろん、ミャンマー人や彼の家臣からも恐れられていた。

4　教科書には、疫病にかかって死亡したとされているが、一部の年代記にはアユタヤ軍の撃った大砲に当たって死亡したという記録もある。

5　シンビューシン王は、都をシュエボーからインワ（アヴァ）に移し、チェンマイ、ビエンチャン、ルアンプラバンへ遠征した。後にこの北軍がアユタヤに侵攻する。他方、南軍はマルタバンを経緯してアユタヤに侵攻した。

6　清緬戦争と呼ばれるもので、もともとビルマ族のコンバウン朝の勃興によりインワ（アヴァ）から追い出されたシャン族の一部土侯が雲南に逃れ、ミャンマーに対して盗賊行為を行ったり、奪われた領土を取り戻そうと清国の支援を求めていた。ミャンマー側もこうした清国側の動向に脅威を感じ牽制を繰り返していた（山口洋一『歴史物語ミャンマー上巻』カナリア書房、二〇一一年参照）。

7　チャイントン在住のミャンマー人と清国人が酒に酔って喧嘩騒ぎを起こし、清国人が殺される事件が起こった。そのミャンマー人はミャンマー当局によって処刑されたが、雲南の知事は犯人の

ら挟み打ちにし、一七六七年四月にこれを占領した。[5]コンバウン朝がアユタヤを支配下に収めた頃、今度はシャン諸州の支配権をうかがっていた清朝がミャンマーに侵攻してきた。清朝は満州人（中国北部出身）の国家で軍事戦略に秀でており、十七世紀中頃には明朝を滅ぼして中国一帯を支配していた。清朝は強大な力をつけ、東南アジアの国々を併合し、これらの国々から様々な貢物を享受していた。

　コンバウン朝と清国の間には、交易や租税、領土問題などが原因で四度にわたり戦闘が繰り広げられた。[6]しかし、いずれもコンバウン朝が勝利している。最初の戦闘は、一七六五年、清国領土内の雲南知事の指揮によるチャイントン（Kengtung）への侵攻である。[7]これに対し、コンバウン朝は、ナイミョシィトゥ（Nay Myo Sithu）率いる軍を送り、チャイントンを援護するとともに、清国軍をモエカウン川[8]にまで撃退した。雲南の知事は敗北を理由に自ら命を絶った。

　二回目は、翌一七六六年、雲南の新知事によるタルパイン（Tarpain）河岸への侵攻である。清国軍はバーモを占領したものの、防護柵を張り巡らされたカウントン（Kaung Ton）[9]への侵攻には苦しんだ。これに対し、ナイミョシィトゥの軍はカウントンに大量の兵器を提供して雲南軍を攻撃、撃退した。さらに雲南の西部にまで軍を進め、その地を占領した。この大敗によって雲南の新知事も自害した。

　三回目は、一七六七年、清国側の二つの別働部隊によるコンバウン朝への侵攻である。明瑞（Minywe、中国語名 Mingrui）[10]率いる清朝軍は、第一部隊をバーモに送り、第二部隊をインワ（アヴァ）に近いシンガウンウェッウン（Sin Gaung Wetwun）に送った。[11]これに対し、マハティハトゥラ（Mahar Thiha Thura）とテインチャーミンカウン

引き渡しを要求してきた。ミャンマー側は、これをチャイントンにおける清国の宗主権を認めさせようとする行為とみなし、この要求を強く拒否した。清国はこれを口実に大軍をチャイントンに侵攻させた（山口洋一、二〇一一年、前掲書を参照）。

8　メコン川を指す。

9　現カチン州（Kachin State）バーモ県（Bhamo District）バーモ町（Bhamo Township）の集落。

10　乾隆帝《けんりゅうてい》の義理の息子。

11　インワに送った第二部隊が主力部隊であり、バーモの第一部隊は囮《おとり》部隊であった。ミャンマー側は清国のこの作戦に騙され、当初、主力部隊をバーモに派遣してしまい、インワ（アヴァ）への援護が遅れた（山口洋一、二〇一一年、前掲書を参照）。

12　清国軍の第一軍はエヤワディ川西岸を南下、第二軍は東岸を南下、第三軍はバーモへ侵攻した。

13　清国の乾隆帝は、コンバウン朝軍との戦争を終結し、ただちに雲南に撤退する旨の命令を出したことから、清国軍指揮官はそれに従った。その後、清国側からコンバウン朝側へ講和の使者が送られた（山口洋一、二〇一一年、前掲書を参照）。

14　清国側からの講和申し入れが

（Tein Kyar Minkaung）は清国軍に勇敢に対峙《たいじ》した。間もなくして清国軍は補給路を分断され、退却を余儀なくされた。そしてコンバウン軍に包囲されると指揮官明瑞は自害した。

四回目は、一七六九年、乾隆帝《けんりゅうてい》指揮下の三つの軍によるミャンマーへの侵攻である。[12]この侵攻でも、バーモは清朝軍の支配に下ったが、カウントンについては川と陸の両方から攻撃を仕掛けられたにも関わらず、コンバウン朝軍が果敢に戦ったために征服されることはなかった。こうして、清朝軍はコンバウン朝軍に完全に包囲されると、清朝軍指揮官はついに停戦を受け入れた。[13]

同年十二月、コンバウン朝と清朝との間で正式な停戦協定が結ばれた。[14]この協定は両国の将来的な友好を示すものでもあり、国境での自由交易、清朝に拿捕《だほ》された、コンバウン朝の地方首長の返還、戦争捕虜の交換、両国君主間での正式な書簡及び貢物の交換などが含まれていた。

ミャンマーは四度にもわたる中国との戦いに勝利したが、[15]これはミャンマー君主や軍事指揮官、兵士たちが強力な力をもち、武器の使用に熟達していたからである。また、人民の積極的な協力も大きな理由である。なお、ボードーパヤー王の時代までに、ミャンマーと中国の間で緊張が高まったことはあったが、当時、両国にはすでに外交関係が樹立されており、これによって対立は回避され、交易面での発展を遂げた。[16]

あった際、コンバウン朝軍将兵の間では申し入れを一蹴すべきという意見が多数であったが、指揮官のマハティハトゥラは「ここで和平を結ばなければ、清国はまた攻め込んでくる」として、シンビューシン王の許可を得ることなく独断で和平を結んだ（山口洋一、二〇一一年、前掲書を参照）。

15 コンバウン朝は清国の侵攻を四度とも撃退したが、彼らとの戦闘に集中している間に隣国タイのトンブリー王朝（一七六七〜一七八二年）の独立を許してしまった。清国はコンバウン朝が朝貢国になったとみなし、勝利宣言を行った。これは乾隆帝の十全武功（十回の外征による功労）の一つとされている（山口洋一、二〇一一年、前掲書を参照）。

16 一七六九年の停戦協定の後、戦後処理を巡ってコンバウン朝と清朝は冷戦状態となっていたが、秘密裡には両国間の貿易は行われていた。ただし、一七九〇年には両国間国交が正常化し、バーモ＝騰越《たんゆえ》（現騰衝《たんちゅう》）、センウィー＝順《しゅん》寧《にん》（現鳳慶《フォンチン》）、思茅車里《スージーチャリ》（現シーサンパンナの一地域）＝普洱《プーアル》などの間で管理貿易方式が定められた（石井米雄他、一九九九年、前掲書、二九二頁参照）。

以上見てきたように、教科書にはミャンマーがアユタヤ及び清朝と果敢に戦い勝利したという記述がありました。この記述を見る限りでは、コンバウン朝の強さばかりが目立ちますが、私が調べたところによれば、実はこの戦争によってコンバウン朝はかなり疲弊し、一時勢力衰退の危機に見舞われていたことが判りました。しかし、教科書ではあくまでもミャンマー英雄伝を教えることが意図されているようなので、こうした教科書の内容を離れて授業を行うことはありません。ただ、コンバウン朝の実態を知っておくことは必要ですので、私が理解している範囲で、以下説明しておきたいと思います。

コンバウン朝は、初代君主アラウンパヤー王から第三代シンビューシン王の時代までは国内では小城市の統一、国外ではアユタヤや中国清朝に対する勝利など強力な勢力を誇っていましたが、第四代シングー王時代には退潮化傾向に転換していました。この理由としては、清朝との抗争で多くの兵力を振り向ける必要に迫られたことや、チャオプラヤ川流域に新たに興ったタークシン（Taksin、タイ・トンブリ王朝の王〈在位一七六七～一七八二年〉、華僑《かきょう》の子で中国名を鄭昭という）の勢力によってタイやラオスに対する支配権を維持することができなくなってきたからでした。

ボードーパヤー王は、タイへの遠征に再び着手しましたが、一七八五年と翌八六年に手痛い反撃にあい、それ以降、サルウィン川以西、南はダウェー、メルギー（Mergui）を維持するにとどまりました。このタイとの交戦では、デルタ地域が補給基地となったため、アラウンパヤー王以来徐々に回復していたこの地域の経済は再び荒廃することになりました。加えて、一八〇二年より十数年間に及んだ中央平原地帯の大旱魃《かんばつ》は、住民を疲弊させ、流民を多数発生させました。

第六代君主ボードーパヤー王は、一七八三年に新首都アマラプーラ（Amarapura）を建設すると、王権を維持・強化するため、安居《あんご》（仏教における考え方で雨季の間に寺院や一定の住居に留まって外出しない修行をすること、七月～十月の約三カ月間）の終わりに王族、官僚、地方領主などを王宮に集め、国王に対する忠誠を誓わせる謁見式を行いました。さらに、最も権威があるとされ、それゆえに手間暇のかかるムッダ・ベイティ（完全なる戴冠式）を二度も行ったり、仏典にある始耕祭を開催するなど仏教的理想王としてのパフォーマンスを次々に行いました。

アマラプーラ宮殿
出典：イギリス大使館（著者 Singey Bey）

また、ボードーパヤー王は全国に散在するパガン時代以降の寄進碑文の収集と整理を行い、寺領地の確認と保護、サンガの浄化を図りました。さらに、ダタマ税制を導入し、地方での徴税額を決定することにより、地方領主の力をそぎ、かつ王室の財政収入を安定させようとしました。

以上が、私が理解したコンバウン朝の初期の頃の状況です。こうして見ていくと、コンバウン朝を統治した歴代君主も「完璧」ではなかったことが判ります。強さをことさら強調する「英雄伝」ではなく、こうした弱さや困難な状況も示すことによって、歴代君主の人間性を感じさせ、より身近な存在して歴史上の人物を理解していくことが可能になると私は考えていますが、現在の教科書を使っている以上、こうした内容を授業で取り上げることはできません。非常に残念で仕方がありません。

3 王朝後期の戦い

封建制度がミャンマーで隆盛を極めていた頃、ヨーロッパでは資本主義が花開いていた。資本主義的な考えの下で、ヨーロッパ人は交易目的の産品を求めて領土を拡大し、一次産品の獲得に力を入れていた。帝国主義者たちは、ミャンマーの米、チーク材、竹材などの天然資源に強欲な目を向けるようになった。彼らはインドに足場を築くと、ミャンマーの国内問題に干渉するようになる。特に、イギリスは一八二四年、一八五二年、一八八五年と三回にわたりミャンマーに侵略戦争をしかけ、最終的にミャンマーを併合した。

■第一次英緬戦争（一八二四〜一八二六年）

◇戦争の原因

ボードーパヤー王の時代からイギリス占領地と接するラカイン（またはベンガル）地方[17]ではミャンマーとイギリス両国間の緊張が高まっていた。そして、バジードー王の時代に入ると、この関係はますます悪化するようになった。

もともとマニプールを巡る問題では、ミャンマーとイギリスは対立していた。そのような状況下で、バジードー王の即位式にマニプール首長マルジェシン（Marjetsin）が欠席するという事件が起こった。彼はミャンマー帝国の支配下にあり、ミャンマーの王から任命されていたにも関わらずである。バジードー王はこれをマニプールのミャンマーに対する謀反であると考え、一八一九年、当地にミャンマー軍を派兵した。マルジェシンはミャンマー軍の攻撃に抵抗することができず、カチャール（Cachar）地方に逃走し

バジードー王によるイギリス支配下ベンガルへの侵攻の下命

出典：https://archive.org/details/hutchinsonsstory00londuft

17　イギリスは一六〇〇年に東インド会社を設立して以来、継続的にインド、特に東部のベンガル地方を植民地化していた。

た。また、カチャールの首長もミャンマー軍の攻撃を恐れてイギリス人支配地のジャインティア（Jaintia）へ逃げ込んだ。イギリスは、ミャンマーが必ずカチャールとジャインティアに侵攻してくると考え、その地の軍備を整えると同時に、これら両地がイギリスの指揮下にあることを宣言した。こうして、ミャンマー軍がカチャールに入ると、ただちにイギリス軍と衝突し、戦闘が開始されたのである。

アッサム問題を巡ってもミャンマーとイギリスは対立しており、両国間の関係は悪化の一途を辿った。ボードーパヤー王の時代、アッサム首長サンダラ・カンタシェイン（Sandara Kantashein）は、ミャンマー君主の支配下にありながらイギリスからの援助を受け、秘かにミャンマーに対して反乱を起こす準備を進めていた。そこで、バジードー王はマハバンドゥラ（Mahar Bandula）をアッサムに送り、攻撃を開始した。アッサム首長はマハバンドゥラ軍に抵抗することができずイギリス占領地に逃亡した。

ちょうど同じ時期、タニンサリ（Taninthary、旧名テナセリム〈Tenasserim〉）首長からイギリス軍がミャンマー領シンマピュー（Shinmaphyu）島に駐留しているという情報を得ると、バジードー王はすぐに軍隊を派遣しイギリス駐留部隊の一掃に乗り出した。これに対し、イギリスはミャンマー軍の隙を狙って同島に攻撃をしかけ、再び同地を占領するが、ミャンマー軍の再三の攻撃により手放してしまう。もともと同島はミャンマーが所有していたが、イギリスは「この島は東インド会社の所有である」ことを口実に占領を繰り返していた。二度目にミャンマーが同島を奪還した際には、イギリスとの緊張は極限状態に達し、ついにイギリスの本格的なミャンマー

ベンガル総督アマースト

出典：William Devis、www.historicalportraits.com

侵攻が始まったのである。

◇戦争の勃発

一八二四年三月五日、ベンガル総督[18]アマースト（William Pitt Amherst）によってミャンマーとの開戦が宣言されると、ミャンマー軍はアッサムやマニプール、ラカイン地方においてイギリスと激しい戦いを繰り広げた。ラカイン地方のパンワー（Panwar、またはラム（Ramu））の戦いで敗れたイギリスは、ベンガル地方を失うことを心配したが、ミャンマー軍はそれ以上は侵攻しなかった。この戦いにおいてミャンマー軍を指揮していたのがマハバンドゥラとミャワティミンチー・ウー・サー（Myawathi Mingyi U Sa）であった。

キャンベル（Archibald Cambell）将軍率いるイギリス軍は水路からヤンゴンへ接近し、先にモーティンソン（Mawtinson）、ハイジーを征服すると、一気にヤンゴンへ攻撃を仕掛けた。その頃、ヤンゴンには守備兵しかおらずミャンマー軍は退散するしかなかった。イギリス軍はヤンゴンへ入るとシュエダゴンパゴダ（Shwedagaon Pagoda）に駐留した。

ヤンゴンの敗北を聞いたマハバン

マハバンドゥラ

出典：http://mgkarlu-myamar.blogshot.jp/2013/04/blog-post_7618.html

18　一七七三年に東インド会社ベンガル知事が「ベンガル総督」に昇格し、ほかの知事よりも優位的な地位に立った。任命者はイギリス東インド会社である。

ドゥラはラカインからヤンゴンに向けて移動し、イギリス軍に対峙したが、すでにミャンマー兵はかなり疲労しており、また軍備面でもイギリスには及ばなかったために、ダニュピュー（Danuphyu）まで一時後退し、そこから防衛を試みた。しかしながら、戦闘はダニュピューまで押し寄せ、マハバンドゥラは戦闘中に亡くなってしまう。

マハバンドゥラの亡き後、ミャンマー軍は上ミャンマーに撤退したが、イギリス軍は水陸両面からミャンマー軍をピイまで追い、同地を支配下に置いた。この後、

イギリス軍のヤンゴン攻撃（1824年7月）

出典：J. More (19th century painting)

ミャンマーはイギリスに停戦を求めたが、イギリス軍が数々の不当な要求を出し、ミャンマー側がそれを受け入れられなかったために、停戦には至らなかった。

しばらくして、ピイの郊外にあるウェッティカン（Wet Hti Can）で凄《すさ》まじい戦闘が起こった。この戦いでイギリスは大きな損害を受け一時ピイからの撤退を余儀なくされたが、その後、再び大軍でもってミャンマーに攻撃を仕掛けてきた。これによってミャンマーは敗北してしまう。イギリス軍はピイを再度占領すると、陸路と水路両方からエヤワディ川に沿って北上していった。

◇ヤンダボ協定締結

イギリス軍が、ネピドー（Nay Pyi Taw）から約七十二キロメートル離れたヤンダボ（Yandabo）村に進攻すると、ミャンマーはついにイギリス軍の要求を無条件に受け入れ、戦争終結に合意するヤンダボ協定を受諾した。一八二六年二月二十四日のことである。

ヤンダボ協定の主な内容は以下のようである。

一、ミャンマーは、アッサム、マニプール及びカチャールの内政において干渉してはならない

二、ミャンマーはラカイン及びタニンサリをイギリスに割譲しなければならない

三、ミャンマーは戦争賠償として一千万チャット（kyats）[19]相当をイギリスに支払わなければならない

四、ミャンマーはイギリスの外交代表団を受け入れなければならない[20]

五、ミャンマーはイギリスとの商業協定に合意しなければならない

第一次英緬戦争では、ミャンマーはイギリスに敗北した。この主要な理由として、イギリスはミャンマーに比べ経済的にも社会的にも恵まれた環境にあり、軍事面でも設備や装備の点で遙かに優位に立っていたことがあげられる。

■第二次英緬戦争（一八五二〜一八五三年）

19　当時は貨幣単位として「コイン（coins）」を使っていたので、「〜コイン」と記載することが適切であるが、判りやすいように現在の通貨単位である「チャット（kyats）」に換算して記載されたと思われる。

20　ここでの「イギリス外交代表団」とはイギリス東インド会社の本拠があるカルカッタのベンガル総督下の代表団を指す。

◇戦争の原因

パガン王が権力の座にいた頃、インド総督[21]にはダルハウジー侯爵（Dalhousie、またはジェームズ・アンドルー・ブラウン＝ラムゼイ〈James Andrew Broun-Ramsay〉）が就任していた。彼は強力な植民地主義者で、ミャンマー商人とイギリス商人との間に対立が起こった時には必ずその違法行為を実際以上に強調し非難する書簡をミャンマー側に送り付け警告していた。このためイギリス商人たちは好き勝手に振る舞うことができた。

しばらくして、ハンターワディーのウー・オック（U Ok）知事が、シェパード（Sheppard）とルイス（Lewis）と名乗るイギリス船長二人を船員殺害の罪で拘禁し、それぞれに罰金を科すという事件が起こった。船長たちはもちろんミャンマー側の処罰に納得せず、この不満をインド総督に報告した。また、ヤンゴンのイギリス商人たちからもミャンマー側の不当な扱いに対する苦情がしばしば総督に寄せられていた。そこで、インド総督はランバート（Lambert）准将率いる三隻の軍艦をミャンマーに侵攻させ、罰金の返還を求めるとともに、ウー・オックを知事の座から下すことを要求した。パガン王は後者の要求は受け入れ、すぐにウー・オックをネピドーに異動させると同時に、代わってシュエタ

インド総督ダルハウジー侯爵
出典：National Portrait Gallery

21　これまでの「ベンガル総督」は一八三三年に「インド総督」に改称された。任命者は従来通りイギリス東インド会社であった。

ウン（Shwetown）の知事であったウー・モウォン（U Mhwon）を新知事に据えた。その後、ウー・モウォンはイギリス人船長が起こしたとされる犯罪事件の再検証を行うことになる。

一八五二年、新知事ウー・モウォンが着任すると、ランバート准将下の士官が知事公邸へ馬で乗り付け無断で侵入しようとしたために守衛との間で一悶着が起こった。さらに、この時、知事は位の低い官僚（「ヤエモン（Yaemon）」と呼ばれる税の徴収などを行う官僚）に対応させたため、イギリス人士官は侮辱されたと感じ、ランバート准将にその旨を報告した。これを聞いたランバート准将は軍事力でもってミャンマー側が所有していたヤエナンインタール（Yaenanyinthar）と呼ばれる船を押収し、これに対抗したミャンマー軍と撃ち合いになった。ランバート准将はヤンゴン川、パセイン川、モッタマ川の閉鎖を宣言し、加えて、もしミャンマー側が船の返還を要求するのであれば、以下の内容に合意するよう求めた。

一、船長二名が支払った九千コイン（coins）[22]を返還すること
二、イギリス側代表者に対して丁重に振る舞うこと（ハンターワディー知事による直接の面会がなされず侮辱された経験から）
三、ヤンダボ協定によって派遣されたイギリス人外交官の受け入れを快く承諾すること

ミャンマーはこれ以上の戦争を回避するために、イギリス側の要求を仕方なく受

22 当時使用されていた貨幣単位。

け入れた。しかし、イギリス側はこうしたミャンマー側の低姿勢に付け込んで右記のほかにも次のような要求を求めてきた。

四、これまでの戦争に費やした費用と賠償金として百万コインを支払うこと

五、現ハンターワディー知事を辞職させること

◇戦争の勃発

ミャンマーは、法外なイギリスの要求に対し回答を渋ったために、一八五二年四月に第二次英緬戦争が勃発した。

パガン王は、モッタマ、パセイン、ヤンゴン、タニンサリにそれぞれに軍隊を派遣し、イギリス帝国主義者たちと戦った。しかし、一八五二年四月にはモッタマとヤンゴン、五月にはパセイン、十一月にはピイがイギリス軍によって占領されてしまう。また、下ミャンマーのハンターワディー一帯も一九五二年十二月二十日までに完全に占領された。パガン王とは異母兄弟にあたるミンドン(Mindon)が王位に就くと、彼は何度かイギリスとの交渉を試みたが、いずれもイギリスから拒否された。

第二次英緬戦争でもイギリスが勝利し、エヤワディ河口一帯及びハン

ミンドン王

出典:教育省「中学3年生歴史教科書」2014年より転載

ターワディー地域を支配下に収め、ミャンマーとの一方的な取引で天然資源を略奪していった。第二次英緬戦争は侵略戦争であり、イギリスはこの戦争によって下ミャンマー全域を支配下に入れるとともに、上ミャンマーからの水路交通を完全に閉鎖してしまった。こうして、イギリスはさらなる支配地域の拡大に向けた足場を築いていったのである。ミャンマーがイギリスに敗北した原因として、軍事力の面で劣っていたことの他、王族内での対立[23]によって国内の統一と安定が揺らいでいたことがあげられる。

■第三次英緬戦争（一八八五年）

◇戦争の原因

ミンドン王は、ミャンマーの主権回復と上ミャンマーの自治権を訴えてフランス、イタリア、アメリカ合衆国に支援を求めた。イギリスはこのミャンマーの行動を非常に嫌った。というのも、イギリスはフランスがミャンマーへの進出のための足場を固め急速に力をつけてきつつあることを懸念していたからである。その頃、ミャンマーとフランスの関係は良好で二国間の共同事業なども行われていた。[24] ミャンマー経済の独占を望んでいたイギリスは、フランスのミャンマーへの干渉を退けようとし、これが第三次英緬戦争の引き金の一つになった。

イギリスは、ミンドン王が中国との貿易を取り仕切っていることにも不満であった。中国との貿易を自由に行い、より大きな利益を上げることを望んでいたロンド

23　当時、王族内では、イギリス軍に対抗する立場をとるパガン王と、戦争に反対する弟のミンドンが対立していた。結果としてミンドンは兄パガン王を幽閉して王位に就いた。

24　一八八〇年代、インドシナ半島における戦争でフランスはミャンマーの国境付近まで接近していた。一八八三年にはミャンマー高官がヨーロッパに赴いた際、表向きは工業分野の視察ということであったが、一行はすぐにパリに向かい、フランス外務大臣ジュール・フェリー（Jules Ferry）に面会し、軍事同盟を結び武器の提供を要求している（Chisholm, H., ed.,"Burmese Wars," *Encyclopedia Britannica* 4 (11 ed.), Cambridge University, 1911 参照）。

インド副王兼総督ダファリン
出典：Bourne and Shepherd of Calcutta

ン（London）商工会はミャンマー全域を支配下に置くことを提案しており、グラスゴー（Glasgow）商工会もミャンマー政府を介さずに自由に中国と通商をするためにはミャンマーの征服は必要であると考えていた。他方、ミャンマーは、イギリスが独自に中国との貿易ルートを模索していることやタウングーから雲南に至る鉄道建設を計画していることに不満であった。こうした両国間の緊張状態の下、ついにイギリスはミャンマーの完全支配を目指して侵攻を開始することを決定するのである。

イギリスが、ミャンマーとフランスとの接近を口実にしてミャンマーを併合しようとしていたちょうどその時、ボンベイ＝ビルマ貿易会社（Bombay Burmah Trading Company: BBTC）[25]のチーク材事件が起こった。ＢＢＴＣはミャンマーにおけるチーク材の伐採権を取得していたが、過去二年間にわたってタウングーのニンジェン（Ningen）地方で八万本以上の丸太を切り出していたにも関わらず、三万本しか報告せず、残りの五万本は税金を払うことなく秘かに処理していたことが判明したのである。ミャンマー議会はＢＢＴＣに対して罰金として二百三十万チャット[26]の支払いを決定した。ＢＢＴＣはこの決定には不満で、インド副王兼総督[27]ダファリン（Baron Dufferin）にその旨を訴えた。ダファリンはミャンマー議会に対して、再審を行うためにインドから士官をヤンゴンへ派遣することを伝えたが、ミャンマー議会は、同

25　一八六三年にウォーランス兄弟（Wallance Brothers）によって設立されたインド企業。
26　当時、イギリス領インドでは通貨として「ルピー（Rupee）」を使っており、その影響でビルマでは「ルピー」と「チャット」が等価で混在していた。したがって、文献によっては「ルピー」を使っているものもある。
27　一八五八年十一月にビクトリア女王の直接統治（イギリス領インド帝国）下へ移行し、任命者は国王となったために、称号がこれまでの「インド総督」から「インド副王兼総督」とされた。

盟国が裁判を傍聴することはできても裁判を行うことはできない旨の回答を行った。

侵略の口実を模索していたイギリスは、ミャンマーからのこの回答を拒否し、一八八五年十月三十日、ミャンマー議会に最後通牒《つうちょう》を申し渡した。この最後通牒には以下のような内容が含まれていた。

一、チーク材事件についてはインド総督代理人によってすべてが決定されること
二、インド総督代理人がエヤワディ河岸に居住することを認め、その居住区は安全のために煉瓦造りの塀で囲み、一万人の兵士によって警護されること。また、その代理人は靴をはき、短剣を携帯することを許可すること
三、イギリス側の同意なしに他国と意思疎通を行わないこと

一八八五年十一月、ミャンマー議会は、罰金については白紙に戻すが、この事件を第三国に判断してもらうという回答を行った。しかし、イギリスはこの回答には同意せず、戦争に踏み切った。

◇戦争の勃発

一八八五年十一月十三日、インド副王兼監督ダファリンはプレンダーガスト（Harry Prendergast）将軍を上ミャンマーに送り、同地の征服を企てた。これに対し、ミャンマーはイギリスに対抗するために三部隊（エヤワディ川に沿って下る部隊、タウンウィ

ティーボー王とスパヤラット王妃

出典：教育省「中学3年生歴史教科書」2014年より転載

ンチー〈Taungdwingyi〉部隊、タウングー部隊）の準備をしていた。ちょうどその頃、ミャンマー王室ではイギリスと戦闘を行うか否かの会議が開かれ、大臣ティネタール（Tinetar）が率いる戦争賛成派の意見が受け入れられた。こうして、ティーボー王[28]はイギリスとの戦争を指示した。

ミャンマーは軍を総動員して上ミャンマーに侵攻してきたイギリス軍と戦ったが、軍備で勝っていたイギリス軍は、トゥーパウク（Htoopauk）、グウェイチャン（Gway Chang）、ミンラー（Min Hal）、インワ、タピェ（Thapyae）、サガインなどエヤワディ川沿いの村々に建設された防御柵を次々に突破していった。

一八八五年十一月二十八日、イギリスはティーボー王とスパヤラット（Supayalat）王妃の権力を剥奪するとマンダレー（Mandalay）に連行し、翌二十九日に逮捕した。二人はネイテゥレイン（Naythurein）船でヤンゴンに送られ、その後、さらにインドのラトナギリ（Ratnagiri）に追放された[29]。

一八八六年一月一日、インド副王兼総督ダファリンはミャンマーを大英帝国に併合したことを宣言した。これによってミャンマーは完全にイギリス帝国主義者たちに支配されてしまったのである。

28　開明的なミンドン王の後を継いだ王。彼は当時まだ二十一歳と若く力も弱かったが、その若さでミャンマーの近代化を推し進めてほしいという願望の下、国務院から推挙され王の座に就いた。

29　ラトナギリはボンベイの南にある小村で、王、王妃の他、四人の王女たちと僅かの付添人が一緒であった。彼らはその地で細々と暮らしたが、一九一〇年に植民地政府の資金で建設された宮殿に移り住み、王は一九一六年に五十六歳で死亡した（後藤修身「ロイヤルファミリーの消滅とその後」、エヤワディ Blog、二〇〇九年参照、www.ayeyarwady.com/blog/archives/372）。

コンバウン朝の後期に起こった英緬戦争の学習の後、教科書の指示では、「英緬戦争が侵略戦争であったということを説明しなさい」、「イギリスが侵略戦争によってミャンマーをどのように併合したのか説明しなさい」、「イギリスの侵略戦争でミャンマーが自治権を失った地域を地図に描きなさい」という問題を出し、生徒の内容理解を評価するようになっています。私が思うに、ここで「侵略戦争」ということが強調されているのは、「イギリス＝悪＝敵」ということを学習成果として生徒の意識に残るように教えなさいというメッセージがあるように思えてなりません。

ちなみに、こうした問いに対して、生徒たちは教科書の記述通りに答えるので、彼らの答えを見る限りでは、教科書作成者（軍事政権）の意図が成功していると考えられます。しかし、本当にこうした歴史観を一方的に押し付けてよいのだろうかという疑問が私の心の中に常にくすぶっています。なお、言っておきますが、私は決して英緬戦争がイギリスのミャンマーに対する「侵略戦争」であったということを否定しようとしている訳ではありません。ある程度このことは認めながらも、中学三年生の歴史学習ということを踏まえ、もう少し史実を検討しながら、英緬戦争の意味について深く考えていく学習を実現したいのです。すなわち、生徒自らが英緬戦争の性格や特徴について判断を下せるような授業を目指したいのです。

さて、次の節はコンバウン朝の行政、社会経済、文化についての学習です。いつものことながら、この部分をどう教えるかは私にとって大きな課題です。すでに一通りのコンバウン朝時代の主要な出来事を学習したにも関わらず、これから再びコンバウン朝の初期の頃に戻って、行政や社会、経済、文化について学習していくので、生徒にすれば「また最初から……」という感覚に陥り、あまり興味をもってくれないのです。この状況をどう克服すればよいのでしょう。別の単元でも触れましたが、行政や社会、文化といった項目を別項目で学習させるのではなく、コンバウン朝という一つの歴史過程の学習内容に入れ込んで学習させたいと思っているのですが、現行の教科書がそのような構成になっていないことから、こうした私の考えは、「教科書を逸脱する教育」と見なされてしまいます。実践することは非常に難しいのが現実なのです。

４ コンバウン朝の行政・社会経済・文化

■行政制度

ミャンマー第三の帝国（コンバウン朝）は封建制社会であった。主権は君主にあり、国内に関するすべての事項が君主によって決定された。地方の首長は土地の所有者であり、同時に仏教の教えを広める責任を担っていた。なお、コンバウン朝では二つの異なる行政制度が採用されていた。一つは首都行政制度であり、もう一つは地方行政制度である。

◇首都行政制度

首都行政の中心は国会である。国会には議会、王室、本部、事務局、裁判所の五機関が設置され、それぞれが権限をもっていた。

議会は国内問題及び宗教問題の両方を監督する責任を負っていた。王室は君主による指示の伝達と議会からの報告書の整理を行っていた。王室は議会よりも低い地位にはあったが、君主により近いということで、それなりの権限をもっていた。本部は犯罪事件を扱う機関で、事務局は王宮の婦人方の様々な問題を取り扱う機関であった。裁判所は法律に則って事件を裁く機関である。

民事事件は、通常大きな事件であっても小さな事件として扱われ、本当に小さな事件はほとんど無視された。他方、刑事事件の場合、その程度によって、体罰（鞭《むち》打ちなど）、罰金、財産没収、禁固、追放、死刑などの刑罰が科された。裁判所による求刑に不満がある場合には控訴することが認められていたが、最終的な判決は議会と君主によって決定された。

当初、ミンドン王及びティーボー王によって設置された五機関は、やがて新たに定められた法律や制度に従って改変が加えられていった。

◇地方行政制度

地方行政は、知事、役人、相談役、市長、村長などの首長よって行われていた。彼らは君主に対して忠誠を誓い、毎年貢物を献上しなければならなかった。また、必要に応じて軍隊として従事することもあった。市長（Mayor）は地方都市を統治しており、ヤンゴンやバーモなど外国人が出入りしている地域では貿易と関税に関する業務を負っていた。商人や仲介人などは商業長（Head of merchants）と呼ばれる役人の監督下に置かれていた。

すべての首長は決定を下す権利をもっており、裁判所や審判委員会、役所、議会などで様々な事柄について決定を行った。またこうした機関には裁判官もおり、難しい事柄については適宜判決を下した。村長は村の監督者であり、市長になるとより重要な案件を扱う責任をもっていた。議会は議論の場であるが、王には議会の決定を覆す権利が与えられていた。また、この時代は、裁判に要した費用は裁判で敗れた者が支払うことや、被告が裁判所の決定に合意した場合、被告は茶葉を食べるという習慣があった。[30] さらに被告から十分な証言を引き出すために拷問を用いた裁

30　ミャンマーでは茶はラペ（Lahpet）と呼ばれ、柔らかい茶葉が好まれる。伝統的な不発酵茶（緑茶）は生茶葉を蒸して天日で乾燥させたもので、ポットなどに入れてお湯を注いで出す。通常、一番茶が用いられ、二番茶、三番茶は後発酵茶（ラペソー〈Lahpetso〉）に用いられる。ラペソーは飲用ではなく副食としてミャンマー全土で食べられている。慶弔時にも供物として用いられたり、改名した時にラペソーを配って挨拶回りをしたり、結婚式の招待状に添えられることもある。さらに民事裁判で和解が成立すると相手と共にラペソーを食べる風習もある。

判が行われた。火のついた蝋燭《ろうそく》による拷問、米を噛《か》む拷問、水中に沈められる拷問、溶解している鉛の中に指を入れる拷問などである。また、村の財産が何者かによって盗まれた場合、村長が弁償しなければならなかった。

◇ミャンマー帝国軍

すべての人々は、戦時には徴集兵として軍隊に参加する義務が課されていた。何千もの市や村すべては管理され、それぞれが徴兵の義務を負うとともに、戦争のための費用も負担しなければならなかった。

ミャンマー帝国軍は上層から末端までその職位によって管理されており、総司令官（Commander-in-Chief）、佐官（Lieutenant Commander）、尉官（Lieutenant）、司令官〈Command Officer〉、准士官（Comrade、タワイトック〈Thway Thuk〉）、下士官（Sergeant、アチャット〈Akyat〉）、兵長（Headman、オーサージー〈O Sar Gyi〉）などの階位に細かく分けられていた。陸軍は、騎象隊、騎馬隊、歩兵隊などから構成され、銃や大砲などの武器を備えていた。他方、海軍は河川を行き来できる小型船と筏《いかだ》を備えていた。

様々な民族出身の人々や宗教の異なる人々がミャンマー帝国軍に参加していたが、彼らは進軍やゲリラ戦において秀でていた。コンバウン朝初期においては、ミャンマーはその統率力において他国から一目置かれていた。それはコンバウン朝の君主たちが多様な民族を上手く統率していた証拠でもある。

31　新しい税制導入の目的は、全国一律に同一税率を賦課することであった。そのため、導入当初は住民人口や世帯数、農地の規模や産出高の正確な把握のために、中央から租税徴収官を派遣し、これを行わせた。そしてここで得たデータを基礎とした徴税作業を行い、透明化を図った。これは同時に、これまで行われてきた地方領主や役人が地元民から勝手な名目

◇徴税

当時の徴税においては、貨幣はもちろん、農産物による物納も広く行われていた。徴税は、特別にその任務を命じられた官僚によって行われ、徴収された税金は国庫に納められた。必要な経費が差し引かれた後、残りの税収は様々な目的で使用された。一八六一年、ミンドン王の時代、この徴税制度は見直され、新たに「タッタメーダ（Thathameda）」と呼ばれる税制[31]が導入された。これは、各世帯から収入の十分の一を税として納めるというものである。

◇大きな発展と改革

ミンドン王の時代、官僚への新しい給与制度が導入された。また、貨幣の使用によって行政や交易が大きく発展した時期でもあった。さらに、ミャンマー文字を使った電報の発明は行政業務の効率化に大きく貢献した。この他、行政官に対する公平な対応や民事訴訟及び刑事訴訟に対する迅速な処理が図られた。

貨幣鋳造所と孔雀貨[32]

出典：教育省「中学３年生歴史教科書」2014年より転載

で税を取り上げ、それによって経済力を強めてくることを阻止しようという意図も含まれていた。しかし、タッタメーダ税制は初期の目的を達成することができず、一八七一年ミャンマーのイギリス支配地にならい一時的に人頭税が導入された。しかし、一八七二年以降は一戸につき十チャット（または十ルピー）を上限として、町や村の経済状態に応じて賦課率を決定するいわゆる戸数割税の形態に変化していった（石井米雄他、一九九九年、前掲書、三〇〇～三〇一頁参照）。

32　ボードーパヤー王時代から鋳造貨幣は生産されていたが、一般には銀に錫を混ぜた合金がその純度や重さを基準として流通していた。ミンドン王は、フランスから鋳造設備を取り寄せ、一八六五年から王宮内の造幣所で鋳貨の製造を始めた。表面には孔雀《くじゃく》のマークをあしらった金貨、銀貨、鉛貨、銅貨が製造され、国内取引及び外国との貿易に広く使われた（石井米雄他、一九九九年、前掲書、三〇〇頁参照）。

まず、コンバウン朝の行政制度を見てきましたが、私の率直な意見を言えば、教科書の記述ではなかなか理解できないということです。これまでは「私に理解力がないからだ」と思い込んでいましたが、ある時、同僚に「コンバウン朝の統治体制ってどうなっていたのか教えてくれない？」と尋ねたところ、教科書に書かれてある記述を延々とそのまま説明されたので、「もう少し簡単に説明してほしいんだけれど……」と再度尋ねると、結局、その同僚もあまり理解していないことが判って、私自身少し安心した記憶があります。それ以来、私はいろいろな資料を調べ、今では、以下のようにコンバウン朝の行政制度を理解しています。

アラウンパヤー王以来、コンバウン朝は周辺地域を次々に支配下に収め、これまでシャン族やタイ族の統治下にあったシャン山地やチャオプラヤ川流域地方をも支配下に置きました。そして、こうした地域の捕虜を王都周辺に連行し、その地に定着させたことで、周辺国からの脅威は軽減され、繁栄を享受することができました。こうした状況下において、中央平原地帯の再開発が進められ、デルタ地域においても多くの城市が復興しました。アフムダーンも西洋人砲手を加えて再編、強化されるようになりました。

この頃の地方支配は、基本的にニャウンヤン時代の制度を踏襲しており、制度整備のためにシンビューシン王は一七六四年に全国の地方領主（ダヂー）に調書（シッターン）の提出を求めました。この調書は、外征そのほかの混乱によりごく限られた範囲にとどまりましたが、ボードーパヤー王に引き継がれました。しかし、集められた調書には不正や間違いがあったようで、数回にわたり再提出が求められたということです。それでも不正はなくならず、結局、一八〇二年に全国規模での厳正な調書作成が行われました。

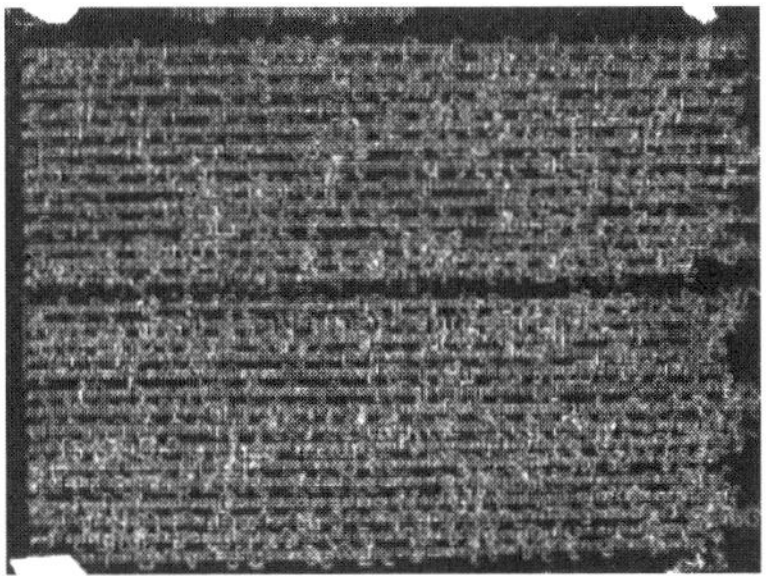

調書（シッターン）

出典：石井米雄他、1999年、292頁より転載

調書では、地方領主が毎年どれだけの税金を徴収しているかは中央政府にはわからない仕組みになっていましたが、同時に戸籍台帳も提出されたので、ニャウンヤン時代と同様に、人的資源の確保をまずは目指したものと考えられます。ちなみに、一七八三年調査時で上ミャンマーには約三百五十万人、下ミャンマーには

約百二十万人の住民が王国内に居住していたとされています（なお、不正があったため、この数値の正確さには疑問あり）。

調書は地方領主が交代するたびに提出させました。調書の提出は、財源を調査し、地方領主の専横を排除することを意図したものではなく、地方領主の認定と人的資源の確保のみをねらったものでした。地方の支配は彼らの自由に任せることにより、まず人的資源をより有効に利用しようとしていたと考えられます。がんじがらめに地方領主を支配することにより、王朝政府の権力を強化しようとしたのではなく、緩い支配をすることによって地方領主の既得権益を侵すことなく、これによって地方領主の国王に対する忠誠をより広く獲得し、王権を安泰にしようとしたものであったようです。ただ、地方領主は、彼らの上司である知事やその他上級官吏との間に話がつけば、徴税金の寡少納付などが可能であり、世帯数を少なく報告して、国王の誅求《ちょうきゅう》をかわすこともできました。ニャウンヤン王室の経済基盤を崩壊に導いたメカニズムはこの時代にも依然として残っていたと言えます。

以上が、コンバウン朝時代の統治体制についての私なりの理解ですが、教科書の記述よりもかなり判りやすいのではないでしょうか。教科書にもこういう包括的で的確な説明や解説があればよいのですが……。

■経済状況

ミャンマー第三の帝国（コンバウン朝）の経済体制は資本主義であったと言える。主要な産業は農業であったが、その他に家畜飼育、手工芸、工業、製材、国内交易及び外国貿易などが行われていた。

◇農業

農業は帝国の主要な産業であった。コンバウン朝の君主は湖や川、ダムなどの農業設備の維持管理に熱心であった。アラウンパヤー王の時代には、ミャイドゥ(Myaydu)からシュエボナンダ(Shwebonannda)湖に至る非常に長い水路が建設され、ボードーパヤー王の時代には、ナンダ(Nanda)湖やアウンピンラエ(Aungpinlae)湖、メティラ(Meikhtila)湖の大規模な改修が行われるとともに、帝国の経済発展とそれに伴う人材供給予測のために歳入審議会(Revenue inquests)が設置された。

ミンドン王の時代には、農業生産と農産品の取引が広く行われるようになり、マハナンダ(Mahar Nanda)湖、インマール(Yinmar)湖、メティラ湖、マウンマカン(Maungmakan)湖などの多くの湖やダム、ため池などが整備されると同時に、エヤワディ川に沿った地域に新しい湖や荷揚場などが新しく建設された。また、ムー(Mu)水路の改修もこの時期に行われた。こうして上ミャンマーの米の生産が飛躍的に向上した。

中央平原地帯では、ごま、とうもろこし、きび、小麦、たばこ、クジャクヤシ、とうがらし、豆類などが広く栽培されていた。特に、モッタマやハンターワディー、タウングーではココナッツやキンマ草などの栽培が行われており、さとうきびは下ミャンマー一帯で広く栽培されていた。また、綿花の栽培も広く行われるようになっていた。

当時の交易においては、物々交換、金銀を媒介にした取引、貨幣による売買といった三つの方法が用いられていた。特に貨幣は外国人が出入りする首都や港湾都市で広く流通するようになっていた。

◇家畜飼育

農業以外に家畜飼育も行われていた。水牛や牛、象、馬、やぎ、豚、鶏、アヒルなどが輸送用や農作業用、あるいは食料用に飼育されていた。養蚕《かいこ》技術が導入されると蚕飼育及び絹織物作りも行われるようになり、インワ、モーソーボ、パコク、パガン、シュエタウン地域で盛んに見られるようになった。

◇手工芸

手工芸としては機織《はたおり》が最も広く行われていた。この時代の各家庭には機織機があり、自分たちの衣服は各家庭で織られていた。また、エヤワディ河岸では広くインジゴ(Indigo)[33]が栽培されていた。そのほかの手工芸としては、塩、魚肉製品、砂糖、ガラス、金銀、木彫、真鍮《しんちゅう》、蹄鉄、煉瓦《れんが》、陶器、漆器などの生産をはじめ、原油の採掘といったことも行われていた。

◇工業

この時代、近代的な蒸気汽船が建造されており、また外国船の購入も行われていた。電報も発明され、行政業務や軍事活動において大きな役割を果たした。ミンドン王は、富国強兵を目指した国造りを進めており、インジゴ工場や製糖工場、綿織工場、製材所、兵器工場、火薬工場、貨幣鋳造所など五十にも及ぶ工場を各地に建設したり、学識のある者を海外に送ったり、逆にイギリスやフランス、イタリアなどから技術者を招き、労働者の技術力向上を目指した。また、この頃には工業生産

33　マメ科コマツナギ属の植物で藍色染料の原料。

を主業務とする企業組織がカナウンミンタ（Kanaung Mintha、別名カナウン皇太子）によって設立、運営され、彼の亡き後もマクハヤ（Makhaya）皇太子に引き継がれ発展していった。

◇チーク材加工

ミャンマーには非常に広大な森林があり、チークをはじめ、ピンカド[34]、グンキノ[35]、沙羅双樹[36]、ガージャン[37]などが育成している。歴代君主はこの貴重な資源を守るため、チーク材の生産を制限していたこともある。しかし、外国の企業はこうした貴重な資源を求めてミャンマーを訪れ、交易を行っていた。代表的な会社としては、ボンベイ＝ビルマ貿易会社やスチール・ブラザーズ・カンパニー（Steel Brothers Company）などがあった。

◇国内交易及び国外貿易

ミャンマー第三の帝国（コンバウン朝）では、国内産品は河川や陸路を使って運搬、売買されていた。米や魚肉、乾燥魚などは下ミャンマーから上ミャンマーへ、逆に、綿、絹、植木鉢、陶器、漆器、油、豆類などは上ミャンマーから下ミャンマーに運ばれ、売買されていた。

ミンドン王の時代には国内の商業が各地に拡大し、少数民族も交易を行うようになっていた。各種産品は週五日開かれる市場で取引されていた。一八五四年頃にはすでに重量や尺度が標準化されており、全国で使われていた。貨幣鋳造も行われ、

34 マメ科キシリア属の広葉樹。「鉄木」と呼ばれるほど硬くて重量があり、その樹脂分は虫害や菌類に対する高い抵抗力があり、また耐水性、耐久性に優れていることから、港湾施設の重構造材やデッキ、海中の建造物などに使われる（株式会社マルヨ木材「出張日記 ミャンマーレポート№10」二〇〇九年、http://maruyomokuzai.flier.jp/blog/2009/07/ 参照）。

35 ユーカリの一種で、樹幹上に「キノ」と呼ばれる赤褐色の樹脂状物質を出す。用途は広く、建築用材からパルプ、燃料などに利用される（株式会社マルヨ木材、二〇〇九年、前掲書）。

36 インド北部原産のフタバガキ科の常緑高木で、硬く丈夫なことから建築材として広く用いられる（株式会社マルヨ木材、二〇〇九年、前掲書）。

37 東インドやフィリピンなどで広く見られるフタバガキ科の巨木で、耐久性があることから、住宅の土台、倉庫、体育館の床板、トラックの荷台部分の床板、重量梱包の材料、パレット材として広く使われている（株式会社マルヨ木材、二〇〇九年、前掲書）。

貨幣が広く使われるようになったことで、商業取引は大きく発展した。また、貨幣の使用は徴税業務の効率化にも大いに役立った。さらに官僚への給与にも貨幣が用いられたことで円滑な配付が可能となった。

当時、ミャンマーと貿易を行っていた主な国は、中国、インド、イギリス、フランスであった。陶磁器、鉄製品、絹、茶葉、紙、布類などが中国から入ってくる一方、綿、宝石、琥珀《こはく》、象牙などが中国へ輸出された。インドからは、鉄、布類、ビンロウジ[38]、薬品などが流入し、綿がインドへ輸出された。フランスからは機械類が輸入され、宝石や茶葉が輸出された。

全体として、綿製品、羊毛、鉄鋼、硫黄、硝石、ガラス製品、酒類などが主要な輸入品であり、封蝋《ふうろう》、カテキュー[39]、原油、蜜蝋《みつろう》、象牙、綿などが主な輸出品であった。また、国内で製造される大型の陶製の壺も外国に輸出された。

■社会状況

ミャンマー第三の帝国は封建制社会であった。この社会は、大きく支配層と被支配層という二つの階層から構成されており、前者には王族と王室顧問が、後者には官僚、富裕層、商人、農民、職人、奴隷が含まれていた。帝国における生産活動は被支配層によって行われていた。奴隷には、僧院で奉仕をする奴隷、過剰債務から破産を招いて人身売買された者、戦争の捕虜となった者といった三者が含まれていた。ティーボー王は、奴隷制度を廃止するために、破産者を僧侶として扱うようにしたが、奴隷層をなくすことはできなかった。また、ミンドン王及びティーボー王

38　太平洋、アジア一帯で見られるヤシ科の植物ビンロウの種子。嗜好《しこう》品として噛《か》みタバコに似た使われ方をする。

39　皮なめし剤や染色剤として用いられる生薬。

の時代には、近代的な工場施設で働く労働者が増加していた。

当時の社会では、人々は古くからの慣習や仏教の教えに基づいて行動しており、相手に対して丁寧に礼儀正しく接することが求められていた。特に、高齢者、両親、教師は常に尊敬されるべき対象であった。また、女性は男性と同じ社会的自由と権利を有し、帝国の行政面や貿易面といった重要な分野においても多くの女性が従事していた。

住居や記章は階層によって異なっていた。王族には最も上位の生活が保障されており、住まいは記章に準じて準備された。したがって、記章を見れば、彼らの生活水準がある程度判った。

◇健康増進

健康維持のため、ボート漕ぎ、騎馬、籐製《とうせい》の球を使った球技、ビー玉遊び、拳闘などのスポーツや競技が祝日などに行われた。また、この時代には、伝統的な医療はもちろん、西洋の近代医療も発達してきており、ミンドン王の時代には慈善病院や高齢者養護施設などが見られるようになった。

◇教育

ミャンマー第三の帝国時代全体を通して、僧院教育は重要な役割を果たしてきた。僧院は、人々が礼儀正しく行動し、丁寧な言葉使いをし、健全な心を保つために必要な宗教的知識を提供することで社会の教育的要求に応えてきた。僧院では、世俗的な欲望や細々とした問題から逃れるための方法を示した経典類だけでなく、「ヤトゥ（Ya Tu）」（季節や愛情をテーマにした抒情詩）や「ヤカン（Ya Kan）」（風刺的な詩歌の一種）と呼ばれる現世の文学作品や詩歌なども教授されていた。

「ガマワティ（Ga-mawa-thi）」と呼ばれる住み込み僧侶のいる村の僧院では、内科診療、按摩《あんま》、基本的な医療器具の扱い方などの医学教育が行われていた。また、絵画や木彫、象牙彫、石工作りなどの手工芸教育、騎馬や騎象などの軍事教育なども行われていた。しかしながら、ボードーパヤー王やミンドン王はこうしたガマワティ僧院をあまり快く思わず、廃絶しようとしていた。

他方、キリスト教の布教を目的とした神学校もミャンマーに出現するようになり、これはミャンマー人の宗教的信仰及び教育的思考に影響を与え始めていた。一八二四年にはすでに百にも上る布教神学校があったと言われている。ミンドン王の時代、イタリア高僧アボナ（Abbona）やフランス司教ビンガンデ（Bingandet）、マークス（Marks）博士などが王の承認を得てヨーロッパ式学校をミャンマーで開設した。特に、マークス博士による布教神学校の建設及び学校設備においては帝国から多大な支援を受け、皇太子たちはこの学校に通った。[40]

また、ミンドン王の時代には、学識のある者を積極的にフランス、イタリア、イギリス、インドなど海外に送り出し諸外国の技術を学ばせた。特に工業分野と軍事分野の研究者たちが多く派遣された。そして、こうした新しい技術を生かすために五十以上もの工場（研究所）が国内に建設された。

ミンドン王やティーボー王がこうしたことを積極的に行った背景には、ミャン

マークス博士

出典：教育省「中学3年生歴史教科書」2014年より転載

40　ミンドン王時代のミャンマーにおけるキリスト教としては、ローマ・カトリック教会派、アメリカ・バプテスト派、メソジスト派、英国教会派などがあったが、マークス博士は英国教会派の宣教師団として一八六八年にマンダレーのミンドン王に謁見している。マークス博士はヤンゴンに建てた学校で王族の皇太子らに教鞭をとっていた。また、彼は『ビルマでの四十年（Forty Years in Burma）』を著しており、現在もミャンマーの人々にこの書は語り継がれている（Rangoon Diocesan Magazine, "Church Work in Upper Burma," Mandaly Chaplaincy Records, p.1-2 参照）。

マーを近代国家として発展させたいという強い意志があった。

◇文化

ミャンマー第三の帝国では、君主を中心に伝統的な文化が栄えていた。また、この頃には、近隣国からの文化も入ってくるようになり徐々に広がりを見せていた。

◇文化―宗教信仰

ミャンマーでは、多くの人々によって上座部仏教が信仰されていたが、ヒンドゥー教、イスラム教、キリスト教の信仰も見られた。これは仏教信仰と同じように、ほかの宗教に対する信仰の自由も認められていたからである。帝国の君主は最も高位の施主と考えられ、サーサナ（Sāsana、釈迦の教え）を広める責任を有し、古い仏塔の修理や新しい仏塔の建立を行わなければならなかった。また、宗教階層の上層部や高僧は、一般僧侶に関する様々な問題に対処しなければならなかった。なお、宗教上の土地は特別な宗教傭人《ようにん》によって管理されていた。

アラウンパヤー王は、僧侶たちを部派分裂[41]させることなく監督下に置いていた。また飲酒や窃盗、犠牲、肉類や魚などを過剰に摂取することを厳禁するなど、釈迦による僧院規則を尊重していた。ボードーパヤー王は、僧侶たちがいくつかの部派に分かれると、彼らをまとめ上げるために尽力した。僧院規則に違反した僧侶は宗教的階層から離脱し俗人となった。当時の君主は、僧侶たちに三蔵（ティピタカ〈Tipitaka〉）と呼ばれるパーリ語で書かれた上座部仏教の三つの仏典をもたせティー

41 インドを中心に釈迦の死後百年から数百年の間に、戒律や教理の解釈の違いから仏教内部において分裂が起こった。最も大きな分裂は上座部と大衆部との分裂である。これを根本分裂と呼ぶが、それ以降も分裂は繰り返され、上座部系には十一部派、大衆部系には九部派のいわゆる「小乗二十部」が成立している。ミャンマーもこの部派の影響を少なからず受けたが、君主による努力によりある程度まとめられた（中村元他編『仏教辞典 第二版』岩波書店、二〇〇二年参照）。

マハラウカマラゼイン（クソドー）寺院の中心部に位置する仏塔（右上）、同寺院内に729ある小仏塔（上）、三蔵が刻まれた石版（右下）

出典："Asian Historical Architecture-Kuthodaw Temple" (www.orientalarchitecture.com/myanmar/mandalay/kuthodaw.php)

チャウタウジー仏塔

出典：筆者撮影

アトゥマシ僧院

出典：教育省「中学3年生歴史教科書」2014年より転載

ホー（Thiho、現スリランカ）に派遣した。

ミンドン王の時代になっても、仏教への信仰と礼拝はもちろん、各種の仏教関連協会などの設立が熱心に行われた。一八七一年には第五結集《けつじゅう》が開催され、仏教の三蔵が大きな石版に刻まれ、マハラウカマラゼイン（Maha Lawka Marazein、クソドー〈Kuthodaw〉とも呼ばれる）寺院に設置された。[42] このマハラウカマラゼイン寺院は、チャウタウジー（Kyauk Taw Gyi）仏塔やアトゥマシ（Atumashi）僧院などとともにこの時代に建立された有名な建造物の一つである。さらに、ミンドン王は尊敬すべき仏教僧には高位の宗教上の肩書を与えたり、パーリ語国家試験（Pathamabyan）[43]を毎年実施するなどして仏教の普及を図った。

◇文化―文学

ミャンマー第三の帝国においては、詩歌、法典、王族の年代記や戦闘の記録など、多様な文学が著述され、編纂《へんさん》された。例えば、レッウェイソンダラ（Let-wei-thodra）による有名ないくつかの抒情詩（「ヤトゥ〈Ya Tu〉」と呼ばれ季節や愛情をテーマにした詩歌）、ウー・トゥンニョ（U Tun Nyo）の『新歴史物語』、シュエトウンティハトゥ（Shwe Town Thiha Thu）の『ヤタナチャエモネ（Yatana Kyae Mone）』（小説）、ウー・トー（U Toe、大臣）の『ヤマヤカン（Yama Yakan）』（小説）などである。また、キン・ソー（Khin Sone）やマエチャイ（Mae Kway）、ウー・サー（U Sa）、マ・ミャカライ（Ma Mya Kalay）、ラインタイクカウンティン（Hlaing Htaik Khaung Tin）などによって創作された伝統的な唄（「パッピョ〈Pat Phyoe〉」と呼ばれる）もこの頃の有名な作品である。

42　結集《けつじゅう》とは仏教の三蔵と言われる経・律・論をまとめた編集会議のことを指す。「経蔵」は釈迦が説いたとされる教えをまとめたもの、「律蔵」は僧団の規則・道徳・生活様式などをまとめたもの、「論蔵」は上記の注釈、解釈などを集めたものである。また結集は、伝承によれば、第一回から第四回までは近代以前に行われたと考えられており、近代に入ってからはこの結集が初めてである（中村元、二〇〇二年、前掲書を参照）。

43　現在のミャンマーにおいても継続されており、パーリ三蔵の伝承維持と伝播を目的に政府の宗教局が主催する教学の国家試験である。経典、戒律、パーリ語などの知識が七段階に分けられ試験で試される。「ダンマサリヤ」という五段階目の試験に合格すると教学の教授資格が与えられる。合格するまでに二十年以上かかることもある。最難関の三蔵五部試験は、第六結集で編纂されたパーリ聖典をよく理解し、細部にわたって正確に暗唱できなければならない。受験工程すべてを終えるには三十三日間かかり、最終的に合格すると「ティピタカダラ」の称号が与えられる。この称号をもつものは、試験が始まって以来、まだ七名しかいない（川並宏子「ミャンマー仏バジードー王の時代には、『ムハンナン王統記（Mhan Nan Chronicle）』が学者と僧侶の共同によって執筆された。また、ウー・ポンニャ（U Pone Nya）やウー・キンウー（U Kyin U）などによる演劇もこの時代に見られた。先のウー・サーはタイの演劇をミャンマー語に翻訳し紹介している。また、キンウンミンチー（Kin Wun Mingyi）による旅行記、ウー・ソウン（U Soung）やウー・チー（U Gyi）などによる農夫の一生を描いた文学も執筆された。さらに、ウー・ポーライン（Yaw Atwinwun U Po Hlaing、内務大臣）による医学、科学、占星術、化学など多分野にわたるフランス語文献のミャンマー語翻訳も重要な資料である。また、この頃にはポーワジヤ（Pho Wazi Ya）によって「ヤタナポーン（Yatanarpon）新聞」が発行された。

このように、コンバウン朝は君主を中心とした文学が最も栄えた時代であると言われている。

◇芸術—絵画

古代ミャンマー絵画は、パガン時代からコンバウン時代に至るまで線描画法が用いられていた。五百五十もの釈迦の誕生物語や十のゴータマ・シッダールタ（Gotama Siddhattha）の前世を表した絵が、仏塔や寺院、洞窟に描かれた。

西洋絵画の技法が伝えられるのは後期コンバウン朝の頃である。新しい技法は、詳密な線で描く古代様式とは異なり、二〜三色の色彩を用いて対象物の明暗を強調して描かれた。ウー・チャーニュント（U Kyar Nyunt）やサヤチョーン（Saya Chone）などが当時を代表する画家である。ティーボー王の時代には、イタリアから絵画教師

教事情と政治」『全仏　第524号』ビルマ情報ネットワーク、二〇〇七年参照、www.burmainfo.org/article/article.php?mode=1&articleid=24)。

二名が招かれ、ミャンマー人に近代西洋絵画が教授された。

◇芸術—建築

ミャンマー第三の帝国における建築様式の特徴は仏塔や僧院に見ることができる。シュエボー（Shwe Bo）仏塔、サガインのアウンミャエラウカ（Sagaing Aung Myae Lawka）仏塔、ミングンのミャーテインタン（Mingun Mya Thein Than）仏塔は初期コンバウン朝の代表的建築物である。ミングン仏塔と五万五千五百五十五ベィッター（viss）（約八十九トン）の重量をもつ真鍮製の鐘楼はボードーパヤー王時代の有名な作品である。また、第一女王（ナンマードー〈Nanmadaw〉と呼ばれた）メヌ（Me Nu）の煉瓦造りのマハアウンミェボンザン（Maha Aung Mye Bon Zan）僧院、ティーボー王の黄金宮殿僧院（Golden Palace Monastery、またはシュエナンドー〈Shwenandaw〉僧院とも呼ばれる）、サリン（Salin）王女のサリン僧院、ミンドン王のタイタウ（Taiktaw）僧院なども当時のミャンマー建築の代表とされている。

さらに、当時の建築物の中にはミャンマーの建築様式によるものだけでなく、西洋建築様式をその中に取り入れて建設されたものもある。その代表的なものとしては、ミンドン王によって建立されたアトゥマシ（Atumashi）僧院やヤウミンチー（Yawmingyi）による煉瓦僧院、キンウンミンチー（Kinwun Mingyi）によるタカウン（Thakawun）僧院、内務大臣ウー・ティ（U Thi）によるシュエヤエサウン（Shweyae Saung）僧院などがある。

ミャーテインタン仏塔（上）とミングンの鐘楼（左）
出典：教育省「中学3年生歴史教科書」2014年より転載

タイタウ僧院のベランダのドアに施された彫刻
出典：筆者撮影

マハアウンミェボンザン僧院
出典：www.myanmars.net/myanmar-travel/myanmar-mandalay/maha-aungmyebonzan.htm

黄金宮殿僧院（シュエナンドー僧院）
出典："Shwenandaw Monastery Wikipedia"
https://en.wikipedia.org/wiki/Shwenandaw_Monastery

◇芸術―演劇

ミャンマー第三の帝国において、演劇は君主がそれを奨励したこともあり、この時代に大きく発展し、グランドダンスやコーラスダンスが盛んに行われていた。また、人形を使った演劇も見られるようになり、後期コンバウン朝では人形演劇女優ウー・ピョーニョー（U Pho Nyo）が登場した。エナウンマウンサントテ（E Naung Maung San Tote）とシンコエマライ（Sin Khoe Ma Lay）はタイの演劇を演じる当時の有名な俳優であった。この時代の演劇芸術における大きな変化は、夜を通して踊る演劇の出現である。この当時、演劇芸術の水準を上げるために芸術大臣が置かれていた。

上記の学習の後、私は教科書の指示に従って、いつものようにテストを生徒に課しています。例えば、「コンバウン朝における経済活動について説明しなさい」、「外国による宗教教育活動及びミャンマー人の外国への派遣について説明しなさい」、「ミャンマー絵画の発展について説明しなさい」といった問いです。

歴史学習においては、生徒の成績はどの単元でもそれほどよいとは言えませんが、ここでのテスト結果は他の単元にもましてかなり悪いのが現状です。私が思うに、一つの原因として、ここでの内容は歴代君主の活躍といったように具体的な出来事があるわけではなく、また年代順になっているわけでもなく、ただ単に教科書に書かれた抽象的な名称を数多く覚えることが求められ、具体的なイメージをもつことなしに言葉のみを暗記していかなければならないからだと思います。これは「学習」というより、一種の「単純作業」であり、それを大量にこなさなければならないからです。特に、「文学」や「建築」に関する内容では、一つひとつの作品がどのような内容か、どのような様式を採用したものかといったことを理解することなしに単に作品名や寺院名を次々に覚えなければなりません。生徒にとっては苦痛以外の何ものでもないでしょう。

正直に言えば、私自身も最近、「このような授業や学習を続けること自体に意味があるのだろうか？」と大きな疑問をもっています。「いっそのこと、この部分は授業をしないで、もっと楽しい歴史の話をしてやりたい」とも思うのですが、教科書によって教える内容が決められている以上、そんなことは夢のまた夢なのです。

5　コンバウン朝の滅亡

ミャンマー第三の帝国は、アラウンパヤー王が各地に興っていた小国を統一することによって築いた巨大帝国であった。アラウンパヤー王は、帝国の統一には強力な軍事力に頼るだけではなく、人口の大部分を占める小作農たちに耳を傾け、彼らを理解することが重要であると考え、それを実践していた。こうしてシンビューシン王の時代には、ミャンマー帝国は軍事力及び経済力ともに大きな力をつけ、繁栄期を迎えたのである。

しかし、ミャンマーの巨大な統一帝国は、一八二四年にイギリス帝国主義者による侵略を受けると、一八五二年には二度目の侵略攻撃に晒《さら》される。最初の侵略によって、ミャンマーはラカインとタニンサリ地方を失い、二度目の侵略によって、エヤワディ川のデルタ地域とハンターワディーを併合されてしまう。イギリスはこれらの併合し

44　パガン王は主戦派であり、イギリス帝国主義との徹底抗戦を計画していた。しかし、ミンドンはイギリス軍の強さを認識しており、イギリス軍と交戦することによるミャンマーへの打撃を心配し、パガン王を幽閉して、自らが王となり和平路線をとった（石井米雄他、一九九九年、前掲書、二九七頁参照）。

45　ティーボー王は一八七八年に王位に就いたが、その際、王位をうかがう恐れのある兄弟姉妹七十人余りを虐殺した。当時、国内の治安は乱れ、流賊が跋扈《ばっこ》していたが、とにかくイギリスの圧迫を排して

た地域から地方産品や天然資源などを次々に略奪していったのである。

一八五三年にパガン王を幽閉して王位についたミンドン王は、すぐにイギリスとの戦争を終結するよう命令を下し友好関係を築こうと試みた。[44] これは、ミンドン王がイギリス帝国主義者の脅威を十分に認識していたためである。しかし、ミンドン王のこの試みは上手くいかなかった。ミンドン王はミャンマーの主権が失われることを危惧して、フランス及びイタリア、アメリカに支援を求めた。しかし、このことがさらなるイギリスの侵攻を招くことになる。つまり、ミャンマーでの独占的な通商を考えていたイギリスにとって、ミャンマーがフランスと接近することは望ましくない事態であり、イギリスはこれを阻止しようとしたからである。この他にも、イギリス国内においてロンドン商工会やグラスゴー商工会が利権拡大のためにミャンマーを併合することを希望していた。

ミンドン王の後に即位したティーボー王[45]は、ミャンマーの独立を何とかして保とうと再びフランスとの接近を強めていく。この頃までに、ヤンゴンのイギリス商人たちからは迅速にミャンマーを併合すべしといった意見がたびたびイギリス政府に提出されていた。[46] ちょうどその頃、ボンベイ＝ビルマ貿易会社のチーク材が盗まれるという事件が起こった。[47] この事件がイギリスのミャンマーに対する三度目の侵攻の直接的な原因となり、この侵攻によってミャンマー全土がイギリスに併合されてしまう。[48] こうして、ミャンマー帝国はイギリス帝国主義の下に置かれたのである。

独立を保つことに努力した（荻原弘明他『世界現代史8 東南アジア現代史Ⅳ ビルマ・タイ』山川出版社、一九八三年、二四頁参照）。

46　イギリス商人たちは、ミャンマー帝国の治安の維持、彼らの商業権擁護、特に当時最も有望視されていた雲南経由による中国貿易路の開拓などのためにミャンマーの併合を主張していた（荻原弘明他、一九八三年、前掲書、二四頁参照）。

47　イギリス人経営のボンベイ＝ビルマ貿易会社のチーク材伐採量のごまかし申告に対してミャンマー側が罰金課税を課した。一八八五年十月、インド副王兼総督ダファリン（Baron Dufferin）は、ティーボー王にこの件を調停に付すべきこと、罰金課税の停止、外交権のイギリスへの譲渡など五項目の通告を突きつけた。これは、ミャンマーが実質的にイギリスの保護国になることを意味するものであったので、ミャンマーはこれを拒否した（荻原弘明他、一九八三年、前掲書、二五頁参照）。

48　第三次英緬戦争は戦闘らしきものはほとんどなく、あっけなく上ミャンマーはイギリスの支配に入ってしまった（石井米雄他、一九九九年、前掲書、三〇二頁参照）。

第7章　「イギリス植民地時代」を教える

本章における教科書抜粋部分はすべて「中学四年生歴史教科書」からのものです。

この単元は、中学四年生（中学校最終学年）の歴史教育で扱われる中心的内容です。また、近代においてミャンマーが独立を勝ち取っていくまでの過程を描いた歴史的にも重要な内容を含んでいます。

私は、この単元内容については非常に興味関心が高く、歴史教師としてこの単元内容を教えていくために、これまでに様々な資料や図書などを読んで知識を蓄えてきました。ただ、生徒にとっては、多くの組織や人物が次々に登場してくるため、その関係性を理解することができず、かなり難しい単元のようです。したがって、できるだけ生徒が理解しやすいように丁寧に教える工夫をしているつもりですが、なかなか難しいというのが現実です。

さて、この単元内容について、私はいつも考えさせられることがいくつかあります。一つは、この単元内容が、「武装闘争」、すなわち、イギリス植民地主義に対する国内の反発から始まっていることです。単純に考えれば、イギリスがミャンマーを不当な植民地下に置いたため、ミャンマー人がそれに立ち上がったのだと理解できますが、史実はそれほど単純ではありません。私が調べたところによれば、イギリスのミャンマーの統治方法とそこで採られた各種行政制度によって、主として少数民族や農村部の人々が苦しめられたという事実があったのです。こうした状況の説明が教科書からすっぽりと抜け落ちているために、生徒たちは「イギリス＝敵＝敵による支配」→「ミャンマー人の反乱」といった単純な構図で理解しています。そして、このことは多くの教師にも言えることなのです。

二つ目は、この単元になってはじめて少数民族、主としてシャン人やラカイン人などが明らかに「味方」として描かれるようになったということです。すでに何度も触れたように、シャン人やラカイン人はこれまで「敵」として描かれてきました。このように少数民族に対する視点が百八十度転換された理由として、イギリスという大きな「敵」が登場したことで「敵の敵は味方」という単純な思考から少数民族を描き直したのではないか考えられます。

では、これから本単元の内容について見ていきますが、最初の節「武装闘争」に入る前に、背景知識として知っておくべき当時の社会状況などを私が理解している範囲で述べておきたいと思います。

まず、ミャンマーがイギリスの支配下に入りましたが、正確に言えば、イギリス領インド帝国の支配下に入ったということを押さえておく必要があります。

イギリスは、一八五八年インド大反乱（Indian Rebellion、シパーヒー〈Sipahi〉の乱あるいはセポイ〈Sepoy〉の乱とも呼ばれる）の後、ムガール帝国（Mughal Empire）を廃止し、東インド会社を解散させた上でインド帝国（Indian Empire）を成立させました。インド帝国では、イギリス王（当時はビクトリア女王）がインド皇帝を兼ねていました。インド帝国の統治のために、イギリス本国にはインド省（India Office）が置かれ、現地には「副王（Viceroy）」の称号をもつイギリス人総督が置かれました。

ミャンマーでは、ヤンダボ条約でイギリス領となったタニンサリ及びラカインが一八三四年よりベンガル副知事の下に置かれます。その後、下ミャンマーがこれに加わると、これまでの二地域にペグー（現バゴー）を加えて「イギリス領ビルマ州」[注1]となり、イギリス人弁務官が監督しました（一八六二年）。この時の首都はラングーン（現ヤンゴン）に置かれました。その後、一八八六年には上ミャンマーが加えられ「イギリス領インドのビルマ州」[注2]となったのです。

二十世紀初頭、インド帝国は州知事あるいは州準知事が統治する八つの州から構成されていました。これら八つの州は次頁表1のようでした。

では、ビルマ州内部での統治はどのような仕組みがとられていたのでしょうか。一八六二年から始まったイギリス領ビルマ州では、弁務長官の下に「管区（Division）」がつくられ、これを弁務官（Commissioner）が管轄し、各管区がさらに「県（District）」に分割され、ここには副弁務官（Deputy Commissioner）が派遣されました。

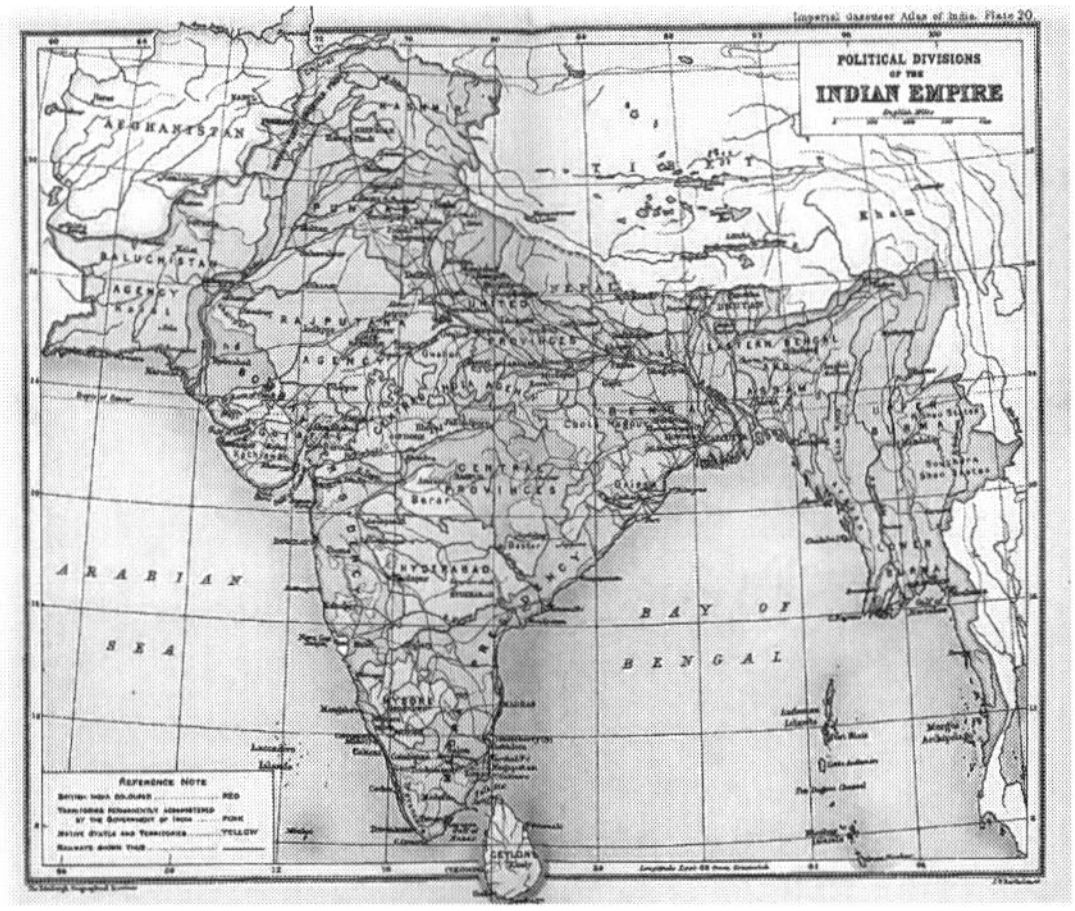

インド帝国の地方行政区画（1909年頃）

出典：Batholomew, J.G., Edinburgh Geographical Institute, Oxford University Press

［注1］この当時は州より格付けの低い準州（Minor Province）の位置付けであった。
［注2］イギリス領インド帝国の一州（The Province of Bruma）となった。

表1　イギリス領インド帝国の主要八州

州	面積（千平方マイル）	人口（百万人）	最高責任者
ビルマ州（現ミャンマー）	170	9	準知事
ベンガル州（現バングラデシュ、西ベンガル州、ビハール州、ジャールカンド州、オリッサ州）	151	75	準知事
マドラス州	142	38	知事
ボンベイ州	123	19	知事
連合州（ウッタル・プラデーシュ州、ウッタラーカンド州）	107	48	準知事
中央州とベラール	104	13	政務長官
パンジャブ州	97	20	準知事
アッサム州	49	6	政務長官

出典：メトカーフ、B.D、メトカーフ、T.R、（河野肇訳）『インドの歴史（ケンブリッジ版世界各国史）』創土社、2006年を参照

県はさらに「町区（Township）」、「地区（Circle）」に分割され、個々の集落はいずれかの地区に属することになったのです。

コンバウン朝下では、支配機構の末端には城市（ミョウ）や村（ユワー）があり、これを束ねたところに支配領域が形作られましたが、イギリス領下ではまず領土が存在し、これを細分化してその住民を統治するという制度が採用されました。このことは、長年この地で培われてきた地方領主（ダヂー）を中心とする社会が根本的に覆されたことを意味します。当然、住民の生活にも大きな変化が生じてきます。例えば、従来は占有者のない土地は、開墾した者の完全な所有に帰しましたが、新制度の下ではそれがどんな状態であれ、一片たりとも無主の土地は存在しなくなったのです。それまでの地縁、血縁の社会的紐帯ではなく、土地を媒介とする住民支配が行われるようになったのです。

一八八六年に上ミャンマーが併合され、イギリス領インドのビルマ州となると、ミャンマーは七管区、三十八県（ラングーン府及び二山地地域を含む）に分割され、末端の行政機構として村単位で住民を把握するために村落区（Village Truct）が新たに組織され、これが全国を覆うようになります。村落区は新たに選任された村長によって支配され、村長の報酬には、管轄区内で徴収された租税の一定率の手数料が当てられたので、その公平を期すために村落区の規模は平均化するように配置されました。

シャン族の藩王
出典：根本敬『アウン・サン　封印された独立ビルマの夢』岩波書店、1996年、33頁より転載

　ここで注目すべきは、中央平原地域のビルマ族に対する統治方式とシャン、カチン、チンなどの周辺の山岳地域に対する統治方式が異なっていたということです。すなわち、王朝時代から自立していたこうした民族の首長（藩王）たちに対しては、イギリスの国家主権を認めさせた上で、引き続き藩内の行政権を任せたのです。この間接統治はシャン族とチン族の居住地域を中心に適用されましたが、カチン族が居住する地域にも一部で適用されました。こうしたやり方をビルマ族と他民族を分かつ「悪しき分断統治」の一例として指摘することは容易ですが、イギリスから見れば、植民地支配のコストを極力抑える必要から必然的に選び取った政策だったと言えるでしょう。

　ところで、イギリス領植民地下での人々の生活はどのようなものだったのでしょう。下ミャンマーが植民地下に入った一八五三年以降、同地域は米の生産・加工を中心とするモノカルチャー型輸出経済へと変化させられていったようです。経済社会分野では多くの労働力が必要となり、それらを上ミャンマーからの移民で補うようになりました。もともと上ミャンマーからの移民の多くは自作農や小作農でしたが、農業収入だけでは生計が成り立たず、農業外収入に大きく依存しながら最低限の生活を維持していました。また、多くの農家は負債を抱えていましたが、これは投資のための負債というよりは生活費のための負債でした。

　下ミャンマーに移動してきた農民たちは、当初はデルタ上流部で農耕に従事していましたが、次々にやってくる移民はやがてデルタ下流部にまで進出していきました。ただし、デルタ下流部は自然堤防の上に小規模な集落が散在するだけで、後背地は象やワニなどの野生動物が生息する森林と沼沢地であり、マラリアなども蔓延していたため農耕のための土地を新たに切り拓いていくことは決して容易ではありませんでした。

　一九〇〇年代に入ると、生活必需品の値上がり、未開拓地の減少などによる地価の高騰及び労働者の増加による小作料の上昇と実質賃金の低下が起こってきました。これは下ミャンマーの農民たちの生活をますます圧迫することになりました。特に小作料の上昇と実質賃金の低下はインド人移民の増加によってどんどんと加速されていきました。

インド人移民は主にマドラスとベンガル両州の農村からやってくるカースト（Caste）の下層民で、ミャンマーではもともと港湾荷役作業や精米所、製材所などに雇用されていました。農村部に進出するインド人は全くいなかった訳ではありませんが、耕作民として定着する例はかなり限られていました。稲の収穫前に来緬して刈り取り作業を行い、その足で都市部の精米所に向かうという場合が一般的でした。彼らインド人移民はミャンマー人よりも高い小作料や低賃金に応じ、農業労働者の場合、その多くが雇用者と団体契約を結んでいたために個人契約のミャンマー人よりも高い競争力を有していました。

農村部でのミャンマー人とインド人による競争激化は、ミャンマー人労働者の地位をさらに不安定なものにしていきました。一九一〇年代になって下ミャンマーの農民出身者でヤンゴンやパセインなどの都市部へ移動するものが急増してきたのです。彼らは、従来インド人が行っていた港湾労働や精米工場での労働に割り込もうするものでした。もちろん、インドからは絶え間なくインド人労働者がこうした都市部の未熟練労働に従事するために移動してきていました。このように、インド人の下ミャンマーへの流入は、農村部での労働力争奪状況を生み出すばかりか、都市部においても同じ状況を生み出し、多くの場合、低賃金を受け入れるインド人労働者の競争力が勝っていたのです。

以上がイギリス領ビルマ州時代の社会状況です。この背景を踏まえながら、いよいよこの単元の内容に入っていきたいと思います。

1　武装闘争（一八八五〜一九〇六年）

一八八五年十一月十四日に開始された第三次英緬戦争の後、イギリス帝国主義者たちはティーボー王とスパヤラット王妃をマンダレーのヤタナポーン（Yatanapon）

からインドのラトナギリへ追放した。こうして、アラウンパヤー王によって築かれたコンバウン朝は、一八八五年完全に滅ぼされ、ミャンマーの地は大英帝国によって併合されてしまったのである。

一八八六年一月一日、インド副王兼総督ダファリンは大英帝国がミャンマーを併合したことを宣言した。しかし、ミャンマー各地に居住していた少数民族たちは帝国主義の下で奴隷として併合されることに反発し、イギリス帝国主義に対する反乱を起こした。このようなミャンマー人のイギリス帝国主義に対する反乱は、実は、第三次英緬戦争後だけではない。第一次英緬戦争後にはモロミャインやモッタマ地域で、第二次英緬戦争後にはバゴー、タラワディー(Tharrawaddy)、ミャエタエ(Myae Htae)地方で起こっていた。しかし、第三次英緬戦争後の反乱は、非常に大規模であり、その反乱は急速に各地に広がっていったという点においてほかの反乱とは性格を異にする。

イギリス帝国主義に対する反乱の指導者として、カチン(Kachin)州のポンカンドゥワ(Phon Kan Duwah)やボーポーソー(Bo Pho Saw)、チン高原のチュンビ(Kyun Bi)やチン皇太子のシュエジョーピュー(Shwe Gyoe Phu)、カヤ(Kaya)地域のソーラーポー(Saw La Phaw)、シャン地方のリンピン(Lin Pin)皇太子に指揮されたシャン首長団などが登場した。また、タウンドゥインチー(Taungdwingyi)地方では後に登場するアウンサン(Aung San)将軍の祖父にあたるボーミンヤウン(Bo Min Yaung)、インワ地方ではタテティンソーヤンナイン(Htate Tin Saw Yan Naing)とタテティンソーヤンパイン(Htate Tin Saw Yan Paing)の兄弟、シンピューチュン(Sin

Phyu Kyune）地方ではボーオクタマ（Bo Oktama）、パガンではボーチョー（Bo Cho）、ポッパ（Poppa）地方ではボーナッチョー（Bo Nat Kyaw）などが登場し活躍した。

イギリス帝国主義者たちは、下ミャンマーについては比較的容易に併合したにも関わらず、上ミャンマーの併合では武装した少数民族の反乱などが続き、平定には困難を要した。[1] イギリス帝国主義者たちは、インド人傭兵《ようへい》をイギリス帝国軍としてミャンマーに送り込み、反乱を繰り広げる少数民族たちに徹底的な攻撃を加えた。また、反帝国主義の指導者たちと一般のミャンマー人を区別し、指導者たちに対しては恐怖を植え付ける目的で残虐な攻撃を加えた一方、一般人に対してはイギリス軍による圧倒的な軍事力を見せつけた。イギリス帝国主義者たちが各地で起こったミャンマー少数民族の反乱を玉砕したことによって、一八九六年にはようやく反乱は収束に向かった。しかし、チン高原やカチン山岳部地域ではまだ反乱は続いていた。

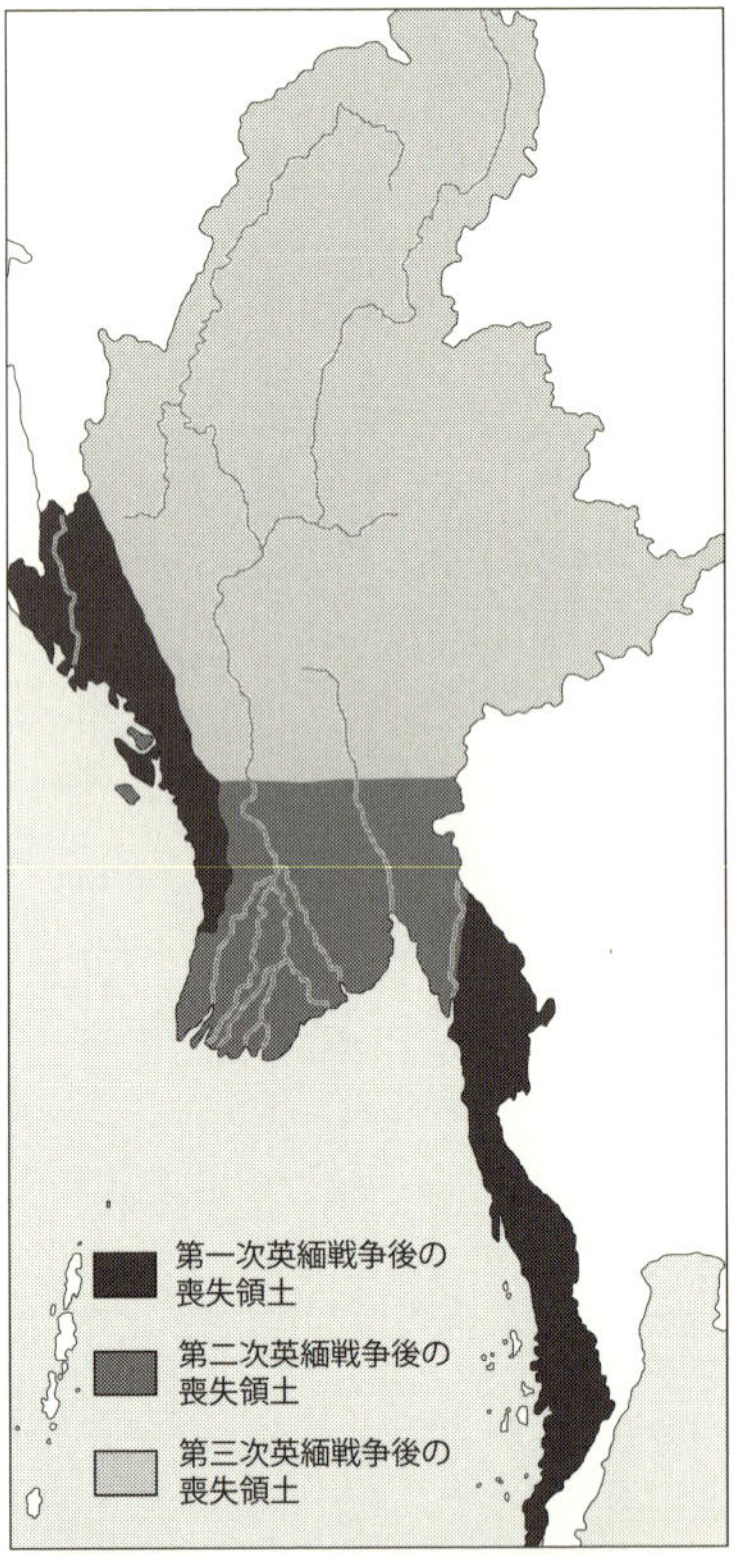

英緬戦争によって大英帝国に併合された地域

出典：教育省「中学4年生歴史教科書」2014年より転載

1　一九六二年にクーデターで政権をとった軍事政権は、この抵抗を大々的にとりあげ、民族独立運動の源流として位置付けた（荻原弘明他、一九八三年、前掲書、二十五頁参照）。

タテティンソーヤンパイン
出典：教育省「中学４年生歴史教科書」2014 年より転載

結果的に、こうした反乱は失敗に終わり、民族主義は一時的に姿を消すことになった。この理由として考えられることは、各地で起こった反乱がイギリスの奴隷に成り下がってしまうことに反対した地域単位のものであったこと、またそこで使われた武器も地域の人々が所持していた小規模なものであり、決してミャンマー全土を統一的に組織、武装したものではなかったということである。

２ 民族主義の台頭（一九〇六〜一九二〇年）

ミャンマーが植民地化され、イギリスの厳しい統治規則の下に置かれたことで、ミャンマーの人々は、経済的、社会的、また政治的にも苦しい状況に直面するようになった。十九世紀末から二十世紀初頭にかけて、ミャンマーの教養ある若者たちは自国に蔓延《まんえん》する苦悩を自覚するようになり、人々が抱いている民族主義の精神を奮い立たせようと試みた。こうして、仏教やそれに関連したミャンマーの伝統文化を基盤とした数々の協会が設立され、宗教活動や社会活動が積極的に行われるようになった。

一九〇六年、ウー・バーバエ（U Ba Bae）やバーイン（Ba Yin）博士、ウー・マウンチー（U Maung Gyi）、ウー・セインラアウン（U Sein Hla Aung）、ウー・ラパエ（U Hla Pae）など教養ある若者たちによって青年仏教徒連盟（Young Men's Buddhist Association: YMBA）がヤンゴンに設立された。YMBAは民族主義的活動をはじめ、そのほか宗教的、文化的、教育的活動を企画・実行することを目的とした組織であった。YMBA設立当初の参加者は二十名にも満たなかったが、各地で演説を行い民衆に訴え続ける中でその規模は徐々に大きくなり、後にはミャンマー人の経済的・社会的権利を要求するまでに成長していった。YMBAの影響で類似の組織も現れ始めた。一九一一年には、ミャンマー発の新聞「ツーリヤ（Thuriya）」[2]が発刊され、そこにはYMBAの活動が掲載された。

ウー・バーバエ（右）、バーイン博士（左）

出典：教育省「中学4年生歴史教科書」2014年より転載

一九一八年、大地震が起こり、バゴーのシュエマウドウ（Shew mawdaw）仏塔が崩壊し、仏塔の菱型の基盤が地面に崩れ落ちた。ミャンマー副知事であったクラドック（Sir Reginald Henry Craddock）は視察のために同仏塔を訪れた際、あろうことか、土足のままで壊れた仏塔に入っていった。これはミャンマー人に対する侮辱であると受け取った人々

クラドック

出典：National Portrait Galley, London

2 「ツーリヤ」とはミャンマー語で「太陽」の意味である。この新聞は、後にミャンマー民族主義運動の展開に大きな影響力をもつことになる（荻原弘明他、一九八三年、前掲書、五三頁参照）。

インド担当外務大臣
モンタギュ
出典：Central News Agency: National Library of Israel

は各地でイギリスに対して反旗を翻して立ち上がった。またＹＭＢＡはヤンゴンのジュブリーホール（Jubilee Hall）で緊急会議を招集し、仏塔参詣の際に土足を厳禁することを決定した。

第一次世界大戦の最中、インド担当外務大臣モンタギュ（Edwin Samuel Montagu）がインドの行政状況を調査するためにインドを訪問した。[3] この機を利用して、ウー・バーバエとウー・メイアウン（U May Aung）などＹＭＢＡのメンバーはモンタギュとインド副王兼総督チェルムスフォード（Viscount Chelmsford）に対して、ミャンマーのインドからの分離とより大きな自治権を要求するためにインドに赴いた。[4] しかしながら、その後出されたモンタギュ＝チェルムスフォード改正インド統治法には、ミャンマーが要求した自治権の拡大には触れられず、その上、クラドックによって作成された計画はインドに認めた両頭制政治[5]すらもミャンマーには適用しないという、要求内容とはかなり異なるものであった。こうして、一九一九年、ウー・バーバエやウー・プー（U Pu）、ウー・トゥンセイン（U Tun Shein、別名：ペプセイン〈Phe Pu Shein〉）らの一団はロンドンへ行き、ミャンマーの行政を改善するように要求した。しかし、この派遣は成功することなく、彼らは何の成果もなく帰国することになる。

翌一九二〇年、ウー・バーバエ、ウー・プー、ウー・テインマウン（U Thein Maung）ら一団は再びロンドンへ赴き、同じ要求を行う。その結果、外務大臣モンタギュは、

3　彼のインド訪問は、植民地インドに対して自治権の拡大、すなわち両頭制政治を導入するための事前調査であった。

4　当時、ミャンマーは一八九七年四月に発布されたインド総督令によってインドの一自治州という位置付けであった。そのためミャンマー人の権利は著しく制限されていた。ミャンマー国内では、人種や言語、文化などあらゆる面で異なるインドから分離すること、より広い自治権を認める要求が高まっていた。

5　両頭制政治とは、政府機能を二分、すなわちインド中央政府は引き続きイギリス政府が支配するが、各州の農業や教育、徴税といった事項については州議会が責任を負うというもの。これは、植民地インドの各州にある一定の自治権が与えられたということであり、イギリス側からすればインド人に多少の自治能力が備わってきたというポジティブな評価から来ていると考えられる。当然、インドにしても、ミャンマーにしてもこのような考え方は受け入れられないことは当然である。

ミャンマーに一九一九年の改正インド統治法の内容を適用する旨の約束を行った。
この時までにＹＭＢＡの支部は全国に広がり、およそ二千もの支部が設立されていた。一九二〇年、第八回ＹＭＢＡ全国大会がピイで開かれ、同組織はビルマ人団体総評議会（General Council of Burmese Associations: GCBA）と改称された。

私はこれまで青年仏教徒連盟（ＹＭＢＡ）について大きな誤解をしていました。教科書には、ＹＭＢＡは「民族主義的活動をはじめ、そのほか宗教的、文化的、教育的活動を企画・実行することを目的とした」組織と書かれているので、全くそれを信じ込んで、「ＹＭＢＡはイギリス植民地主義に反旗を翻すために組織されたのだ」と生徒に教えてきました。しかしながら、よく調べてみると、私が理解していた内容とはかなり異なっていることが判ってきました。

当初、ＹＭＢＡの発起人はいずれも富裕階層の出身者であり、非政治的で穏健な立場をとり、上から与えられる改革を望んでいたようです。メンバーも知識人や公務員、僧侶、仏教に関心のあるイギリス人が中心で、衰退の兆しをみせていた仏教倫理を復興させる運動を展開しており、決して革命的な組織ではなかったということです。このことは、当時はまだイギリスの支配に正面から立ち向かうだけの政治的意識が民衆の中にはなかったことを意味すると言えるかもしれません。

ＹＭＢＡはイギリス植民地政府追従の態度をとり、例えば、一九〇六年の年次大会はイギリス国歌の合唱で始まり、イギリス国王の健康と長寿の祈りで閉会しました。決議文は嘆願調でイギリス国王への忠誠と感謝の念の表現に満ち溢れていたと言われています。第一次世界大戦中の一九一六年に開かれた第四回大会でも、イギリスの勝利を祈り、イギリス政府に対してヨーロッパ戦線へ百名のミャンマー兵を派遣する機会を寛大にも与えられたことに深い感謝の念を表す決議が万雷の拍手をもって採択されたそうです。

しかしながら、徐々にではありますが、ＹＭＢＡに民族主義的な色合いが見られるようになってきました。一九一七年ピンマナ（Pyinmana）で開かれた第五回大会では、大英帝国の恩恵をミャンマーの学校教育で宣伝するために学校長にはイギリス人の任命が最善であるという答申に対して反対の決議を採択したのです。これが、ＹＭＢＡが表明した最初の反英感情であったと考えられています。また、この大会ではミャンマー婦人と外国人との結婚禁止、ヨーロッパ人専用の客車の廃止、ヨーロッパ人の土足でのパゴダ参詣禁止などが採択されました。

こうした民族主義的な意識が芽生えてきた背景には、ミャンマー人中間層の存在が大きいと言われています。彼らは主として都市部とその周辺に住む地主、富裕自作農、商人、公務員、弁護士、学校教師などからなり、イギリスが導入した近代的教育制度の下で育った者たちが多かったようです。人口規模からすると最大限に見積っても当時のビルマ州総人口の十二分の一程度であり、それほど多い数ではなかったと考えられます。彼らは、政治的、経済的に圧倒的に優位に立つイギリス人に対してというより、むしろ当初は同じ中間層を形成するインド人や中国人たちに対する不満をもっていました。そして、その後の民族自決が争点となった第一世界大戦の後半期、彼らはその影響を受け、植民地支配そのものに問題の根源があることを認識するようになったのです。こうして、ＹＭＢＡは一九一七年を境にして反イギリスを明確にした政治的組織へと変貌していったのです。

こうした詳細が判ってくると、ミャンマーの近代史が非常に興味深いものとなってきます。生徒たちもこのあたりまでは何とかついてきているようです。しかし、これ以降からいくつも「壁」があり、この「壁」を超えられる生徒はほとんどいないのが現実です。

３　ビルマ人団体総評議会（ＧＣＢＡ）（一九二〇～一九三〇年）

ビルマ人団体総評議会（ＧＣＢＡ）は青年仏教徒連盟（ＹＭＢＡ）を改称した組織である。このＧＣＢＡには庶民も多く参加したこともあって、「国民団結闘争集会

6　「ウンターヌ」は、全国協議会(National Associations)を意味し、これはミャンマーの村々にまで広がっていた組織である。ＧＣＢＡはこの協議会と密接につながっていた。

(Assembly Arms of National Unity)」とも呼ばれている。

ＧＣＢＡの主要な目的は、自治権の獲得、政府の重要ポストへのミャンマー人の起用、ミャンマー人の自由な商業活動などをイギリス側に認めさせることであった。また、ＧＣＢＡはイギリスに対しては決して力によって解決するのではなく、「穏健な」解決を目指していた。ＧＣＢＡは一九二〇年には初の学生ストライキを支持し、また民族学校開校の準備を行ったり、石油や繊維関係の産業をはじめ、ウンターヌ（Wun thanu）[6]銀行などの設立に尽力した。

その後、ミャンマーにおける両頭制政治を巡って、[7]ＧＣＢＡは二派に分裂する。一つは、ウー・チッフライン（U Chit Haling）などＧＣＢＡの指導者たちの一派であり、ミャンマーの真なる自治権獲得を唱えるグループである（両頭制政治反対派）。もう一つは、ウー・バーバエら二十一名からなる派で、両頭制政治の受け入れを許容する集団である。ウー・チッフライン率いる主流派は、イギリスの両頭制政治に対してストライキを実施し、真の自治権獲得を訴えた。また、両頭制政治実施に向けてミャンマーの状況調査のために来たホワイト（Whyte）委員会やウェールズ皇太子のミャンマー訪問に対して大々的なボイコットを民衆に呼びかけた。

他方、ウー・バーバエをはじめとする二十一人らは、引き続き、イギリスと交渉していくが、イギリスの両頭制政治は受け入れると宣言した。結局、両頭制政治実施に向けた立法参事会の議員選挙は実施に移された。

その後、ＧＣＢＡは政治活動をこれまで以上に活発化させたが、これら活動には宗教も絡んでいたことから一層の混迷状態に陥ることになった。こうしてＧＣＢＡ

7　一九一九年の改正インド統治法によって、インドにおける両頭制政治は実施されていたものの、ミャンマーはそれから除外されたため、一九二〇年十月にＧＣＢＡはピイで第一回大会を開催し、両頭制政治の即時実施を要求した。しかし、一九二一年のマンダレー大会では、ラングーン大学生のストライキの成功に乗じて両頭制政治施行に反対の決議を行った。イギリスは一九二二年ミャンマーでの両頭制政治実施のために、立法参事会の議員選挙を実施したが、この選挙をボイコットするか否かでＧＣＢＡ内部で意見が割れた（荻原弘明他、一九八三年、前掲書、六二一～六二三頁参照）。

8　主流派はウー・チッフライン、ウー・プー、ウー・トゥンアウンチョー（U Tun Aung Kyaw）の三人を含む派閥であり、「フライン＝プー＝チョー派」と呼ばれた。その後、ウー・プーは脱退して「自治党」を結成する。また、ウー・ソーテインは過激な直接行動による完全独立を主張し、「ウー・ソーテイン派」を結成し、ウー・スーはこれらとは別の「ウー・スー派」を結成した。ＧＣＢＡはこのように、イギリス両頭制政治に対して、協力派、消極派、反対派、過激派などに分裂したのである（荻原弘明他、

はいくつもの派閥に分かれていく。ウー・チフライン派、ウー・ソーテイン（U Soe Thein）派、ウー・スー（U Su）派、高僧率いる派閥などである。[8] この分裂は、ＧＣＢＡの指導部の間の政治的立場の違いとともに、組織の政治資金の使用目的を巡る対立によって起こったものである。一九三〇年にはＧＣＢＡの分裂は決定的になり、もはや効果的に国内問題に対処する能力を欠くようになっていた。なお、ＧＣＢＡは結局のところミャンマーにおける自治権を獲得するまでには至らなかったものの、ミャンマーの民族主義及び反植民地主義を訴える強力な組織であったことには変わりはない。[9]

一九八三年、前掲書、六三頁参照）。

9　ＧＣＢＡは見解の相違により分裂はしたが、基本的にすべての派は反イギリスの立場をとり、各地でボイコット運動を実施した。しかし、独立がその正式目標には至っていなかったという意味で、彼らの政治運動には限界があった（荻原弘明他、一九八三年、前掲書、六三〜六四頁参照、矢野暢『タイ・ビルマ現代政治史研究』京都大学東南アジア研究センター、一九六八年、参照）。

右の記述の中に「ＧＣＢＡは政治活動をこれまで以上に活発化させたが、これら活動には宗教も絡んでいたことから一層の混迷状態に陥ることになった」とあります。しかし、一体、ＧＣＢＡによる政治活動と宗教とはどのような関係にあったのでしょうか。これは私にとっての長年の疑問でした。というより、これまで授業ではＧＣＢＡのイギリス植民地主義に対する政治活動のみを強調し、宗教との関係はあえて扱わなかったし、この部分に注意を払ったこともなかったといった方が正確かもしれません。

しかし、日本留学時代に、根本敬氏の『アウン・サン　封印された独立ビルマの夢』を読んで以降、この点が非常に気になるようになってきました。では、宗教がどのように関係していたのか、以下に私が理解している範囲で述べていきたいと思います。

一九二〇年十月、ピイでＹＭＢＡの大会が開かれ、そこで組織名がＧＣＢＡに改称されたことは教科書にも記載されていた通りです。この大会は実はＧＣＢＡの第一回大会と言えます。この大会にはミャンマー全土からの代表がぞくぞくと集まり、このために特別臨時列車が準備されたそうです。ウー・チッフラインが総裁、ウー・バーペー（U Ba Pe）が副総裁に選ばれ、ここに反イギリス民族主義の統一組織が誕生したのです。この大会では、クラドックの計画反対、両頭制政治の施行要求、外国製品のボイコット、国産織物着用、インド人金融業者チェティアー（Chettyars）所有地の没収と農民への再分配などが決議されました。

ＧＣＢＡの反イギリス植民地運動は、当時政治僧によって全国に組織されていた「ウンターヌ」と結びついて、たちまちミャンマー全土に広まっていきました。ウンターヌ運動は、一九二〇年代を通じて最高潮に達し、国産品愛用の呼びかけに応じ、民衆は手織りの粗布をつけるのを誇りに感じ、またＧＣＢＡの会員証は愛国者のパスポートとみなされ、市場の喫茶店や商店でも「ウンターヌ」の名を冠するものが普通となっていました。

少し時代を遡りますが、ミャンマーの最後の王朝であるコンバウン朝が滅亡して以来、伝統的な社会は破壊され、民衆の頼るべきところは仏教以外にはなかったと言えます。しかし、イギリス植民地下では仏教は無視され、その中心となる僧侶の伝統的権威も地に落ちていました。ミャンマーの民衆にとってこれは屈辱的なことでした。民衆は仏教の復興とその保護者たる君主をいだく王国の再建の夢を求めました。こうした状況の下、政治的行動を起こす僧侶が次々と出現したのです。彼らはすでに「ウンターヌ」と呼ばれる全国組織を作り、ミャンマー全土の民衆の支持を得ていたので、政治団体として誕生したＧＣＢＡと結びついて、一九二〇年代に過激な民族主義運動の原動力となっていったのです。

ウー・オウタマ
出典：Wikipedia
https://en.wikipedia.org/wiki/U_Ottama#/media/File:Ven.Ottama.png

代表的な政治僧としてよく知られているのは、ウー・オウタマ（U Ottama、一八七九〜一九三九年）とウー・ウィザーラ（U Wisara、一八八九〜一九二九年）です。ウー・オウタマは仏教の衰退の原因はミャンマー王国の滅亡であると信じ、イギリス支配を脱するためにフランスから援助を得ようと考えました。しかし、ヨーロッパ旅行中に日露戦争での日本の勝利を聞くと、すぐにヨーロッパから引き返し、一九〇七年に日本を訪れ、浄土真宗本願寺

ウー・ウィザーラ
出典：Wikipedia
https://en.wikipedia.org/wiki/U_Wisara#/media/File:U_Wisara_Sayadaw.jpg

派の大谷光瑞《こうずい》（後に内閣顧問となる）と接触しています。一時、彼は兵庫県六甲に開校された学校で教鞭をとったこともあります。彼は「クラドック帰れ！」という叫びに端的に反映されているように、過激な反英運動を行ったことで二度も投獄されていますが、それに屈することなく生涯ミャンマーの民族主義の昂揚《こうよう》に貢献しました。

他方、ウー・ウィザーラは外国旅行の経験はなく、彼の一生は反英演説、投獄、断食の連続で、獄中での断食による餓死で終わっています。彼の餓死がミャンマー民衆の反英感情を高めたことは言うまでもありません。

4　はじめての大学生ストライキ（一九二〇年）

一九二〇年、ちょうどYMBAがGCBAに改称された頃、ラングーン大学（現ヤンゴン大学）の学生による初のストライキが起こった。実は、この年以前にはミャンマーには総合大学（University）というものは存在せず、ラングーン・カレッジとユタダン（Yutadan）・カレッジの二つのカレッジがあるだけであった。イギリス植民地下では、これらの二つのカレッジはインドのカルカッタ（Calcutta）大学の分校という位置付けであった。このような状況下、ミャンマー国内では総合大学設置の要求が大きくなっていた。そこで、一九二〇年イギリス政府は大学法を公布し、これら二つのカレッジを総合大学に格上げしたのである。

10　タザウンモン月（新暦の十一月）は、仏教徒にとって大事な月で満月の日に僧侶に袈裟《けさ》や傘などを寄進する「カテイン（Kahtein）」と呼ばれるお祭りが行われる。また、「マトーティンガン（Matho Thingan）」と呼ばれる織機で袈裟を織る競争も行われる。学生によるストライキはこれら伝統的で重要なお祭りの十日後に開始された。

11　イギリス政府が定めた大学法は、イギリス本国のオックスフォード（Oxford）やケンブリッジ（Cambridge）大学を模してつくられ、全寮制で、選ばれた少数の学生を収容することとなってい

しかしながら、植民地下での大学教育は、大衆向けの教育ではなく、植民地制度を継続、運営していく上で必要な少数の忠実な現地官僚の育成が目的とされたために、一般のミャンマー人にとっては大学への入学は非常に狭き門となっていた。このため、たちまち各地で集会が開催され、この大学法に対する反対が決議されたのである。ラングーン大学生らは一九二〇年十二月五日（仏暦一二八二年、タザウンモン〈Tazaungmone〉の満月のお祭りから十日目）にストライキを決行した。[10] このストライキは一週間もしない内に全国の学校に広がっていた。[11] ボイコットに参加している学生への教育を継続するために、ヤンゴンに民族カレッジ（National College）が、各地方には民族学校（National School）が出現した。

反英ストライキを主導する大学生たちは各地の人々の支援を得た。また、民族学校の開校も全国で歓迎された。この学校では民族主義の昂揚を目的としたミャンマー文学とミャンマー史が教授され、ここで教鞭《きょうべん》をとった教師や指導的な学生たちはその後国家的指導者へと成長していくことになる。このように、植民地下の教育制度に反旗を翻したラングーン大学生によるストライキが勃発したタザウンモンの満月のお祭りからちょうど十日目にあたる日は、現在、民族記念日（National Day）と定められ、ミャンマー人の勇気を讃える日となっている。

5 ドウバマー・アシー・アヨウンの結成（一九三〇〜一九四〇年）

反植民地主義運動及び民族主義運動を指導したＧＣＢＡの解体後、新しく力をつ

た。また、カリキュラムも植民地政府に忠実な官僚の育成向けに作成されていた。そこで、ラングーン大学生たちは、この大学法に反対し、全寮制の廃止、学生の収容人数の増加、カリキュラムの改正などを要求した。彼らはミャンマー人の民族的誇りの象徴であるシュエダゴンパゴダの境内に立てこもった（荻原弘明他、一九八三年、前掲書、六〇頁参照）。

12　この組織は強烈なミャンマー人意識をもった民族主義団体であり、そのメンバーはミャンマーで教育を受けた土着的性格をもつ青年たちであった（荻原弘明他、一九八三年、前掲書、七三〜七四頁参照）。

13　「タキン」とは「主人」を指す言葉で、自分たちがミャンマーの主人であるという意味で、名前の前に「タキン」をつけてお互いに呼んだ。彼らは、政治的自由は経済的独立を伴わなければ完全とは言えないとして、外国商品のボイコットを説き、自分たちの店を構えたり、街路で商品を売りさばいたりしていた。彼らの服装は国産の手織り粗布で作った簡素なもので、木製のミャンマー下駄をはいていた。ヤンゴンの町ではカタコトという下駄の音が至る所で聞かれ、民衆にはなじみの音となった（荻原弘明他、一九八三年、前掲書、

けてきた組織にドウバマー・アシー・アヨウン（Dobama Asiayone、われらビルマ人協会）がある。ドウバマー・アシー・アヨウンは、一九三〇年五月三十日にバタウン（Ba Thaung）をはじめとするヤンゴンのバハン（Bahan）地区の青年知識人数名によって結成された組織である。[12] この組織はイギリス植民地政府に対する抗議とミャンマーの完全な独立の獲得を主要な目的としていた。ドウバマー・アシー・アヨウンのメンバーたちは、お互いに彼らの名前の前に「タキン（Thakhin）」[13]をつけて呼び合ったので、「タキン党」とも呼ばれるようになった。

ドウバマー・アシー・アヨウンの記章
上部に「ドウバマー・アシー・アヨウン」、下部に「ビルマ国」と書かれている
出典：教育省「中学４年生歴史教科書」2014年より転載

ドウバマー・アシー・アヨウンのスローガンは、「ビルマはわれわれの国、ビルマ語はわれわれの文学、ビルマ語はわれわれの言葉、われわれの国を愛し、われわれの文学水準の向上を目指し、われわれの言語を尊敬しよう」であった。ドウバマー・アシー・アヨウンのスローガンや熱意、宣伝文などはミャンマーの人々の民族精神を高揚させた。

ドウバマー・アシー・アヨウンの青年メンバーたちはサヤティン（Saya Tin）にドウバマーの歌の作詞作曲を依頼した。この歌は、各種会議やパゴダでの儀式やスポーツ大会などで広く歌われるようになり、ドウバマー・アシー・アヨウンの名は全国的に知られるようになっていった。

一九三五年、ドウバマー・アシー・アヨウンはヤニャ

七四頁参照）。

14　ヨーロッパの社会主義の書物は、主としてイギリスへの留学生やツーリヤ新聞社の記者などの積極的な入手活動によってミャンマーに入ってきた。この中には、左はマルクス、レーニンから、右はナチズム、ファシズムに至るあらゆる思想が含まれていた。一九三七年十二月にヌー（後、独立後初代首相）やソウ（Soe）、タントゥン（Than Tun）などが発起人となり設立されたナガーニー読書クラブは、若きタキン党員たちの集会所となっていた。党員たちはこうした思想を各人が理解した限りで取り入れ、実践活動を通して現実的なものとしていった。彼らは独立という目標のみで結びついており、実際には各人がそれぞれの政治思想をもっていたため、それがある時点に達すると対立が表面化し、分裂する因子を内在していたと言える（荻原弘明他、一九八三年、前掲書、七六頁参照）。

15　イギリス植民地政府は、政府にあった九十八部門のうち、重要な七部門をイギリス監督下に置き、残りのそれほど重要でない九十一部門をミャンマーの管理下に置いたため、このような名称で呼ばれるようになった。

16　ドウバマー・アシー・アヨウ

ンチャン（Yaynan Chang）で第一回全国大会を開催した。一九三〇年から一九三五年の時期は、ドウバマー・アシー・アヨウンの創設者であるバタウン、トゥンオーク（Tun Oak）、バセイン（Ba Sein）、レーマウン（Lay Maung）が指導力を発揮していたが、一九三五年以降新たに参加したアウンサン（Aung San）、ヌー（Nu）、バヘイン（Ba Hein）などのラングーン大学の学生たちが力をつけてきた。彼らは革命思想や左翼文学を広く学び、ドウバマー新聞やドウバマー会報、ピーコック新聞などを発行し、人々への啓蒙を始めた。さらに、ナガーニー（Nagani「赤龍」の意）読書クラブを組織し、進歩的な政治思想や社会主義文学などを出版した。[14]

一九三八（仏暦一三〇〇）年五月一日、第一回メーデーがドウバマー・アシー・アヨウンの指導の下で行われた。また、同年に勃発した暴力的な反植民地闘争にもドウバマー・アシー・アヨウンのメンバーたちは進んで参加した。

イギリス政府がミャンマーをインドから分離し、「九十一部門制」[15]を導入しようとした際、ドウバマー・アシー・アヨウンはこれに強く反対した。彼らは、山岳地域も中央平原地域とともに自治権を獲得すべきであることを強調し、完全な独立獲得を目指して、イギリス政府に対して武器をもって立ち向かおうと軍隊を組織した。

しかし、一九三八年、ドウバマー・アシー・アヨウンは、コドーフマイン（Ko Daw Hmaing）率いるグループとトゥンオーク及びバセイン率いるグループとの二派に分裂し、[16]一九四一年にはイギリス政府から「公正を欠く組織」と揶揄《やゆ》されるようになった。

ンの創設者であるバタウン、トゥンオーク、バセインなどは高卒や大学中退の学歴しかもたず、大卒者は極めて少なかった。当時は大学に入ることも、また卒業することも容易ではなく、毎年多くの中退者が出ていたことから、大卒者は非常に高く評価されていた。こうした状況の下、ラングーン大学の卒業生が次々に入党してきたことは一方で大きな喜びではあったが、他方、創設者にとっては学歴に対する劣等感を抱かせる大きな原因ともなっていた。こうした中、一九三八（仏暦一三〇〇）年に起こった反植民地闘争において、党内に大きな亀裂が生じたのである。というのは、大卒や大学生党員を含む新参派が、反イギリス植民地運動はビルマ人やインド人といった民族の垣根を超えた階級闘争に基づく運動であると捉えたのに対し、トゥンオークやバセインなどの古参派は、あくまでもビルマ民族中心主義に基づく反イギリス運動を前面に押し出していきたい意向をもっていたのである。結果として、古参派が分派活動を展開し始めた（根本敬『アウン・サン　封印された独立ビルマの夢』岩波書店、一九九六年、七七～七九頁参照）。

ラングーン大学の学生たちによる初めてのストライキは、ミャンマーの歴史の中でも非常に重要です。というのも、イギリス植民地主義に対する国内初の大規模な反対運動であったからです。現在もこのストライキ決行の日は国民の祝日になっています。実は、この頃から「独立の父」といわれるアウンサンや戦後首相となったヌーなどが歴史の舞台に登場してきます。

教科書の記述だけからは、ラングーン大学の学生たちが、なぜ、ストライキに立ち上がったのか、という点が今一つはっきりしませんが、このあたりを調べてみると、非常に興味深い事実が判ります。少しここで紹介しておきましょう。

ラングーン大学学生同盟の執行委員長となったタキン・ヌーは、大学運営を批判する演説を行い、大学側から放校処分を言い渡されました。また、同盟の年刊機関誌『オーウェイ（Owei、孔雀《くじゃく》の叫び）』の編集責任者であったタキン・アウンサンはその機関誌に大学側の理事の一人の不品行を批判した記事を掲載したことで、大学側からその記事の執筆者の名前を明かすように求められましたが、それを拒否したために、同じく放校処分に処されました。こうした大学側の処分に対し、同盟は学生大会を開き、大学側の不当な扱いを攻撃し、学生たちがそれに反対する行動に出るように呼びかけたのです。

一九三六年二月、約七百名の男子学生と二十五名の女子学生が、一九二〇年のストライキと同様、シュエダゴンパゴダの境内に立てこもりました。この行動は民衆から大きな支持を得て、アウンサン、ラシッド（U Raschid）、タキン・ヌー、タキン・チョーニェイン（Thakhin Kyaw Nyein）ら学生指導者たちは民族的英雄となりました。このストライキの波はまたたく間に全国に広がっていきました。

当時のイギリス植民地下の教育担当相であったバモー（Ba Maw）が事態収

『オーウェイ』編集委員
前列左から二人目がアウンサン
出典：根本、1996 年、前掲書、69 頁より転載

拾に乗り出し、何とか二人の復学が認められました。このストライキの間に全ビルマ学生連合（All Burma Students' Union: ABSU、一九五一年にはAll Burma Federation of Student Unions: ABFSUと改称）が結成され、初代の委員長にラシッド、書記長にアウンサンが就任しました。タキン党の影響はこの連合の結成によって、ますます全国的に広がっていったのです。このことは、タキン党員らが民衆の組織化が重要であることを改めて知る結果となりました。こうして、一九三八年にはタキン・ミャ（Thakhin Mya）が全ビルマ農民組織、一九四〇年にはタキン・バースエ（Thakhin Ba Swe）がビルマ労働組合会議を組織します。これらの組織の登場は、学生の枠を超えて民衆的基盤に立つ民族主義が広がっていったことを意味していると言えるでしょう。

6　農民一揆（一九三〇年）

イギリスは下ミャンマーを併合すると、これまでの自給自足経済から脱して世界に向けて米を輸出していけるように、水田地帯の積極的な拡大を図ろうとした。そのためには大量の労働力と巨額の投資資金が必要であったが、上ミャンマーから流入するミャンマー人労働力だけでは不十分であり、また政府は開拓資金の供給を十分に確保しなかった。そこで、インドから大量の安い労働力[17]を調達するとともに、インドのチェティアー（Chettyars）[18]と呼ばれる金融業者が活用されることになった。チェティアーはイギリスの銀行から低い利子率でお金を借り、それを高い利子をつけてミャンマーの農民に貸し付け、この資金でもって農地開拓を行っていった。加えて、イギリス政府は農民に対しても納税を強要し、ミャンマーの農民たちはか

17　インド人移民はミャンマー人より高い小作料を払い、そのうえ稲の脱穀の時にもミャンマー人のように地主に心配をかけることがなかったために、下ミャンマーでは従順なインド人移民が歓迎された。インド小作人の増加は小作料をつりあげ、ミャンマー人農民をますます貧窮に追いやった。下ミャンマーに集中したインド人移民はヤンゴンの人口のほとんど半分を占めるまでに至り、ヤンゴンはことさらインド人の町の観を呈し、ミャンマー人は片隅にひっそりと暮らすようになった（荻原弘明他、一九八三年、前掲書、四五頁参照）。

18　チェティアーは主として南イ

なり苦しめられることになった。

ミャンマーの農民たちは一所懸命に働いたが、その労働から得られる利益はほとんどなかった。一九二一年、スチール・ブロス（Steel Bros Co.）社、ブロック・ブロス（Bulloch Bros Co.）社、アングロ・ビルマ（Anglo-Burma Co.）社などイギリスの植民地主義者による企業は共同で精米輸出会社を設立し、ミャンマーの米産業を独占するとともに、米価を自由に操作した。加えて、イギリス貿易商らも徐々にミャンマーの農民を搾取していった。こうした状況において、ミャンマーの農民は高利貸しへの借金返済、イギリス政府への納税、植民地主義者からの様々な形での搾取によって負債はますます大きくなっていくばかりであった。

一九二九年から翌三〇年にかけて、世界恐慌のために米価が急激に下落すると、農民の多くが負債返済のために田地を抵当に入れたり、最悪の場合には売却したりし、大量の土地を失った農民が出現するようになった。さらに、先に触れたように、イギリス政府はインドから大量の労働者をミャンマーに連れてきて小作農として労働を強要したために、ますますミャンマーの小作農たちの労働の機会が失われていった。

ウー・ソーテイン
出典：教育省「中学4年生歴史教科書」2014年より転載

ウー・ソーテイン（U Soe Thein）率いるGCBAの執行部にいたサヤーサン（Saya San）は、GCBAの業務の一環として、ミャンマー小作農の生活状況を調べるためにタラワディー、ピャーポン（Phyar Pon）、ピイ、シュエボー地

ンドのマドラス地方の世襲的金貸しカーストで、商利にさとく、組織力をもち、イギリスの金融制度にも通じていた。一九二〇年代にはミャンマーに千六百五十軒ほどの店を開き、その九割は下ミャンマーの米作地帯にあった。彼らの融資は三年ほどの短期のものが多く、年率は十五パーセントから二十五パーセントが普通であった。彼らはヨーロッパ系の銀行との取引をもち、年率十パーセントないし十二パーセントで融資を受け、これを先のような利率で農民に貸し付けていた。その際、土地を抵当にとっていた。植え付け作物や動産を抵当にして貸し付ける場合には四十パーセントという高率も珍しくなかった（荻原弘明他、一九八三年、前掲書、四四頁参照）。

19　「ガロウン」はサンスクリット語でガルーダ、パーリ語のガルラのミャンマー語で、金翅鳥《こんじどり》を意味する。インド神話ではヴィシュヌ神の乗り物で、ナーガ（龍）を食する怪鳥である。ガロウンは、植民地権力イギリスの象徴ナーガを取って食べる勝利のシンボルである。ガロウンの入墨をすると不死身となり、あたった弾丸は華やかな粉となると信じられていた（荻原弘明他、一九八三年、前掲書、六六頁参照）。

サヤーサン

出典：教育省「中学４年生歴史教科書」2014 年より転載

域に赴き、調査結果をもとに報告書を取りまとめた。この報告書にはミャンマー農民に対する徴税廃止や彼らの森林及び竹林の自由な伐採の認可などといった改善策が含まれていた。しかしながら、同報告書はGCBAに受け入れられなかった。これに納得できないサヤーサンはGCBAとの関係を自ら切り、さらに、イギリスに対して武器をもって立ち上がることを秘密裡に計画した。

サヤーサンは自身を「トゥパンナカ・ガロウン・ラザール（Thupannaka Galon Razar）」[19]と呼び、「ガロウン軍」を組織した。ガロウン軍は魔術的な呪文を唱え、そうすることで敵の攻撃や刀剣、銃などから身を守れると信じられていた。ガロウン軍は村々のウンターヌ[20]を味方につけながら、植民地主義者や領主に対する反対活動を行っていった。

ちょうどその頃、ミャンマー人小作農は、イギリス政府に対して納税の期限延期とさらなる農業融資の実行を懇願していたが、それらの懇願はすべて拒否された。一九三〇年十二月二十一日、知事代行であったミャンマー人のサー・マウンチー（Sir. Joseph Augustus Maung Gyi）[21]はタラワディーの宮殿で開かれた政府高官授与式に出席し、その席でイギリス政府とミャンマー農民との間の課税問題の解決はほとんど不可能であり、ミャンマー人は武器をもってイギリスに対して立ち上がる以外に方法はないと心の内を明らかにした。こうして、同年十二月二十二日、サヤーサ

20　当時ミャンマーの村々で結成されていた反権力結社である。タラワディー地方をはじめとした地域では、イギリスから強要される納税に対する反対運動が起こった。これに対し、イギリスはインド人武装警官で地区を包囲し、みせしめのため農民に手錠をかけ、牛や水牛などの一切の財産を没収した。これによって、ウンターヌの対イギリス感情がより一層高まっていった（荻原弘明他、一九八三年、前掲書、六七頁参照）。

21　ミャンマー知事チャールズ・イニス（Charles Innes）は病気療養のため四カ月間帰国し、その間にミャンマー人のサー・マウンチーが知事代行となった。彼は、最初のミャンマー人知事で、イギリスで弁護士の資格をとり、タイで勤務し、その後、ヤンゴン高等法院の判事となり、行政参事会の閣員となっていた。彼はミャンマー人には全く人気がなく、信頼もされていなかった（荻原弘明他、一九八三年、前掲書、六八頁参照）。

22　当時は「ルピー」と「チャット」が等価で混在していたので、貨幣単位を「ルピー」としてもよい。

23　一九三〇年十二月、サヤーサンの反乱勃発後、植民地政府は警察隊を急派し、鎮圧にあたらせたが、ますます拡大する反乱に驚き、

ン率いる小作農たちはタラワディーのヤエティテェ(Yae Tite)村及びパースエチョー(Phar Shwe Kyaw)村で反乱を開始した。

反乱が起こると、すぐにピャーポン(Pyar Pon)、ヒンタダ(Hin Tha Da)、インセイン(Insein)、バゴー(Bago)、タエット(Tha Yet)地域をはじめ、シャン地方にまで拡大していった。当時のミャンマー知事チャールズ・イニス(Charles Innes)は病気療養のためイギリスに帰国していたが、すぐにミャンマーに戻ると、土地税の軽減、農業融資の再開を宣言し、さらに農民から強制的に行っていた徴税の延期を決定した。他方、イギリス植民地主義者たちはサヤーサンの逮捕のために五千チャット(kyats、ミャンマーの貨幣単位)[22]の賞金をかけ捜索を続けながら、逮捕した反逆者は容赦なくさらし首にした。サヤーサンは一九三一年八月に逮捕されると、タラワディーでほかの指導者たちと絞首刑にされた。[23]

この農民一揆が失敗に終わった原因として、一部の農民の参加に限られ、ミャンマー全体の農民や人々を巻き込んだものではなかったこと、イギリス植民地主義者たちに比べ、兵器等が極めて不足していたことなどがあげられる。[24]サヤーサン率いる農民一揆は残念ながら成功には至らなかったが、これ以降の反植民地主義運動のための民族主義にエネルギーを与えたことは確かである。

軍隊を派遣した。植民地政府は一九三一年六月までに約八千百名の兵力を投入し、雨季が明けるとインドから三千六百四十人の七個大隊の増援軍を加えて鎮圧にあたった。一九三一年六月をピークに反乱軍の勢力は次第に衰え、サヤーサンは上ミャンマーに逃れ、その後シャン地方に落ちのびた。しかし、同年八月にシャン地方のメイミョ(Maymyo)の北東部で捕らえられ、タラワディーの牢獄に送られた。そして、一九三二年四月には反乱は完全に鎮圧された(荻原弘明他、一九八三年、前掲書、七〇頁参照)。

24　サヤーサン指導による農民反乱は、呪術的・前近代的な性格が強く、例えば、伝統的儀式による擬制的即位、ミャンマー王国の復活、入墨・護符など呪術的道具を用いていたことなどからも、近代的軍事力を備えた植民地政府とは軍事力の面で大きな格差があった(荻原弘明他、一九八三年、前掲書、七一頁参照)。

一九三〇年に起こったサヤーサン率いる農民一揆の原因とその性格については多様な解釈があるようです。正直、私はこれまで教科書の記述を鵜《う》呑《の》みにし、教科書にある解釈を信じてきたので、多様な解釈があることに非常に驚かされました。その各種の解釈についてここで紹介しておきたいと思います。なかには、ミャンマー人を見下した到底受け入れられない解釈もありますが、これらは当時における一つの見方であったということは否定できない事実なのです。

ちょうど農民一揆が勃発する前日にミャンマー新聞の「ツーリヤ」には、「イギリス政府への警告」と題した記事が掲載され、その中で「ミャンマーはいつ爆発してもおかしくない『ダイナマイトの樽』である」と述べられています。

イギリス政府には一九三四年発行の『ビルマ一揆の背景と原因一九三〇～一九三二年(The Origin and Causes of the Burma Rebellion: 1930-1932)』という報告書が残っており、その中では「ビルマ人は生まれつき落ち着きがなく、すぐに興奮するたち」であり、「高い識字率を誇ってはいるものの、農民はとても無知で迷信を信じやすい」と述べられており、この反乱は彼らの迷信への信仰という点から説明することが適切であり、政治的な要素は含まれないと主張されています。

他方、東南アジアの歴史研究で有名なホール(D.G.E. Hall)氏は、この反乱の原因として政治的な要素を強調しており、また政治的な要素ほど強くはないものの経済的な要因もあったと述べています。

また、ミャンマーの歴史家は、サヤーサンは初期の国家的英雄であり、彼の率いた農民一揆の原因として経済的な要因を強調しています。また彼らによれば、この反乱は一部に言われるように目的が明確でなかったとは決して言えず、理性的で正当な行動であったと解釈されています。

サヤーサンの反乱に関する西側諸国における最初の歴史研究家であるカディー(John Cady)は、膨大な資料による調査をもとに「この反乱は事前に計画された出来事であり、伝統的なビルマ的政治と宗教的行動をもとにしている」と述べています。

このほか、仏教的千年至福説、土着民の文化的要素などを主要原因にあげる説もあります。

教科書には、先に見たように経済的な要因が中心に記載されていましたが、この反乱は単一の解釈では理解できない複雑な背景があったと見る方がよいのかもしれません。[注]

〔注〕　Maitrii, Aung-Thwin, "Structuring revolt: Communities of Interpretation in the Historiography of the Saya San Rebellion," *Journal of Southeast Asian Stuides*, 2008, p.297-317; Maitrii, Aung-Thwin, *The return of the Galon King: History, Law, and Rebellion in Colonial Burma*, 2011, Ohio University Press, Herbert, P., "The Saya San Rebellion (1930-1932)," Melbourne Centre of Southeast Asia Stuides, Monash University, 1982、などを参照。

７　「仏暦一三〇〇年」革命（一九三八年）

イギリス植民地政府がミャンマーにおいて両頭制を採用してから十四年後の一九三七年、これまでの行政制度が変更され、ミャンマーの監督下に九十一部門が置かれた。この「九十一部門制」の施行から一年後、すなわち仏暦の一三〇〇年（西暦一九三八年）に革命が勃発した。この「仏暦一三〇〇年」革命は、イギリス植民地政府に対する最大級で強烈な革命運動であったとされている。この原因は、ミャンマーにおける民衆の貧困とイギリス植民地主義と結託して自己の利益だけを追求する政治家たちによる支配への反発である。

バモーの植民地政権による統治時代には、労働者によるストライキが頻繁に起こっており、その中でも一九三八年前半にチャウク（Chauk）[25]油田で起こった労働ストライキは、「仏暦一三〇〇年」革命の引き金になった。

一八八六年、イギリス政府はビルマ石油会社（Burma Oil Company）を設立し、ミャンマーでの石油ビジネスを独占した。原油の年間生産量は増加し、揮発油（ガソリン）の年間生産量だけでも三十億ガロン以上であった。イギリス人幹部は三千から四千

25　現在のマグウェー（Magway）地区に位置し、エナンジョン（Yenangyaung）油田とともに同国における石油生産の九十パーセントを占める油田である。

チャット[26]といった高額の給料を受け取るだけでなく、家屋や車までも支給された。それに対して、実際に現場で原油生産に従事しているミャンマー人労働者は百チャット[27]さえも支払われていなかった。給料以外の待遇についても、宗教的行事参加を目的とした十日間の休暇と労働組合を組織することぐらいしか認められていなかった。さらに、一九三七年には宗教目的の休暇が十日から七日に短縮され、労働者たちの不満は大きくなるばかりであった。

　そこで、ミャンマー人労働者たちは団結して十二項目の待遇改善を要求した。これには、例えば、宿泊施設の拡充、飲料水及び電気の十分な供給、病気などの療養中の全額給与支給、休暇中の労働者がいる場合、その労働機会を他人に供与できることなどが含まれていた。しかし、ビルマ石油会社はその中の一部を認めただけで多くの重要な項目については認めなかった。ミャンマー人労働者が自分たちの要求を認めるよう強硬手段に出ると、ビルマ石油会社の幹部たちは、チャウク油田の労働組合長であったタキン・キン（ThaKhin Khin）を十五日間の停職とした。こうして、一九三八年一月八日、チャウク油田労働者による最大規模のストライキが起こった。これには全労働者の九十五パーセントにあたる者たちが参加した。このストライキ

20 世紀初頭のミャンマーの油田

出　典：https://en.wikipedia.org/wiki/Yenangyaung より転載

26　当時、イギリス領インドのビルマ州では「ルピー」と「チャット」が等価として混在していたので、貨幣単位を「ルピー」としている文献もある。

27　26に同じ。

は瞬く間にタンリン製油所にも波及した。このため植民地政府はチャウクに向けて百四十四分隊を派遣し、首謀者である男女多数を逮捕した。しかし、ストライキは収まるばかりか、これに賛同する人々がますます増えていった。

人々の関心を反乱からそらすために、イギリス植民地政府は『モーラーウィとヨーギ（Mawlawi and Yawgi）』[28]と題した書籍の発行を許可した。しかし、一年が経過してもストライキは収まらず、労働者たちはビルマ石油会社の卑劣行為と無慈悲を全国に知らしめるためにヤンゴンまでの行進を決定した。こうして、一九三八年十一月三十日、タキン・ポエラチ（Arlawaka Thakhin Phoe Hla Gyi）を先頭に二千名にも上る石油会社の労働者がヤンゴンに向けて四百マイル[29]の抗議行進を始めた。ドウバマー・アシー・アヨウンからはメンバーたちが抗議行進を鼓舞するために派遣された。また、同年十二月中頃には大学生指導者たちもやって来て百四十四分隊に対峙した。しかし、抗議行進一団がマグウェー（Magway）のハエティ（Hae Hti）僧院で足止めされている間に、イギリス植民地政府は彼らを騎兵隊と銃剣武装兵で包囲し、タキン・ポエラチはもちろん、行進に参加した指導者と労働者を逮捕した。大学生指導者のコ・バヘイン（Ko Ba Hein）は「馬のひずめの一打ちでミャンマー全土を火で燃えあがらせよう」と叫んだと言われている。

しかしながら、抗議行進は引き続き行われ、ついに一団は一九三九年一月八日にヤンゴンに到着した。一団は至る所で地元の人々から声援を送られ歓迎された。コ・バヘインらが逮捕され、牢獄へ送られたことを知ったラングーン大学及びユタダン大学の学生たちはただちにミャンマー政庁を包囲し、彼らの釈放を要求した。ユタダン大

28　同書はビルマ人とインド人の対立を内容としており、この図書の発行によって、ミャンマー人の反英感情を、反インド感情にすり替えようとしたと考えられる。
29　約六百五十キロメートルに相当。

学生コ・アウンチョー（Ko Aung Kyaw）は植民地政府騎馬警官隊に棍棒で殴られ死亡した。彼の葬儀には三十万人もの人々が出席したと言われている。

石油会社の労働者たちがヤンゴンに到着した時には、タラワディーやタラウォーレ（Tharawore）、ピュー（Phyu）、タトゥンから来た何千もの農民たちもヤンゴンに着いていた。彼らはヤンゴンに着いた翌日シュエダゴンパゴダに集まり、会議を開催した。そして、全ビルマ農民組織[30]が結成された。

一九三九年二月十日、学生や市民をはじめ、僧侶たちがマンダレー（Mandalay）のエインダヤー（Eindawyar）パゴダに集まり、植民地政府によって逮捕された者たちの釈放とコ・アウンチョー事件を裁判所で審議してもらうことを話し合った。その後、彼らは市街地まで一大行進を行った。これに対し、イギリス植民地政府の警察隊は彼らに向かって発砲し、その結果、僧侶を含む十七名が死亡した。

このような状況の下、バモー植民地政府は崩壊し、代わってウー・プー（U Pu）が首相の座に就いた。新政権の下で、労働者たちの要求は受け入れられ、これによって「仏暦一三〇〇年」革命は一応成功裏に終わったとも言える。しかし、反植民地闘争や独立運動は止むことなく続いていった。

8　ビルマ自由ブロック（一九三九年）

一九三九年九月、ヨーロッパで第二次世界大戦が勃発すると、アジアでは日本が東アジア地域や東南アジア地域を威嚇し始めた。その頃、イギリスは本国での戦争

30　本教科書の記述では全ビルマ農民組織が結成されたのは、「労働者や各地の農民たちがシュエダゴンパゴダで会議をした後」と理解できるが、実際には同組織が結成されたのは、それより早く一九三八年である。ここの記述は事実認識を誤らせる可能性がある。

への対応のため、これまでのようにミャンマー問題に対処できなくなっていた。このことがミャンマーにとっては反植民地運動をより一層盛り上げる機会となっていた。

一九三九年九月一日、ドウバマー・アシー・アヨウンは特別会議を開き、独立を希求する者たちによる団体を結成することを決定した。この決定によって、ドウバマー・アシー・アヨウンは、バモーのシンイェター党[31]（Sinyetha）とともに「ビルマ自由ブロック（Burma Freedom Bloc）」を結成した。ビルマ自由ブロックの総裁にはバモーが、書記長にアウンサン（Aung San）が就任し、イギリス植民地政府にミャンマーの独立を認めさせることと総督の権限を内閣へ移譲することを主要な目的として活動を開始した。

ビルマ自由ブロック結成後、彼らは山岳部においても宣伝活動を行い、反植民地主義運動及び独立運動を呼びかけた。他方、彼らはまた地下組織としてビルマ共産党（Communist Party）やビルマ革命党（People Revolutionary Party: PRP）を結成して、秘密の活動も行っていた。ビルマ革命党のメンバーは若い民族主義者たちで、総裁はタキン・ミャ（Thakhin Mya）であった。

31 シンイェターは「プロレタリア」の意味で、プロレタリア党（Proletariat Party）や貧民党（Poor Man's Party）と訳される。

9 反植民地運動（一九四〇〜一九四五年）

ビルマ自由ブロックの結成後、反植民地運動はますます活発になり、それはピークに達していた。これに対して、ビルマ政庁の総督はビルマ防衛法（Defense of Burma Act）を公布し、タキン党員や学生、労働者、政治家たちを逮捕すると、次々に牢獄へ送った。また、ヒンタダ（Hinthada）刑事大臣は五チャットの報奨金をかけ、[32]アウンサンの逮捕に全力を尽くしたが、アウンサンは身を隠し、かろうじて逮捕を逃れていた。

　ビルマ革命党は外国から武器の提供を含めた様々な支援を受けていたこともあり、一九四〇年八月には変装したアウンサンとフラミャイン（Hla Myine）はノルウェー船籍ハイリー（Hailiee）船に乗り込み、秘かに中国の厦門《アモイ》に逃れることに成功した。アウンサンとフラミャインを国外に脱出させるのと並行して、ビルマ革命党は南氏（Mr. Minami）とも連絡をとっていた。南氏というのは、日本陸軍の鈴木大佐のことで、彼は外国特派員の「南」という人物になりすましミャンマーに入っていた。[33]

　こうして、ビルマ革命党の事前準備に従って、アウンサンと鈴木大佐の日本での面会が実現した。アウンサンは日本軍に対して、ミャンマーの独立という彼が描いていた将来的な青写真を説明し、それに必要な資金と軍備、武器等の提供を要請した。この要求が日本軍によって合意されると、アウンサンは再び秘かにミャンマーに戻った。一九四一年初頭のことである。

　その後、アウンサンはビルマ革命党内部で話し合いをもち、三十人の若い民族主義者たちを日本に送ることに決めた。彼らは四グループに分けられ、五カ月間、海南（Hainan）島や台湾（Taiwan）で軍事訓練を受けることになった。後に、彼らは「三十人志士（Thirty Comrades）」と呼ばれるようになった。

ボー・モージョ

(Bo Moe Gyoe)

出典：教育省「中学４年生歴史教科書」2014年より転載

32　貨幣単位を「ルピー」としている文献もある。

33　本名鈴木敬司（一八九七～一九六七年）。静岡県浜松出身。一九四〇年六月から十月まで日緬協会書記長兼読売新聞特派員「南益世」という偽名を使ってミャンマーに入り、アウンサンとの接触に成功すると同時に、大本営直属の特務機関「南機関」（本部バンコク）の機関長となって軍事行動を指揮した。後にＢＩＡと共に、ボー・モージョ（Bo Moe Gyoe）というビルマ名を称してビルマに進軍する。この「ボー・モージョ」とは「稲妻のような指導者」という意味である（福川秀樹『日本陸軍将官辞典』芙蓉書房、二〇〇一年、秦郁彦編『日本陸海軍総合事典　第二版』東京大学出版会、二〇〇五年参照）。

上記の「ビルマ自由ブロック」及び「反植民地運動」の節から日本が登場してきます。すでに触れたように、私は日本留学中に様々な方々とお会いし、特に年配の方々からはよく戦中の話を聞かされました。恥ずかしながら、当時の私はその分野についてあまり詳しい知識をもっていなかったので、改めていろいろな資料などを読んで勉強したものです。

実は、私はここでも大きな誤解をしていたことを認めなければなりません。教科書には日本人と思われる人名が登場します。「南」、「鈴木大佐」、「ボー・モージョ」の三つです。これまで私は「南」と「鈴木大佐」は同一人物だと理解していましたが、「ボー・モージョ」は別人だと考えていました。この理解は、多くのミャンマー人に共通することだと思います。その証拠に、同じ歴史教師である友人にそのことを伝えたところ、「同一人物とは知らなかった！」と非常に驚いていました。

では、ここで参考までに、私が日本留学時代に得た知識を活用して、教科書の内容を少し補足しておきたいと思います。

ミャンマー国内において反植民地運動が過熱していくにつれ、ドゥバマー・アシー・アヨウンは急速に武装闘争を志向するようになっていきました。メンバーたちは外国勢力との接触を通じて武器援助の模索を積極的に始めました。彼らは秘かに中国国民党、中国共産党、インド国民会議派などに期待をかけていました。そこでまず、タキン・ヌーとウー・バーチョウ（U Ba Kyaw）が一九三九年、中国訪問親善団のメンバーとして中国重慶へ赴きました。しかし、抗日戦争で英米から援助を受けている中国国民党からはミャンマーへの支援約束を取り付けることはできませんでした。また、中国共産党との接触においても同じ結果でした。一九四〇年にはタキン・タントゥン（Thakhin Than Tun）、タキン・バヘイン、アウンサンの三名がインドの国民会議派と接触しましたが、ここでもミャンマーに援助をしている余裕はないと断られました。こうした状況で、アウンサンに接触してきたのが日本軍だったのです。

当時、日本は日中戦争の真っ只中にあり、中国の蔣介石《しょうかいせき》（Chiang Kai-sheik）政権は重慶へ逃れながらも英米からの支援によって頑強に抗戦を続けていました。蔣介石政権の軍事物資輸送路（援蔣ルート）として、①ベトナムルート、②ビルマルート、③ソ連ルート、④中国沿岸ルートの四つがあり、そのうちのビルマルートを遮断することが日本軍

ビルマルート（空撮）
出典：U.S. Army Center of Military History

の戦略として計画されました。このビルマルートとは、ヤンゴン港からマンダレー、ラーショー（Lashio）経て雲南、昆明へと至る輸送路です。日本軍は駐ラングーン日本領事館はもちろん、日緬協会（一九三三年設立）、ラングーン在住の邦人の協力を得て、ミャンマー人民族主義者たちへの接触を含む諜報工作を続けていましたが、彼らはすでにビルマ政庁の監視下にあったため、なかなか実際の行動には出られませんでした。

こうした状況下、鈴木敬司という人物が登場してきます。彼は、日中戦争で、上海の杭州湾上陸作戦を指揮した陸軍将校でしたが、アヘン密売問題に関与して、一時、陸軍の出世コースから外されてかけていました。彼は人事異動で諜報活動を行う参謀本部第二部八課付になると、ビルマで一旗揚げようと日本軍のビルマ工作に目をつけました。一九四〇年六月、身分を偽ってビルマに入ると、早速、ウー・テインマウン、タキン・ミャなどと接触し、ドウバマー・アシー・アヨウンこそが民族主義運動の核心であると理解し、参謀本部の許可なしに日本のビルマ独立支援を約束します。

この時、ドウバマー・アシー・アヨウンの実質的最高指導者であったアウンサンはフラミャインと共に厦門に逃れていましたが、その情報を得た鈴木はすぐに中国の日本租界に駐留していた憲兵隊に要請して、アウンサンら二名を捕らえ、一九四〇年十一月に東京に連行しました。先に東京に戻っていた鈴木は、二名を羽田空港で出迎えると、アウンサンには「面田紋次《おもたもんじ》」、フラミャインには「糸田貞一《いとだていいち》」という偽名を与え、しばらくの間郷里の浜松にかくまうことにし、その間に、日本軍のビルマ独立支援の構想をもちかけたのです。

ただ、アウンサンらはすぐには鈴木の申し出を受け入れることはありませんでした。というのも、彼らは『日本のスパイ』（ナガニー出版会、Amleto Vespa, “Secret Agent of Japan,” 1938 のミャンマー語版）という図書を通して、日本軍の中国大陸での侵略行為などを知識としてもっていたためです。しかし他方で、彼らは日本が欧米勢力を敵に回しながら、強大な軍事力と工業力を誇るアジアの期待の星であるという強烈なイメージも拭い去ることはできず、当時ビルマが直面していた状況を考慮して、リスクは伴うものの、日本と組んでイギリスと戦うことがビルマ独立のためになると考え、最終的に日本軍と手を握ることを決意したのです。

10　ビルマ独立義勇軍（BIA）（一九四一年）

三十人志士たち（一部）
出典：教育省「中学4年生歴史教科書」2014年より転載

「三十人志士」が厳しい軍事訓練を受けていた頃、日本は宣戦布告なしにアメリカのハワイにある真珠湾を攻撃した。一九四一年十二月七日のことである。一九三九年に始まった第二次世界大戦はすでにアジア地域にも拡大していた。三十人志士はタイのバンコク（Bangkok）に移動すると、すぐに新兵の募集を行い、一九四一年十二月二十七日バンコクにてミャンマーの独立を勝ち得るためにビルマ独立義勇軍（Burma Independence Army：BIA）を編成した。[34] BIAが編成された初期の頃は、タイのシャン系ビルマ族を

34　BIAのミャンマー語正式名称は「ビルマ独立軍」であり、「ミャンマー」ではなく「ビルマ」が、「義勇軍」ではなく「軍」が使用されている（根本敬、一九九六年、前掲書、一〇五頁参照）。

35　BIAはその結成から指導まで、そのほとんどが鈴木敬司の独断で進められたため、軍事目的に矛盾をはらんだままビルマへ進軍することになった。すなわち、BIAは、①日本軍の支援を得ながらイギリス勢力を駆逐してビルマの独立を達成するという目的と②ミャンマー現地でのゲリラ勢力として日本軍のビルマ侵入を側面から助けるという目的という矛盾する二つの目的を併せもっていたのである。前者は南機関、特に鈴木のアウンサンとの約束上のものであり、後者は日本軍大本営のものである。この意味から、「南機関」自体は、ビルマの独立をビルマ人の手で達成させてやりたいという

含めても千五百人程度という小規模なものであった。

ＢＩＡ編成後、ボー・ナイウィン（Bo Nay Win）と兵士七名がこれに参加し、ビルマ革命党との情報共有を開始した。一九四二年、アウンサン率いるＢＩＡは日本軍と共にミャンマーに進軍した。しかし、日本軍はモロミャインを支配下に収めるや否や、ミャンマーの独立を支援するという約束を破りファシズムと化したのである。[35]

同年、ＢＩＡはヤンゴンを占領すると、イギリス植民地主義者に攻撃を加え、彼らをインド国境にまで撃退した。こうしてイギリス植民地主義者たちはミャンマーから完全に撤退させられることになった。

実は、日本軍にはミャンマーを独立させようという意図はもとからなかった。そのため、一九四二年七月二十七日には当時二万三千もの兵士をもったＢＩＡを解体し、代わって彼らの中から三千人程度を選び、新たにビルマ防衛軍（Burma Defense Army: BDA）を編成した。[36] そして、防衛軍本部が置かれるとともに、ミンガラドン（Mingaladon）軍事学校も開設されることになった。

強い気持ちがあったものの、これは日本軍全体のビルマ方面の戦略とは異なったものであったと言える。この矛盾はモロミャインにおいて最初に顕著になった。ＢＩＡがモロミャインに入った際、先に入城していた日本軍第五十五師団によって、独立宣言をはじめとする一切の政治活動を禁止され、ＢＩＡの新たな徴兵すらも妨害されたのである。これによって、アウンサンはじめ、ＢＩＡメンバーの日本に対する不信感が急速に広まっていった（根本敬、一九九六年、前掲書、一〇五～一〇八頁参照）。

36　ビルマを占領した日本軍にとって、もはや南機関やＢＩＡの必要性はなくなり、南機関はついに一九四二年六月に解散となった。ビルマの統治は南機関に代わって第十五軍が行うことになり、第十五軍の下で軍事活動を行うビルマ防衛軍（ＢＤＡ）がＢＩＡに代わって組織された。ＢＤＡの司令官にはアウンサンが、そのほかの三十人志士も戦闘や病気で亡くなった五名を除く全員が大尉以上に任官された。ただし、ＢＤＡはＢＩＡとは異なり、日本の補助部隊のような役割であった（根本敬、一九九六年、前掲書、一一四～一一六頁参照）。

教科書には、日本軍による三十人志士に対する訓練や当時の日本軍に対する記述はほとんどありません。これは中学校歴史教科書という性格（それほど各項目に紙幅をさけないということ）と同時に、やはりミャンマー人を中心とした歴史観に基づいた近代史という性格から考えれば当然のことと言えるでしょう。しかし、三十人志士についてより深く理解することは、同時にミャンマーの独立に向けた足跡を正確に辿っていく上で非常に重要であると考えています。したがって、以下に私が理解している範囲で少し補足説明をしておきたいと思います。

鈴木敬司は、日本軍のビルマ独立支援という大きな目標を掲げて、アウンサンの説得にようやく成功すると、今度はビルマ工作を本格化させるために参謀本部（陸軍）と軍令部（海軍）の説得を始めました。しかし、参謀本部への説得はかなり難航したようです。というのも、鈴木が連れてきた弱冠二十五歳のアウンサンはどう見てもビルマの指導者とは理解されなかったからのようです。しかし、鈴木の度重なる説得によって、一九四一年二月一日に対ビルマ工作を担当する謀略機関が設置されることになりました。この機関は「南機関」と呼ばれ、鈴木が機関長に就任しました。

南機関は大本営直属の謀略機関として、陸海両軍の協力の下に作られ、両者から派遣された軍人たちの他に民間人も加わって活動を始めました。防諜のため「南方企業調査会」という偽名を用いており、発足時の主要メンバーは以下のようでした。

・陸軍　鈴木敬司（機関長）、川島威伸（大尉）、加久保尚身（大尉）、野田毅（中尉）、高橋八郎（中尉）、山本政義（中尉）
・海軍　児島斉志（大佐）、日高震作（中佐）、永山俊三（少佐）
・民間　国分正三（歯科医）、樋口猛、杉井満、水谷伊那雄

南機関は、活動の目的をビルマルート遮断のためのビルマ独立援助に置いていました。具体的には、ビルマから数十名の青年を脱出させ、日本側の手で武装訓練を行い、その後にビルマへ送り返して反英武装闘争を展開させながら親日政権を樹立させようというものでした。鈴木はアウンサンらを秘かにビルマに送り返して青年たちの脱出工作に

三十人志士のメンバー

氏名	身分・所属	氏名	身分・所属
アウンサン（Aung San）	リーダー ビルマ共産党	トゥンシュエ（Tun Shwe）	
トゥンオーク（Tun Oke）	バセイン派	ティンエー（Tin Aye）	
フラペ（Hla Pe）注1	ビルマ共産党	ソー（Soe）	
アウンタン（Aung Than）	バセイン派	サンミャ（San Mya）	
フラマウン（Hla Maung）	タキン学生	キンマウンウー（Khin Maung Oo）	
シューマウン（Shu Maung）注2	バセイン派	タンニュン（Than Nyunt）	タキン学生
トゥンセイン（Tun Shein）	タキン学生	マウンマウン（Maung Maung）	タキン学生
バジャン（Ba Gyan）		トゥンルイン（Tun Lwin）	
サンフライン（San Hlaing）		フラ（Hla）	タキン学生
フラミャイン（Hla Myaing）	ビルマ共産党	トゥンキン（Tun Khin）	バセイン派
エーマウン（Aye Maung）		グェ（Ngwe）	バセイン派
ソールイン（Saw Lwin）	ビルマ社会党	ティット（Thit）	バセイン派
タンティン（Than Tin）		チョウセイン（Kyaw Sein）	バセイン派
シュエ（Shwe）	ビルマ共産党	タンティン（Than Tin）	バセイン派
アウンテイン（Aung Thein）	タキン学生	サウン（Saung）	

注１：後にボー・レシヤとして活躍する人物
注２：後にネーウィンとして全権を掌握する人物
出典：Bogyoke Kyaw Zaw's autobiography（ミャンマー語文献）参照

あたらせましたが、ビルマ政庁下でビルマ自由ブロックの活動が厳しく弾圧を受けていたため、アウンサンらは熟考してメンバーを選ぶことができず、ドウバマー・アシー・アヨウンや全ビルマ学生連合（ＡＢＳＵ）からだけではなく、国分正三が接触していたビルマ自由ブロックとは全く関係のないバセイン派からの参加者も加わることになりました。最終的には、ドウバマー・アシー・アヨウンのメンバーが十五名、バセイン派が九名という構成になってしまいました。こうして、合計三十名の青年は一九四一年四月から七月にかけて秘かにビルマを脱出しました。脱出後、箱根でしばらく休養をとった後、海南島の三亜（Sanya）に送られ軍事訓練を施されました。

訓練は、南機関員の日本人教官がブロークン・イングリッシュとともに身振り手振りで指導を行ったということです。教官の多くはゲリラ戦の専門教育を受けた陸軍中野中学校出身者でした。短期間の軍事訓練であったため、それはとても厳しいものでしたが、この訓練を通じて日本人教官とビルマ人青年との間には強い絆が芽生えたようです。この背景には、ビルマ青年たちの独立を目指す強い意志と、その純粋な気持ちを日本人教官の多くが認め、その実現を支援したいという強い気持ちをもっていたことなどがあげられます。

独立後のビルマ国軍が一貫して日本軍を「ファシスト（Fascist）」とみなしつつも、南機関だけはビルマ独立に対して理解を示したとして、一般日本軍と区別してとらえようとする理由の一つは、この海南島での訓練を通じて生まれた日本人教官との強固な友情関係に求めることができるのではないでしょうか。ミャンマーでは、この青年たちを、その後一貫して「三十人志士」と呼んで高く評価しています。

一九四一年十二月八日、日本が対英米宣戦布告を行い太平洋戦争が開始されました。南機関は南方軍総司令部の下に組み入れられ、本来の計画の変更を強いられました。というのは、日本が英米に宣戦した以上、ビルマルートの遮断は直接ビルマに侵攻して行えばよくなり、ビルマに親日政権を樹立してからという遠回りな工作は必要なくなったからです。

鈴木は三十人志士を中心としたビルマ独立義勇軍（ＢＩＡ）を編成し、一九四二年一月にタイ＝ミャンマー国境を突破してイギリス領ビルマに進軍して植民地軍との戦闘を開始しました。

このＢＩＡは、南機関によって指揮された軍隊であり、司令部配属九名の将校のうち、七名が日本人（南機関員）でした。鈴木が大将に就任し、アウンサンは少将でした。ＢＩＡのミャンマー人メンバーの中核であった三十人志士は、それぞれ日本名の他に、「ボー（Bo、「指導者」の意味）」を名前の前につけて呼び合いました。ただし、トゥンオークは日本へ行ったものの、海南島での軍事訓練に参加しなかったため、日本名及び「ボー」を冠とした名前をもちませんでした。

11　反ファシズム運動（一九四二〜一九四五年）

一九四三年八月一日、ミャンマーは日本軍より「独立」を与えられた。しかし、ミャンマーは独立国であると言いながらも、実際には日本軍によって認められた一部の権利を行使できるだけであり、完全な自治権をもってはいなかった。

　最も大きな権力をもっていたのは「キンペイタイン（Kin Pae Tine）」と呼ばれていた日本軍の憲兵隊であった。どのような将校であっても憲兵隊の行動に介入することはできなかったし、ミャンマーの民衆の多くが憲兵隊に逮捕されたり、殺害されたりした。こうして、ミャンマー人たちはファシスト日本に対して戦うことを決意することになる。

　先に述べたように、ミャンマーの軍は、三十人志士からビルマ独立義勇軍（BIA）へ組織され、その後さらにビルマ防衛軍（BDA）、ビルマ国民軍（Burmese National Army: BNA）へと再編されていく。ミャンマーの軍隊は、軍事訓練の経験の他、実際の戦場での戦闘の経験もあったことから、その戦闘能力や戦略計画能力などはかなり向上していた。

　ミャンマーの指導者たちは、日本軍と連絡を取り合ってはいたが、彼らはすでに「ファシズム」とはどういうものであるのかに気付いており、ファシスト日本に対して立ち向かうことを秘かに計画していた。こうして、タキン・テインペ（Thakhin Thein Pe）やタキン・ティンシュエ（Thakhin Tin Shwe）をはじめとしたミャンマーの指導者たちはインドに赴き、連合軍と接近し始めた。

　一九四四年八月、ビルマ国民軍、ビルマ共産党、ビルマ革命党は共同して反ファシスト連合（Anti-Fascist Organization: AFO）を組織した。そのすぐ後に、ラカイン国民協会（Rakhine National Association: RNA）、カイン中央同盟（Kayin Central League: KCL）、東

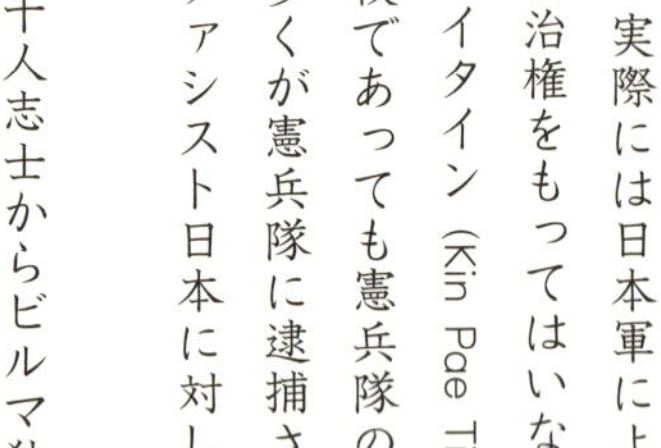
日本占領時代のビルマ国の国旗

黄色（上段）、緑色（中段）、赤色（下段）の三色に孔雀（中央）が描かれている
出典：ミャンマーの国旗（ウィキペディア）

アジア青年協会（East Asia Young People Associations）などがこれに参加を表明し、反ファシスト人民自由連盟（Anti-Fascist People's Freedom League: AFPFL）[37]へと発展した。

ミャンマー軍は、インドに駐留していた連合軍から協力の合意を取り付けると、一九四四年後半から一九四五年前半にかけて、彼らから軍事供与を受けることになった。また同時に、連合軍はラカインとカレーイワ（Kalaywah）での日本軍との戦闘に勝利し、ミャンマーに入ってきた。ここに、ミャンマー人にとって反ファシズムの戦闘を開始する絶好の状況が生まれることとなった。

ここで少し歴史を振り返ると、ミャンマーはイギリス植民地主義者たちを完全に追放したにも関わらず、その後、一九四二年には植民地政策の中でも最も冷酷なファシストたちに苦しめられたのである。パサパラ（Pha Ta Pa La）の目的はミャンマー、あるいは世界中からファシズムを追い出すことであり、ミャンマーの各民族はファシストと戦うためにこれまで以上に団結するようになっていった。当時、政治及び軍事戦略で人々の強い信頼を得ていたアウンサンはミャンマー民族の団結を訴え、秘かに最大級の反ファシスト闘争を計画していた。

アウンサンは日本軍に対して「敵と戦うために軍備を強化したい」旨の嘘の要求を行った。ちょうどその頃、日本軍はミャンマーとインドの国境付近にまで撤退しており[38]、ビルマ国民軍の援護が欲しい日本軍はすぐにその要求を受け入れた。

一九四五年三月十七日、ビルマ軍（Burma Tatmadaw）[39]はヤンゴンの革命広場（Revolutionary Garden）において領土の奪還を目指す出陣式を行った。ビルマ軍の兵士たちはすでに各地方に散っており、同年四月二日に予定されていた全国規模の反

37　この組織はミャンマー語でパサパラ（Pha Ta Pa La）と呼ばれた。ただし、パサパラが正式な組織名となるのは一九四六年一月のシュエダゴンパゴダでの大集会での決定以降である。なお、本教科書では「反ファシスト人民自由連盟（ＡＦＰＥＬ）」をその設立当初から「パサパラ」と表記している。

38　インパール（Imphal）作戦の失敗により、日本軍はイギリス領インドから撤退するところであった。

39　ここでは単に「ビルマ軍」としか掲載されていないが、正確に記せば「ビルマ国民軍」とすべきところであろう。

バートゥー大佐

出典：教育省「中学４年生歴史教科書」2014 年より転載

ファシストの戦闘の準備を秘かに進めていた。

実は、この時すでに連合軍がインド国境を越えてミャンマーに入ってきていたことから、マンダレーで待機していたバートゥー（Ba Htoo）大佐[40]は四月二日を待たずに自軍の兵士を率いて戦闘を開始した。三月八日のことである。こうしたこともあって、ビルマ軍は当初の予定を大幅に前倒しし、三月二十七日に反ファシストの一斉蜂起をした。[41]

こうした反ファシスト運動や各地での戦闘には、ミャンマーのすべての民族が兵士として参加した。一斉蜂起が開始される以前から、ラカイン族は連合軍からの武器提供などの支援を受けながらファシストに対して勇敢に立ち向かっていた。ミャンマー各地で各民族がファシストと戦っていたこともあって、連合軍は予想していたよりも容易にミャンマー国内に進軍することができた。

カイン族はタインニュ（Taing Ngu）地方でファシストに対して勇猛果敢に戦っており、エヤワディの西部ではパサパラのカイン歩兵部隊がファシストに優勢に対していた。イギリス第十四軍のウィリアム・スリム（William Joseph Slim）中将は、バートゥー大佐のマンダレーにおけるファシズムに対する勝利を大いに賞賛した。

一九四五年五月、第二管区[42]のビルマ国民軍は連合軍がヤンゴンに到着する直前に当地を掌握し、日本帝国主義軍によるヤンゴン占領という危機的な状況を免れることができた。連合軍司令官は、ビルマ軍が悪名高い日本軍を撃退したことに対して大きな

40　バートゥー大佐は「兵士のモデル」としてミャンマー人に賞賛されている。彼はアウンサン率いるパサパラが予定していた抗日蜂起よりも三週間も早くマンダレー地域で蜂起するが、これは彼独自の判断というものの、戦略的に熟考された行動であったと考えられている。というのも、日本軍はアウンサン及び彼の一団の行動については懐疑的であったために、日本軍の目を一時的にそらすために、彼自身が先に蜂起したというのである。彼は一九四五年六月に南シャン州でマラリアに冒され亡くなっている。後に、アウンサンは彼に対して大きな賞賛を送っており、一九五三年十一月には彼の業績を讃えるために南シャンのヤクサウク（Yansauk）に軍事都市が建設された。これは「バートゥー砦」と呼ばれている（The Irrawaddy, "Special Report: Heros and Villains, A Model Soldier Col. Ba Htoo," March 2007 <http://www2.irrawaddy.org/article.php?art_id=6883&page=4> 2015 年十一月二十七日アクセス）。

41　ミャンマーでは、三月二十七日を「国軍記念日」として、毎年お祝いの軍事パレードが行われる。

42　ビルマ国民軍はいくつかに分

賞賛を与えた。

12　独立（一九四八年）

ファシストに対する戦いが終わると、イギリスはミャンマーに再び進出し、軍事体制下での統治を開始した。そして一九四五年五月十七日、「シムラ白書（Simla White Paper）」[43]を作成した。この中には今後三年間ミャンマーを統治する権利はビルマ総督にあることが書かれていた。この規定は、実は初期の両頭制政治と類似しており、いわば戦前からの古い統治制度の復活を意味するものであった。パサパラはすでにイギリスと早期の完全独立とミャンマー人の人権保護に向けた交渉を試みており、当然、イギリス軍事体制による支配や同白書の内容を受け入れることはできなかった。

一九四五年八月十二日、ビルマ軍[44]指導者会議が開かれ、軍指導者とパサパラ、さらに一般市民の一致団結が強調された。またこれとは別に、パサパラはヤンゴンのカンドージー（Kandawgyi）湖のほとりにあるナイトゥライン（Nay Thu Rain）講堂で大集会を開催した。アウンサンが議長を務めた同会議では、軍事政権体制及びシムラ白書の内容に対する反対、ビルマ軍の「ビルマ国軍（National Army）」への改革、臨時政府の樹立などが決議され、人々はこの決定を大

マウントバッテン伯爵
出典：Duffy2032~commonswiki

けられた管区ごとに配置されており、第二管区はデルタ地帯に配置された一団である。実は、抗日戦闘はバゴー山地からモロミャインへの退却を試みる日本軍の通り道となっていた第四管区（バゴー、タトゥン）で最も激しく展開され、アウンサンのいた第七管区（マグウェー、ミンブー）と農民ゲリラが活躍した第六管区（メティラ〈Meiktila〉、ピンマナ、タウングー）がそれに続いた。第二管区、第三管区（ともにデルタ地帯）ではそれほど激しい戦闘はなく、第五管区（モロミャイン以南）は戦闘そのものがほとんどなかった（根本敬、一九九六年、前掲書、一三五～一三六頁参照）。

43　インド北部にあるヒマーチャル・プラデーシュ（Himachal Pradesh）州の州都。イギリス領インド帝国の「夏の首都」として、夏季には首都機能がコルカタ（Kolkata）から移転された。「シムラ白書」はこの地で作成された。

44　ここでは単に「ビルマ軍」と記載されているが、一九四五年五月にミャンマーの連合国軍支配下で、これまでのビルマ国民軍（BNA）が愛国ビルマ軍（Patriot Burmese Forces: PBF）と改称されているので、ここでは「愛国ビルマ軍」を指す。

いに歓迎した。
東南アジア連合軍総司令官であったマウントバッテン（Louis Mountbatten）伯爵は、アウンサンとビルマ指導者たちをスリランカ（Sri Lanka）のティーホー（Thiho）地区にあるカンディー（Kandy City）[45]に招待し、ビルマ軍の改革について話し合い、一九四五年九月七日にカンディー合意が締結された。この合意内容は、愛国ビルマ軍（Patriot Burmese Forces: PBF）の五千二百名の兵士と予備兵三千名、また同軍二百名の士官と予備士官二百名によって新しいビルマ国軍を創設するというものであった。元愛国ビルマ軍兵士でビルマ国軍から外れた多くの兵士は、アウンサンの指導によって「人民義勇軍（People's Volantary Organization: PVO）」を組織し、主に戦後の国内の復興や治安維持のために活動することとなった。[46]
インドのシムラに亡命していたドーマンスミス（Reginald Dorman-Smith）総督がミャンマーに戻ってくると、「シムラ白書」に基づいて、まずは軍政を廃止し民政を復活させた。パサパラは総督下に置かれた行政審議会メンバーへの参加を許され、これを機にパサパラは十五名の行政参事会のうち十一名のポストを出せるように要求した。[47]しかし、イギリス本国政府やミャンマーの民政官たちはパサパラの真の実力を十分に理解していなかったために、パサパラの要求を拒否し、イギリス植民地政府に忠実であった元政治家を大臣職に据えた新政府を組織した。

ドーマンスミス総督
出典：National Portrait Gallery, London

45　スリランカのほぼ中央にあるコロンボ（Colombo）に次ぐ同国第二の都市。
46　ビルマ国軍の新設によって、多くの愛国ビルマ軍兵士は失業することになり、この失業兵士たちの生活を何とかするために、アウンサンは失業兵士たちを中心に人民義勇軍を組織して国内治安維持にあたらせた。この人民義勇軍には多数の青年男女が加わり、その兵数は次第に増え、八千ないし一万四千にまで膨らんでいった。彼らは公然と軍事訓練を行い、次第にアウンサンの私兵的存在になっていった（荻原弘明他、一九八三年、前掲書、九六頁、大野徹「ビルマ国軍史（その3）」『東南アジア研究8巻4号』京都大学、一九七一年、五三四～五六九頁参照）。
47　これ以外にも、十一名の行政参事会のメンバーはパサパラによって決定できること、内務大臣のポストは必ずパサパラの代表の一人が占めること、十一名のパサパラ代表の行政参事会の審議事項をパサパラの最高委員会に報告し、パサパラから自由に指令を受けることなどが含まれていた。これらの要求は、パサパラによる実質的な政権掌握を意味していた（荻原弘明他、一九八三年、前掲書、九七～九八頁、根本敬、一九九六年、一九四五年十一月十八日、パサパラはシュエダゴンパゴダの中央塔壇で大集会を開き、ビルマ総督の態度が約束と異なることを人々に訴えるとともに、今後、ビルマ総督への協力を拒否しシムラ白書に従わないことを決定した。また、パサパラは一九四六年一月にもシュエダゴンパゴダの中央塔壇で全国集会を開き、ミャンマーの完全独立を要求するとともに、イギリスへ代表団を派遣し、さらに組織名を反ファシスト人民自由連盟（AFPFL）から正式に「パサパラ」とすることを決定した。

一九四六年六月、再びパサパラ率いる十万人もの民衆によるシムラ白書への反対集会がテインピュー（Thein Phyu）広場で行われた。この集会はたちまち全国規模のストライキに発展し、その参加者には労働者や学生はもちろん、政府の役人も含まれていた。また、植民地時代を通じて民衆を抑圧する道具として使われていた警察隊もストライキに参加し、ミャンマーの独立を要求した。このストライキはもはや阻止することのできない勢いをもつに至った。こうして、イギリス植民地政府によるミャンマー支配が終わることになる。イギリス政府はドーマンスミス総督を更迭し、新総督にヒューバート・ランス（Hubert Rance）を据えた。彼はパサパラの要求を呑《の》み、パサパラ指導者を中心に行政参事会が組織されることになった。[48]

新パサパラの政府議会への参加の主要な目的は、引き続きミャンマーの完全独立を達成するために戦い続けることにあった。パサパラは、一年以内にミャンマーを独立させること、臨時政府を樹立すること、パサパラの決定に基づいたミャンマー復興計画を行うことなどを議会に要求した。そして、もし要求が満たされない場合には、政府議会から脱退するとも警告していた。イギリスのクレメント・アトリー（Clement

前掲書、一四四～一四八頁参照）。

48　新総督ヒューバート・ランスは、陸軍少将として一九四六年一月まで東南アジア連合軍司令部にいたため、アウンサンとは旧友の間柄であった。そのため着任すると、軍人としてではなく、ミャンマーの友人として赴任してきたという声明を発表した。また、彼は赴任後、当時自宅で病床にあったアウンサンを見舞い、率直で友好的な話し合いをした（荻原弘明他、一九八三年、前掲書、九九頁参照）。

ヒューバート・ランスとアウンサン

出典：荻原弘明他、1983年、前掲書、99頁より転載

Attlee）首相はミャンマー独立について話し合うことを約束し、アウンサンら代表団をロンドンに招いた。

一九四七年一月二十七日、アウンサンとアトリー首相との会談がもたれ、アウンサン＝アトリー協定が調印された。この協定には一年以内のビルマの独立が明記されてはいたものの、山岳地域についてはミャンマー本土への統合が合意されて初めて統一国家が樹立されるとされていた。[49] このため、代表団メンバーであったウー・ソオ（Galon U Saw）とタキン・バセイン（Thakhin Ba Sein）はこの協定に同意することを拒否し、行政参事会から脱退した。彼らは元首相のバモーやパウトゥン（Paw Tun）などと共に民主国民反対戦線（Opposition Party）を組織した。しかしながら、民主国民反対戦線の力はパサパラには全く敵わなかった。

山岳地域のミャンマー本土への統合を話し合うために、一九四七年二月十二日、パンロン（Panglong）で会議が開かれた。この会議にはアウンサンと二十三の民族指導者が参加しパンロン協定を締結した。

また、一九四七年八月、制憲議会選挙が行われ、パサパラが圧倒的な得票数を獲得して勝利した。パサパラはすぐにヤンゴンのジュブリーホールで第一回大会を開き、憲法の作成に取りかかった。実はこの時、植民地政府時代の高級官僚や信義を欠く政治家

パンロン会議記念塔（シャン州パンロン市）

出典：根本敬、1996年、前掲書、167頁より転載

49　アウンサン＝アトリー協定には、ミャンマーがイギリス連邦にとどまるか否かはミャンマーの自由選択に任され、現行行政参事会は独立までの中間政府であると位置付けられていた。そして、一九四六年四月には制憲議会の選挙が実施され、辺境地区はこの地域の住民の同意によってミャンマー本土に統合されると述べられていた。また、イギリスはミャンマーが外交関係樹立を望む国の政府にこれに同意するように要請することも明記されていた。さらに、ミャンマーの国連加盟に努力し、ミャンマー駐在のイギリス軍を除いてミャンマーの軍隊はミャンマー中間政府の指揮下に置かれることなども記載されていた（荻原弘明他、一九八三年、前掲書、一〇一頁参照）。

三十人志士として日本で軍事訓練中のボー・レッヤ（左端）とアウンサン（右端）

出典：https://en.wikipedia.org/wiki/Bo_Let_Ya より転載

ビルマ連邦初代首相のウー・ヌー

出典：https://en.wikipedia.org/wiki/U_Nu より転載

たちによって秘かにアウンサンらの暗殺計画が進行していた。この計画は、一九四七年七月十九日、閣議の開催中にアウンサンを含む九名の行政参事会閣員がウー・ソオらによって殺害されるという結果となった。しかし、この事件後もパサパラが同国の政治を取り仕切ったことには変わりはない。

　一九四七年八月二十九日、ボー・レッヤ（Bo Let Ya）[50]とジョン・フリーマン（John Freeman）[51]によって、レッヤ＝フリーマン条約が調印された。これはビルマ国軍に権力を委譲し、イギリス軍はそれを支援するという防衛協定であった。

　また、一九四七年十月、タキン・ヌー（Thakin Nu）とイギリス首相アトリーとの間でミャンマーを連邦独立国家であることを認めるヌー＝アトリー協定が調印された。こうして、一九四八年一月四日、ミャンマーはついにイギリスから独立を勝ち得たのである。これはミャンマー人にとっての長年の希望であった。[52]

50　三十人志士の一人で、本名はフラペ（Hla Pe）。当時、防衛顧問官を務めていた。
51　当時、彼はイギリス軍を指揮する重要な役職にあった。
52　独立の日時は、ビルマの伝統に従って占星術師によって一九四八年一月四日午前四時二十分と定められた（荻原弘明他、一九八三年、前掲書、一一〇頁参照）。

これまでイギリス植民地及び日本占領下でのミャンマー民族主義者たちの動きを見てきました。教科書には数多くの人物が登場し、各人がそれぞれ「ミャンマーの独立」という目標に向かって懸命に行動していました。まさに、この時代はミャンマー史上の最も躍動的な時期であると言えるでしょう。私は、歴史の授業を通じて、多くの生徒にこうした先人の苦難とそれに打ち勝とうとする努力について理解してほしいと願っています。しかし、実際にはあまりにも登場人物が多過ぎて、生徒たちは理解することができず、混乱するばかりで、結局「歴史嫌い」、「歴史離れ」を引き起こしているというのが事実です。

実を言えば、このことはこの単元の内容が複雑という単純な理由だけでは済まされないと私自身思っています。多くの歴史教師自身もこの時代の内容、特に多様な人間関係についてほとんど理解しておらず、そうした人間関係を明確に説明することなく、暗記暗唱を強いていることが大きな原因ではないかと考えているのです。

ところが、歴史教師がこの当時の登場人物について詳細に調べようとするとたちまち壁にぶつかってしまうということも事実なのです。この当時の主要人物として、例えば、バモー、ウ・ソオ、アウンサンらがあげられますが、バモーやウ・ソオについての情報は国内で入手することは極めて困難な状況なのです。軍事政権下において彼らは「触れてはいけない人物」と見なされていたためです。

私も、長らく彼らについてはほとんど予備知識をもっていませんでした。日本へ留学して初めて彼らについてより詳しく知ることが可能となったのです。それ以降、彼らについて知らずしてミャンマーの現代史を正確に語ることができないと思い至るようになりました。

ここでミャンマーの現代史にとって主要な鍵を握っていたバモー、ウ・ソオ、アウンサンの三人に焦点を当てながら、再度、イギリス植民地及び日本占領下のミャンマー、そして独立を達成した直後の状況について補足しておきたいと思います。なお、以下の情報は、現行教科書の歴史観とは異なった立ち位置にありますので、読者の皆さんには新鮮な印象を与えてくれるのではないかと思います。

すでに同教科書で触れられていたように、ミャンマーは三回にも及ぶ対英戦争を経て、一八八六年に完全にイギリスの支配下に入りイギリス領インドのビルマ州となりました。そして一九二三年には両頭制が導入され、さらに一九三五年には「ビルマ統治法」という憲法が制定され、イギリス領インドから切り離されイギリスの直轄植民地となりました。イギリス領直轄植民地の下では、最高権力者はイギリス国王から任命されたビルマ総督（イギリス人）でしたが、初代首相にはバモーが就任し、立法府及び行政府それぞれにおいてミャンマー人もかなり登用されました。

バモー
出典：Catherin Bell

バモーは裕福な法律家の家庭に生まれ育ち、ヤンゴンで中等教育を受けた後、フランスに留学し、ボルドー大学（University of Bordeaux）でミャンマー人初の博士号を取得した人物です。こうした出自の良さ、高学歴、それに海外留学経験などからイギリス植民地政府にとっても信頼できる数少ないミャンマー人と映ったのだと思われます。

しかし、一九三八（仏暦一三〇〇）年の国内動乱によってバモー内閣は総辞職し、代わってウー・プーが首相の座に就きました。バモーはその後、シンイェター党を組織するとともに、同時に学生運動指導者らと接近し、ビルマ自由ブロックを結成してその総裁になります。書記長にはアウンサンが就任しました。なお、この当時アウンサンはラングーン大学を卒業（一九三七年十一月）したばかりであったにも関わらず、ラングーン大学学生同盟議長（一九三八年一月就任）、全ビルマ学生連合（ＡＢＳＵ）議長（同年同月就任）、ドウバマー・アシー・アヨウン本部派書記長（同年十一月就任）、ビルマ共産党書記長（一九三九年八月就任）など数々の政治組織の幹部を務めている点は注目に値します。

他方、こうした反植民地運動の指導者として、アウンサンはじめ、ドウバマー・アシー・アヨウン幹部らは一九三九年にイギリス植民地政府によって一時逮捕されており、一九四〇年にはビルマ防衛法の適用で、バモーをはじめビルマ自由ブロックの幹部が逮捕され、アウンサンも指名手配されます。この逮捕でバモーは無期刑を言い渡されています。

一九四〇年九月、ウー・プー内閣不信任案可決により、ウー・ソオを首相とする第三代目の内閣が誕生しました。

ウー・ソオ（日本にて）

出典：根本敬、1996年、前掲書、86頁より転載

このウー・ソオは、後にアウンサン暗殺の主導者となる人物です。彼は地主の裕福な家庭の息子として生まれ、学歴は高校中退で終わっているものの、弁護士資格をもち、英語能力も習得していました。そしてＧＣＢＡ系の立法参事会議員として早くから政界入りしていました。また、日本への渡航経験もあり、『日本案内』（ツーリヤ出版、一九三五年）を著しています。日本に詳しかったことからラングーン日本領事館の金子領事とも緊密な関係を築き、諜報活動の支援も行っています。しかし、彼の権力意欲は強く、秘かにバモー内閣やそれに続くウー・プー内閣の打倒を企てていたと言われています。

ウー・ソオは、ビルマをカナダやオーストラリアなどと同等のイギリス連邦王国（Commonwealth Realm）と認めてもらうために、一九四一年九月にロンドンでチャーチル（Winston Leonard Spencer-Churchill）首相と会談しますが反応は今一つでした。そこでアメリカ合衆国に渡り、ルーズベルト（Franklin Delano Roosevelt）大統領に協力を要請しますが、ここでも断られます。次に、オーストラリア、ニュージーランド両政府に働きかけようとシンガポールに向かっていましたが、途中で日本の真珠湾攻撃を知り、日本の威力に驚嘆すると、すぐにサンフランシスコ経由でニューヨークに戻り、ポルトガルへ向かいました。到着するや否や、リスボンの日本公使館へ対日協力とビルマ独立政府の樹立支援を要請しました。日本公使館はすぐに東京の外務省へ暗号電文を送りましたが、これが米国軍に解読され、ウー・ソオの行動がイギリス政府に知らされます。こうして一九四二年ウー・ソオは逮捕されることになりました。

さて、次に日本軍のミャンマーへの進軍に移りましょう。当初、ミャンマーの一般市民は、日本軍とＢＩＡの間の齟齬《そご》など知る由もなく、両者の進軍を大歓迎しました。ミャンマーの人々にとって、日本のイメージはもともと悪くはなく、「日露戦争での勝者」、「安くて質の良い雑貨品を作る国」、「アジアで急速に工業化に成功した国」、「伝統を大切にする国」という漠然としたイメージをもっていました。また、ＢＩＡの一部が親日プロパガンダを展開していたこともあって、多くのミャンマー人がＢＩＡのボー・モージョ（鈴木敬司大佐）こそがイギリス支配を打ち砕く人物であると信じていました。

一九四二年二月には東条英機首相が帝国議会で、ビルマ全民衆を解放して、その宿望たる独立を支持することを演説し、これがNHKの短波放送を通じてミャンマーに流されたため、ミャンマー人の日本への期待はより高まっていきました。

ところが、実際にミャンマーへの進軍が成功すると、日本軍はBIAに対して独立宣言はおろか、すべての政治活動を禁止します。この時、BIAのリーダーであったアウンサンは、日本軍の本来の意図をようやく実感するに至ったのです。

日本軍の進軍によってイギリスが撤退すると、国内に一時的な権力の空白が生まれました。そこで、タキンたちは鈴木敬司の同意を得て、臨時政府を設置し、トゥンオークがリーダーとなりました。しかし、一九四二年からは日本軍政下での新政府樹立が進められ、一九四三年八月、日本軍政下でのミャンマー新政府が誕生し、初代国家代表兼首相としてバモーが就任しました。

実は、ミャンマーに新政権を樹立する過程で、日本軍は『緬甸《めんでん》独立指導要綱』というものを作成しており、この中でミャンマーを「指導者国家」とすべきと定めていました。したがって、バセインやトゥンオークらが主張した「王制」、アウンサンやタキン・ミヤ、ウー・ヌー（U Nu）らが主張した「集団独裁制」、高級官吏らが主張した「議会制」などすべての案は否定され、日本側の予定通り「強大な権限を有する一人の人間による独裁体制」がとられることになったのです。その「一人の人間」に誰をあてるかについても日本の意向でバモーが就任させられることになったのです。最後まで王制を主張していたバセインとトゥンオークはシンガポールに追放されます。このバモー新政権下では、全十六名の閣僚のうち、アウンサンが現役軍人のまま国防相に、ウー・ヌーが外相というように、タキン本部派（コドーフマイン派）からの閣僚が六名を占めました。他方、バセイン派からは一人も入閣者はありませんでした。

こうして、日本はバモーにすべての権力を集中させながら、本質的には彼を操りながら日本のミャンマーにおける支配を行っていったのです。

日本軍政下におけるビルマ新政府の準備委員会
（前列左から三番目がバモー、三列目右端がアウンサン）
出典：バー・モウ（横堀洋一訳）『ビルマの夜明け』太陽出版、1973年より転載

ところが、一九四五年八月十五日、日本がポツダム宣言（Potsdam Declaration）を受け入れ連合国に対して無条件降伏をしたことで、ミャンマーにおける日本軍政は終わります。代わってイギリス支配が再来することになりました。イギリスは、戦争で打撃を受けたミャンマー経済と社会の復興を民主的な政府の実現よりも優先し、今後三年間は「ビルマ統治法」に基づいた総督の全権統治とすること、その後、総選挙を経てミャンマーをイギリス連邦内の自治領にしようと考えていました。

ドーマンスミス総督は、抗日で活躍したパサパラを主要な政治力とは見ておらず、新しい政府におけるミャンマー人の登用には、旧GCBA系及びバセイン派などから人選を行い、行政参事会（第一次）を結成します。というのも、パサパラは開戦当初日本軍と組んでBIAを率いてイギリスに反旗を翻したという忘れがたい事実があったことと日本軍が撤退した後、イギリスの示す自治領付与に徹底的に反対し完全独立を主張していることなどがあったからです。

イギリスは、対日協力をしたパサパラの指導的人物アウンサンを逮捕することも考えましたが、東南アジア軍司令部の最高司令官マウントバッテンが抗日闘争のまだ終わらない時期に、早々とパサパラの連合国軍への貢献を評価して感謝の意を示したという事実があったことから、逮捕することは不可能となりました。

ちょうどその頃、日本軍と共に日本へ逃亡したバモーは、新潟県南魚沼郡石打にある薬照寺にかくまわれていましたが、逃げ切れないことを悟り自首をし巣鴨の拘置所に入りました。しかし、一九四六年イギリスから特赦を受け、ミャンマーに帰国しました。他方、ウー・ソオはティベリアス（Tiberias、現在のイスラエルの北東部の都市）で逮捕されウガンダ（Uganda）に更迭されますが、一九四六年にはイギリスの特赦によって無条件解放されミャンマーに帰国しました。彼らの釈放について、彼ら自身はアウンサンのパサパラ勢力に対する対抗勢力を作る意図があったのではないかと早合点し、ミャンマー帰国後は反パサパラの立場をとるようになりました。

ドーマンスミスに代わって、ヒューバート・ランスが新総督としてミャンマーに赴任すると、前任者とは打って変わってパサパラとの関係を改善するために乗り出します。そのために新しい行政参事会を発足させました。この第二次行政参事会には、アウンサンはじめ、タキン・ミャ、テインペなどパサパラ関係者が六名も加わりました。なお、ここには反パサパラのタキン・バセインも加わっており、その後、ウー・ソオも参加しましたが、すでにビルマ総督のアウンサンに対する信頼は覆すことができないものとなっていました。

一九四七年一月九日、アウンサンら六名の行政参事会代表団はロンドンに赴き、十三日から二十七日にかけての十五日間の間に合計九回にわたってアトリー首相はじめイギリス労働党内閣の面々とミャンマーの将来について話し合いを行いました。この結果、アウンサン＝アトリー協定が調印されることになりました。しかし、代表団のメンバーであったウー・ソオとタキン・バセインは、この協定はビルマの「完全独立」が直接的に保証されていないという原則論を振りかざして調印を拒否しました。帰国後、この二人は行政参事会を辞任し、反アウンサンの色をますます強めていきます。

アウンサン（前列右）とアトリー首相（同左）
出典：根本敬、1996年、前掲書、164頁より転載

アウンサン＝アトリー協定に基づいて、一九四七年四月に制憲議会選挙が実施されました。総議席数二百五十五は、百八十二議席がビルマ人、四十五議席が辺境地域の少数民族代表、二十四議席がカレン族代表、四議席がイギリス系外国人に割り当てられました。結果として、パサパラは百八十二議席のうち百七十三議席を獲得し、民衆への絶大な支持を証明しました。

実は、この選挙では反アウンサン、反パサパラの側に立った政治家や政党はすべてボイコットに回りました。タキン・ソウ（Thakhin Soe）率いる赤旗共産党、ウー・ソオ率いるミョウチッ党、バモー率いるマハー・バマー党、タキン・バセイン率いるタキン党（ドウバマー・アシー・アヨウンとは別組織）、カレン民族同盟（Karen Nnational Union: KNU）などです。この理由は、選挙前からパサパラが圧勝することは明白であり、下手に参加して大敗するよりも、ボイコットに回って自己主張するほうが将来的に得策であると考えたためであると思われます。パサパラ以外ではビルマ共産党だけが選挙に参加していました。ビルマ共産党は反パサパラでしたが、決して反アウンサンではなかったからです。

制憲議会選挙での大勝利の後、パサパラはいよいよ憲法草案作りに入りました。タキン・ミャを委員長とする憲法草案作成委員会が組織され、作業が急ピッチで進められました。こうした中、一九四七年五月二十日から二十三日にかけてヤンゴンのジュブリーホールで開催されたパサパラ憲法草案準備会議において、アウンサンは演説を行い、これまで抱いてきたミャンマー独立についての自らの理念を一時間以上にわたって語りました。

アウンサンは、「最大多数の最大幸福」という言葉を使い、その実現のためにはまず何よりも「真の民主主義」を築かなければならないとしました。「真の民主主義」とは、社会主義や共産主義より上位に位置する概念であり、社会主義と共産主義は、この「真の民主主義」という概念を実現する方法として用いられるものであるとしました。「真の民主主義」は「人民の同意に基づく国家」における「最大多数が最大権力を行使する」体制のことを指し、そこでは「人民の利益と国家の利益が同一化する」と言います。そこで、公務員は特定のポストたちの子分ではなく、人民の友となり、また議会において人民が信頼を失うような行動をとった場合には、人民はその人物をリコールする権利があるとしました。そして、このような体制を具体的に保障するものとして共和制国家を主張したのです。

アウンサン＝アトリー協定調印後、行政参事会はアウンサンらに一任され、ヒューバート・ランス総督が出席することはほとんどなくなっていました。

一九四七年七月十九日、ヤンゴンのミャンマー政庁で朝十時半から行政参事会が開かれ、アウンサンが会議の開会を宣言しました。ちょうどその時、ビルマ人高等文官で交通通信局の次長であったオウンマウン（Ohn Maung）が突然入ってきて、アウンサンの許可を得た上で何事か担当大臣と相談事を始めました。そのすぐ後、激しい足音と守衛の少年の大声が聞こえたかと思うと、オウンマウン次長が入ってきた扉と同じところから四人の男が部屋に乱入し、

「逃げるな！」、「立つな！」と叫びながらトミー・ガンを乱射しました。アウンサンは咄嗟《とっさ》に立ち上がろうとしましたが、たちまち蜂の巣にされて死亡しました。他に、タキン・ミャ、ウー・バーチョウ、アブドゥール・ラザク（Abdul Razak）、ウー・バーウィン（U Ba Win）、マーバカイン（Mahn Ba Khaing）の五名の参事会メンバーも無残に撃ち殺されました。大けがを負ったサオサントゥン（Sao San Tun）は病院へ運ばれましたが間もなく死亡しました。さらに、オウンマウン次長、守衛の少年コ・トゥエ（Ko Htwe）も射殺されました。わずか三十秒足らずの出来事で、四名の男たちはすぐに現場を去って姿を消しました［注］。

ヤンゴン市内は大騒ぎとなりました。ランス総督も大きなショックを受けましたが、すぐに別件があったため当日の会議を欠席していたウー・ヌーを呼び出すと、ただちにアウンサンの後任（行政参事会議長代行）に任じ、犯人逮捕と徹底した真相究明を指示しました。ウー・ヌーは警察に捜査を要請しました。その結果、数日後にウー・ソオ、タキン・バセイン、バモーをはじめとする反パサパラ派の政治家をはじめ、千三百人にも上る人間が逮捕、拘束されました。この段階では、ほとんど見込み捜査ではありましたが、ウー・ソオの家の敷地から大量の武器と弾薬が見つかり、また彼の部下の一人が事件への関与を詳細に白状したため、当局はウー・ソオとその部下たちの犯行と断定しました。他方、タキン・バセインやバモーは証拠不十分として釈放されました。

この暗殺事件は、部下の自白と数々の状況証拠とからウー・ソオによって計画されたものであることが明らかになっていきましたが、彼がどのように大量の武器を入手したのか、動機は何であったのか、彼の背後に別の人物がいたのか、などについては謎のままです。一九四七年十月から行われた裁判でもこれらの解明は十分にされないまま、ウー・ソオと部下八名には死刑判決が下されました。事実認定においては、ウー・ソオがイギリス軍の腐敗将校から

［注］暗殺された参事会メンバーとその役職は以下のようであった。アウンサン（首相）、バチョウ（情報相）、マーバカイン（工業労働相）、バーウィン（貿易相）、タキン・ミャ（副首相予定）、ラザク（教育国家計画相）、サオサントゥン（山岳地域相）、オウンマウン（交通相予定）、コトゥエ（ラザク氏の守衛）。なお、ティントゥト（Tin Tut、財務相）、チョーニェイン（内務相）、ウー・ヌー（下院報道官）はその場に在席しておらず、この惨事を免れた。現在、七月十九日は「殉職者の日（Martyrs' Day）」として祝日になっている。（Eleven, "63rd Anniversary of Martyrs' Day Held at the Martyrs' Mausoleum, Yangon," 23 July 2010. 参照）

金で武器を横流ししてもらっていたとされ、動機についても、行政参事会メンバーがすべて死ねば総督は困って彼（ウー・ソオ）をアウンサンの後任に指名するのではないかと考えたと解釈されました。

少し長い補足になりましたが、以上がイギリス植民地及び日本占領下のミャンマーの状況と独立達成直後の社会状況を、バモー、ウー・ソオ、アウンサンという三人の人物に焦点を当てながら見たものです。ここには、政権の掌握を巡る様々な政治的駆け引きとそれに巻き込まれていく三人の人間像が浮かび上がっているのではないでしょうか。

13　植民地時代の行政と経済

■植民地下の行政制度

第一次英緬戦争後、アラカン（ラカイン）地方とタニンサリ地方はイギリスに併合され、ベンガル総督の監督下にあった弁務官によって統治されることになった。また、第二次英緬戦争後の一八五二年には、バゴー地域が併合され、やはりイギリス人弁務官によって統治された。一八六二年にはラカイン、タニンサリ、バゴー地域は統合され、「イギリス領ビルマ」と呼ばれるようになり、アーサー・パイレ（Arthur Purves Phayre）弁務官によって統治された。

第三次英緬戦争後の一八八六年一月一日、ミャンマー全土が完全に植民地主義者の支配下に入ったことがイギリスより宣言された。スラーデン（Sladen）大佐は、キンウンミンチー（Kinwun Mingyi）率いる大臣委員会を監督下に置いて三カ月間ミャンマーを統治した。その後、インド統治法に基づいて、上ミャンマーと下ミャンマーが統合されると新たなイギリス人弁務官によって統治されることになった。

一八九七年、ミャンマーはイギリス領インドの一州に昇格し、副総督によって統治されることになった。総督を支援するために、立法参事会が設立され、九名の委員が選ばれた。一九一五年には、委員は三十名に増加されたが、彼らはイギリスの植民地主義者を代表する者たちであり、ミャンマーの利益に適うものではなかった。

行政制度は、副弁務官から封建領主、知事、市長、村長という上から下への上下関係が明確な官僚支配による官僚政治が採用された。イギリスによるミャンマーの併合以来、山岳地域と中央平原地域は別々に統治されており、このため彼らの間で大きな意見の相違が見られるようになってきた。もちろん、山岳部に居住する人々も中央平原に居住する人々も大きな意味で同じミャンマーの国民であるが、イギリス植民地政府は、民族種や居住地域によって細かい民族集団に分けたのである。特に、山岳地域の人々は行政制度から外されたために、彼らと中央平原地域の人々の関係は疎遠になっていった。このことは、イギリス人がミャンマー人に対して大きな誤解をもっていたことの証明であり、この誤解が民族の統一を妨げたと考えることができる。また、イギリス人が帝国主義支配の下で長らくミャンマー人を一種の奴隷として扱ったことからも顕著である。[53]

植民地経済の効果的な運営のために、政府内に新しい部門が設置された。最も早く設置された部門に一八六六年に開設された教育省がある。一九〇〇年になると、禁固省(Prison Department)、土地登記省(Land Record Department)なども設置された。林業省(Forestry Department)、農業省(Agriculture Department)、保健省(Health Department)が

53 イギリス植民地主義者たちは、ミャンマー人はインド人よりも文明的に遅れているとみなしていただけでなく、ミャンマー、特に山岳地域に居住する人々は、中央平原地域に居住するミャンマー人よりも一段と原始的であると考えていた。

設置されるのは二十世紀に入ってからである。植民地行政は、封建制度を再編成した行政制度で、植民地経済にとっては大きな利益をもたらすものであった。

■両頭制政治（一九二三～一九三七年）

二十世紀の初頭、両頭制政治がインドで施行されたが、当初ミャンマーはこれから除外されていた。これに対して、ウンターヌ運動や民衆によるストライキが各地で起こった。そこで一九二三年にはイギリスはミャンマー民衆の要求に沿って、ミャンマーにも両頭制政治を採用し、一部の自治権を認めるようになった。

両頭制政治は、二つの組織機構からなる別々の政府による合同統治制度である。すなわち、一つはイギリス政府を代表するイギリス人知事が、もう一つはミャンマー人から選ばれた大臣たちによって統治されたということである。

一九二三年、両頭制政治がミャンマーで開始された時、初代知事はハーコート・ブットラー（Harcourt Butler）であった。両頭制制度に沿って立法府と行政府が置かれ、前者には百三名の議員がいた。うち七十九名は公選、二十二名は知事による任命、残り二名は閣僚で知事の任命であった。後者には四名の閣僚がおり、うち二名は知事の任命、残り二名は立法府からの選出であった。両頭制政治には、百以上もの部門があり、その半数以上はインド政庁による直接的監督下に置かれていた。残りの部局のうち重要な三十三の部門は、知事による監督下、相対的に重要度の低い二十二部門はミャンマー人官僚によって監督された[54]。

両頭制政治はこれまでの官僚制度を議会制行政制度へ変換したものである。立法

54　インド政庁の監督下に置かれた最重要部門には、国防、外交、運輸通信、通貨、関税などがあり、ビルマ知事の監督下に置かれたものは、一般行政、司法、警察、財政、灌漑、地租、労働などがあった。ミャンマー人閣僚の下に置かれた相対的に重要度の低い部門には、農業、森林、公共事業、徴税、教育、保健衛生、地方自治などがあった（荻原弘明他、一九八三年、前掲書、三三三頁参照）。

府やイギリス人及びミャンマー人から構成される官僚、公選による議会議員などには一定の権限は与えられていたものの、真の決定権はインド総督（Indian Civil Service: ICS）下の官僚の手中にあった。すなわち、合同統治制度とは言うものの、ミャンマー人に権限が与えられていた部門は全体の半分にも満たない。百部門全体のうち、わずか五分の一のあまりの重要でない部門のみであった。加えて、拒否権は認められてはいたが、これを行使できるのはイギリス人知事に限られていたことから、イギリス人知事が唯一の権力者であったと言うこともできる。

■九十一部門下の行政（一九三七〜一九四二年）

一九二三年、イギリスはミャンマーにおいて両頭制政治を開始し、一部の自治権を認めた。しかし、ミャンマー民衆によるミャンマーのインドからの分離と新しい行政制度の施行要求は続いていた。一九三五年の改正インド法（改正ビルマ統治法）に沿って、イギリスは、ミャンマーをインドから分離して新たに九十一部門行政制度を布いた。部門は全部で九八あったが、うち九十一部門がミャンマー人による公選制で選出された議員によって監督されたために、「九十一部門行政制度」と呼ばれている。この制度は一九三七年四月一日より施行された。

九十一部門行政制度において最高権者はビルマ総督であった。ビルマ総督はインド総督直属ではなく、イギリス議会の下、インド＝ビルマ事務相の監督下に置かれていた。つまり、両頭制政治機構の下ではインド総督の監督下にあったものが、九十一部門行政制度の下では「ビルマ総督」としてイギリス本国の統制下に置かれたのである。[55]

九十一部門行政制度では、ビルマ総督の下に議会と内閣府が置かれた。前者は上院と下院からなり、下院は公選された百三十二名の議員から構成され任期は五年であった。上院はビルマ総督から任命された十八名と下院から選出された十八名、計三十六名の議員がおり、その任期は七年とされた。また、内閣府はビルマ総督を筆頭に十名の大臣によって構成された。ビルマ総督は、防衛、外交、財政といった重要な七つの部局を監督していた。九十一部門行政制度では、両頭制政治制度に比べて、より多くの内閣府官僚や大臣がおり、彼らは名目上は行政事項の決定権ももっているように見えたが、実は、ビルマ総督のみが拒否権をもち、それを行使できたために、実質的にはビルマ総督が唯一の権力者であったとも言える。つまり、ビルマ総督は、上院あるいは下院でのあらゆる決定や議会で出された結論に対して拒否する権利をもっており、内閣府を解散することもできたのである。この点からすれば、両院の設置は実は見せかけに過ぎなかったと考えられるのである。

■第二次世界大戦後の植民地下の行政

日本がミャンマーから撤退した後、イギリスは再びミャンマーに進出し軍政を布く。一九四五年五月、イギリスはシムラ白書を発表した。この白書に書かれた内容から判断すると、戦後に採られた行政制度は戦前のものに比べ質的に低く、時代遅れのものであったと言える。そこで、パサパラはナイトゥライン会議を開催し、シムラ白書と軍政を厳しく非難した。ドーマンスミス総督がミャンマーに戻ってくる

55　改正ビルマ統治法では、ビルマ総督はイギリス国王が直接任命する最高の行政官であり、立法者として絶大な権力が与えられ、イギリス本国のビルマ事務相に直属するものとされていたが、結局、ビルマ事務相は設置されず、インド事務相の兼任のままであった（荻原弘明他、一九八三年、前掲書、三七頁参照）。

と、早速、軍政を廃止し民政を復活させた。しかし、総督とパサパラの間で意見が対立したために、総督はパサパラ抜きで行政参事会を組織した。これに対して、各地でストライキが勃発し、行政はほとんど停止状態に陥ることになった。

このような状況下において、すべては新しく総督の座についたヒューバート・ランスの手腕にかかっていた。彼はパサパラと協議をもち、新しい行政参事会にパサパラ代表団を加えることに合意した。行政参事会ではアウンサンが副議長となったが、この地位は一国の首相に相当するものであった。臨時政府樹立後は、総督は臨時政府の閣僚によって決定された事項のみを扱うことになり、実質上、総督の権限は大きく縮小、あるいはほとんど消失したと言える。

■イギリス統治下の経済

イギリス植民地時代の経済は資本主義経済体制であったとは言うものの、この資本主義経済体制はヨーロッパ諸国のように封建制経済から徐々に変容していったのではなく、イギリス人がミャンマーに突然もちこみ施行したものであった。したがって、国内にはミャンマー人資本家は皆無で、資本家はイギリス人か彼らの後援者のみであった。

大規模な事業はすべてイギリス本国から手厚い援助を受けていたイギリス人資本家とそのほかの外国人資本家によって独占されていた。イギリス人資本家に続いて、中国人及びインド人資本家も現れたが、彼らは主に小規模事業を行う権利をもっていた。他方、ミャンマー人はこうした外国人資本家の管理下に置かれ搾取されるという状況にあった。

ミャンマーの主要な産業は米作であった。これは、イギリス人たちが同国で最も関心を寄せていた産業でもあったため、すぐに彼らの管理下に置かれた。スエズ運河（Suez Canal）が開通した一八六九年以降、米取引量が増大した。米の生産量が高まれば高まるほど米価は安定し、確実な利益が得られたことから、ミャンマー国内の耕作地はどんどんと拡大されていった。一八九〇年から一九三五年の間に耕地面積は三倍になった。特に、エヤワディ河口のデルタ地域、シッタン（Sittang）川流域、サルウィン川流域などで顕著であった。これによって、年間の米輸出量は増大していったが、その利益のほとんどは外国人資本家の手に落ちた。

米産業の他には、石油や錫、木材、ゴムなどの取引も盛んであった。外国人資本家による企業からの原油輸出額は年々増大し、一九〇四年の二千万チャット（またはルピー）[56]から一九一四年には五千万超チャットに達していた。同時期、錫の生産量は三十万チャットから五百六十万チャットへ、チーク材の生産量は千六百万チャットから二千万チャットへと増加していた。ゴムの生産量も一九一四年時点で十六万チャットに達していた。これらはすべて外国人資本家に独占され、利益のほとんどが彼らに吸い上げられた。彼らはその利益によってさらに投資を行うという状況にあった。

チェティアーと呼ばれるインド人金融業者による金融事業は、ミャンマーにおいては農民への資金融資を目的として始まった。この金融事業は、農民が土地を失い、反対に金融業者が徐々に土地を獲得していくという不幸な状況を生み出した。

56　イギリス植民地支配下におけるミャンマー国内ではチャット（Kyat）とルピー（Rupee）が等価で流通していた。

資本主義経済を支えるために、イギリス本国は輸送インフラの改善に向けた大規模な投資を行った。各地で道路の建設が行われ、一九一七年には二千マイル（約三千二百キロメートル）にも及ぶ舗装路が建設された。鉄道に関しても、一八七七年にはヤンゴン＝ピイ間、一八八九年にはヤンゴン＝マンダレー間が完成し、一八九九年にはミッチーナ（Myitkyina）まで延長された。海上交通に関しては、外国人資本家によるエヤワディ船舶会社（Ayeyarwaddy Flotilla Company）とアラカン船舶会社（Arkan Flotilla Company）がラカイン沿岸地域の輸送のために六百隻の船舶を保有していた。

以上のように、イギリス植民地時代のミャンマーの国内産業は、封建制度時代に比べて飛躍的な発展が見られたが、これら産業はすべて外国人資本家によって独占されていたのでミャンマー人にはほとんど利益が還元されなかった。

■日本による占領時代の行政

一九四二年五月、日本はイギリス人に代わってヤンゴンを接収すると、すぐに法律を制定し、タキン・トゥンオーク（Thakin Tun Oak）をトップにした臨時行政府（Order Committee）をすべての町に組織した[57]。ミャンマー全土が日本軍の支配下に入ると、日本軍はバモーを迎え臨時政府を樹立した。しかし、この政府ではすべての面において日本軍による監視が行われていた。

一九四三年八月、日本はミャンマーに対し「独立」を与え、バモーを行政府長官に据えた。行政府長官は同時に首相としての地位と責任も兼ねたものであったが、そ

57　同教科書においては、トゥンオークをリーダーとした臨時行政府は「すべての町」に組織されたとあるが、ビルマ全土四十県のうち、十七県に設置されたのみである（田村克己他、一九九七年、前掲書、一一二頁参照）。

れに加えて、彼はそのほかの閣僚も兼任していた。同政府では、どのような場合でも行政府の決定に従うことが義務付けられていた。行政府以外にも、行政府長官によって組織された専門委員会が設置されたが、これは見せかけのものであり、バモー内閣にしても傀儡《かいらい》政権という位置付けで、実質上は日本軍が権力を掌握していた。

また、地方行政面では、各郡には郡長、各区には区長が置かれ、郡内あるいは区内行政の責任を負っていた。しかしながら、シャン地方及びカヤ地方を含むカンボーザ（Kamboza）郡は首相が直接管理していた。さらに、日本軍占領時代のもう一つの重要な出来事は、ミャンマー語が同国の公用語として定められたことである。

■日本による占領時代の経済

日本軍は十分な数の輸送用船舶を保有していなかったため、ミャンマーの民衆が必要とする物資を輸入することができなかった。しかし、ミャンマーからは米やチーク材、羊毛をはじめ、屑鉄《くずてつ》や中古車を日本へ輸送していた。

日本銀行は、保障のない紙幣を無制限に発行しミャンマー経済を壊滅させた。[58] また、日本軍は米や稲を価値のない紙幣で購入したり、時には代価を支払わず強引に持ち帰ったりしていた。さらに、日本の占領時代には、三井や三菱といった財閥系企業がミャンマーの外国貿易を

日本軍がミャンマーで用いた軍票
出典：筆者

58　この紙幣は「軍票」（正式名「軍用手票」）を指す。当時ビルマでばらまかれた軍票はパゴダをデザインした全八種類で、表面に日本政府（Japanese Government）と書かれていた。単位は現地正貨と同様に「ルピー」としている。また、現地正貨と軍票、及び日本円のレートは原則一対一の等価で、発券制度（中央銀行）が整い次第、軍票を回収し、金融を統制下に置くとされていた（探険コム「ミャンマー『軍票』の旅」〈www.tanken.com/burma.html〉参照）。

独占するようになっていた。

当時、民衆の多くが食料や衣料品、医薬品の深刻な不足に苦しめられていた。稲作ができない地域ではつるあずき[59]やとうもろこし、タロいもなどを食べて空腹をしのがなければならなかったし、衣類の不足から人々は使い古した亜麻製の袋を衣服として代用していた。日本の占領下では、食料問題より衣料問題の方が深刻であった。というのも、日本軍はミャンマー国内から羊毛製品はもちろん、着古した衣料品までもすべてを本国に輸出したからである。

こうして、ミャンマー経済は急速に衰え、ついに壊滅にまで至るのである。

59　マメ科の一年草で蟹目《かにめ》とも呼ばれる。茎の上部が伸びてつるになり、葉はアズキに似ている。アズキと同様に利用される。

第8章　「独立後の時代」を教える

本章における教科書抜粋部分はすべて「中学四年生歴史教科書」からのものです。

この単元は、中学四年生の歴史教科書の最後の学習内容です。この単元にも多くの人物と組織が登場し、非常に複雑な状況を呈しています。生徒も、前単元「イギリス植民地時代」と同様、ほとんど理解できず、授業中はただ教師の講義を静かに聞き（実際は聞いているのではなく、別のことを考えているといった方が正確かもしれませんが……）、ひたすら授業時間の終わるのを待っているという状態です。生徒の「歴史嫌い」はますます加速され、この最終単元で決定的となります。というのも、高等学校に進学すると、「歴史」は選択科目となるのですが、彼らの多くが決して「歴史」を選択しないのです。

実は、この単元は教師にとっても教えるのが難しい部分であると言えます。この時期は軍事政権の基礎が築かれる時代であり、ネーウィン（Ne Win）将軍が登場してくるのです。長らく言論統制が布《し》かれていたミャンマーでは、ネーウィンや彼の率いる政権に対して何かを口にすることはタブーとされていたからです。もし、私のような一介の公務員が政権を批判するような言動をした場合には、即座に身柄を拘束されるということになるのです。したがって、このような内容を含むこの単元は、どの教師も教科書を黙読させて終了としているのが現実です。私もその一人です。

1　パサパラ政府（一九四八～一九五八年）

■民族革命

ミャンマーは一九四八年一月四日にようやく独立を成し遂げた。この独立時から一九五八年までパサパラによって政府が組織され運営されたため、この時代は「パサパラ時代」と呼ばれる。

パサパラが政権を握った頃、共産主義者やビルマ国軍（People's Comrade）、カレン民族防衛機構（Karen National Defense Organization: KNDO）、モン民族防衛機構（Mon National Defense Organization: MNDO）などによる反乱が各地で起こった。最初の反乱は共産主義者によるものであった。一九四六年三月、軍事力によって革命を起こすことを主張するタキン・ソウ派と、パサパラ政府と共同すべきであるというタキン・タントゥン派の間の対立が顕著になっていた。そこで、前者は赤旗共産主義（Red Flag Communists）を標榜し「共産党（Communist Party）」を結成、後者は白旗共産主義（White Flag Communists）を標榜《ひょうぼう》し「ビルマ共産党（Burma Communist Party）」を組織した。こうした中、同年、まず赤旗共産主義者が反乱を起こした。その後、一九四八年には白旗共産主義者も反乱を起こす。

その頃、ビルマ国軍の内部でも意見の対立が起こっていた。ビルマ国軍の本部はヤンゴンに置かれ、各地方都市には支部が置かれていた。一九四八年二月、ビルマ国軍はボー・ムーアウン（Bo Mhu Aung）とボー・セインマン（Bo Sein Mhan）らが率いる「黄軍（Yebaw Wah）」とボー・ラーヤン（Bo La Yaung）とボー・ピョーコン（Bo Pho Kon）らが率いる「白軍（Yebaw Phyu）」の二派に分裂した。黄軍はウー・ヌー（U Nu）首相に

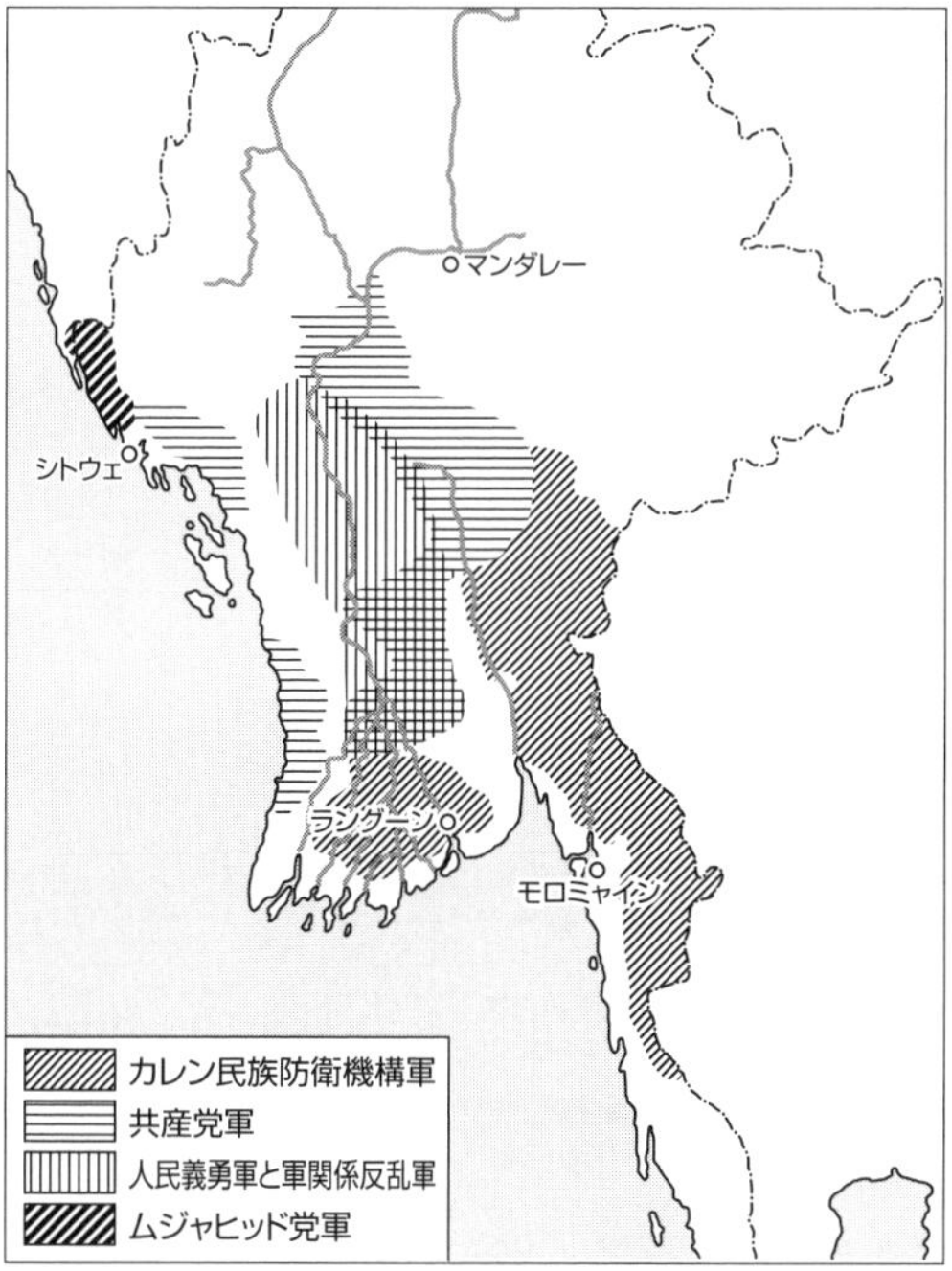

ミャンマーの内乱：1949 年 2 〜 5 月の反乱軍占領地域
出典：荻原弘明他、1983 年、前掲書、115 頁より転載

よる十五項目からなる左翼思想のうち十四項目に合意したが、白軍は共産党に同調してすべての項目を拒否した。[1] こうして、白軍は一九四八年七月二十九日に反乱を起こし、その二週間後には地下組織化して反政府活動を継続した。

カレン族の反乱も起こった。まず、ウー・チー（Saw Ba U Gyi）及びカレン族のほとんどがパサパラを離れカレン民族同盟（Karen National Union: KNU）を組織した。ウー・ヌー首相はカレン族将校のスミス・ドゥン（Smith Dun）を議長に就かせたが、これに反対したKNUは武装組織であるカレン民族防衛機構（KNDO）を新たに組織するに至り、カレン州の独立を要求し始めたのである。反政府を謳《うた》うビルマ国軍が地下にもぐり込んだ頃、一九四八年にはKNDOの反乱が起こった。この状況を考慮して、ウー・ヌー政府はスミス・ドゥンに代えて新たにネーウィン（Ne Win）将軍をKNUの議長に任命したが、これをよく思わなかったカレン族出身の閣僚二名は辞職した。[2] 当初、カレン族の反乱は各地で勢いを振るい、メイミョ（Maymyo）やマンダレー、タウングー、インセイン（Innsein）などの都市を次々に占領していったが、後には、急

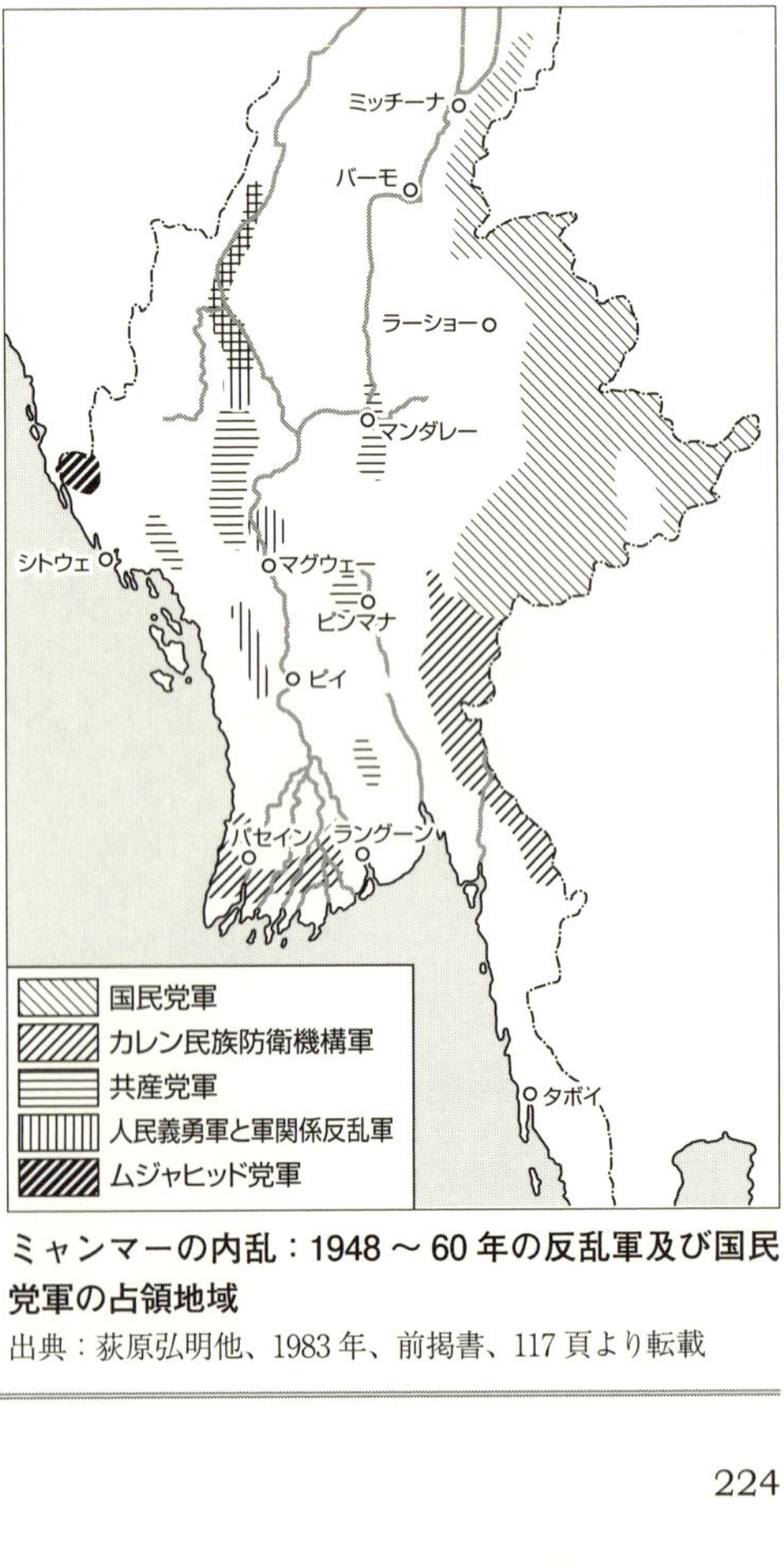

ミャンマーの内乱：1948～60年の反乱軍及び国民党軍の占領地域

出典：荻原弘明他、1983年、前掲書、117頁より転載

1　黄軍はマルクス主義に傾倒した者たちの集団で社会主義を目指していた。他方、白軍はアウンサンの思想を重視していた集団で一時「アウンサン軍（Aung San League）」を組織しようと試みていた時もあった。

2　KNU議長に就任したネーウィンはカレン族出身ではなかったが、当時、適任者がいなかったことからネーウィンが指名された。ネーウィンはウー・ヌーの後、政権の座を握る人物である。

激に勢力の衰えを見せ、これらの都市を失って最終的に敗北した。

他方、タニンサリ地域では新しく組織されたモン民族防衛機構（MNDO）による反乱が起こった。これにはパオ（Pa-O）族[3]の一部も加わっていた。さらに、ラカイン地方ではムジャヒット（Mujarhits）党[4]による反乱が起こった。

このように様々な民族集団による各地での反乱は「多彩な反乱（Colorful Insurgents）」と呼ばれたが、それぞれ個別に起こったもので、決して統一されたものではなかったため、結局は政府によって制圧されてしまった。

■中国暴力革命主義者による侵攻

この頃のミャンマーは、隣国中国の国民党（Kuomintang）の侵入という危険にも晒されていた。この中国国民党は「白い中国人（White Chinese）」と呼ばれた。

一九四九年、中国共産党の力が強まると国民党政府は台湾へ逃れたが、雲南地方の残党が一九五〇年頃から南下し、ミャンマーに侵入してきたのである。これはミャンマーにとっては大きな問題であった。[5]約一万七千の国民党残党兵士がチャイントンに侵入し住民を虐待し始めたのである。

一九五〇年五月二十五日、ミャンマー国境のチュコテ（Kyu Kote）が攻撃を受けた。ミャンマー政府は国民党軍に武器を捨て降参して台湾に戻るようにという最後通牒を出したが、国民党軍はそれを拒否し侵攻を継続した。一九五〇年から五一年にかけて国民党軍のミャンマーへの侵攻はこれまで以上に頻繁になった。そこで、ミャンマーがこの問題を国際連合に訴えると、国際連合ではこの問題については早急に

3　パオ族はシャン民族の中でも二番目に大きな民族集団を形成し、カイン（Kayin）州、カヤ（Kayah）州、モン（Mon）州及びバゴー（Bago）地域に広く居住している。
4　イスラム州の設置を要求するイスラム教徒の政治組織である。
5　中国国民党の残党は台湾政府（中華民国）とアメリカ中央情報局（CIA）の支援を受けていた（根本敬、一九九六年、前掲書、一九三頁参照）。

解決すると決議されたものの、中国国民党の侵攻はますます激しくなるばかりであった。

一九五三年四月、ミャンマー政府は再び国民党軍の侵攻を厳しく非難し、再度国際連合に訴えたが、アメリカはこの訴えに反対した。当時、アメリカはこの中国軍を「国民党」とは認めず「外国からのテロリスト」とした。仕方なく、ミャンマー政府は国軍を出動させ、国民党軍に対して戦闘を開始した。一九五三年九月には国民党軍のほとんどが退却し、一九五六年になるとミャンマー国内に残っていた国民党軍の兵士はわずか三千までに減少した。

■パサパラの分裂（反ファシズム自由人民連合）

パサパラは、ミャンマーの独立当初は最も強力な政府組織であったが、しばらくして指導者たちの間で意見の対立が起こるようになった。主な対立の原因は、政策的なものではなく、党事務局長などの地位を巡ってのものであった。この党内地位を巡る対立によって、パサパラは二つの派閥に分裂する。一つは、ウー・ヌーとタキン・ティン（Thakhin Tin）による「ヌー＝ティン」派（または「清廉パサパラ（Clean Pha Sa Pa La）」とも言う）であり、もう一つはウー・バースエ（U Ba Swe）とウー・チョーニェイン（U Kyaw Nyein）による「スエ＝ニェイン」派（または「安定パサパラ（Stable Pha Sa Pa La）」とも言う）であった。安定パサパラのウー・バースエと清廉パサパラのウー・ヌーは、どちらが政府の主導権を握るかで激しく対立した。一九五八年、安定パサパラは臨時国会を召集し、ウー・ヌー率いる清廉パサパラには協力できないと主張した。そこで同国会において議員による投票が行われることになったが、結果は安定パサパラの主張が退けられ、清廉パサパラが支持されることになった。そして清廉パサパラの指導者ウー・ヌーは総選挙を行うことを宣言した。

一九五八年八月一日、清廉パサパラは造反者に対して古巣に戻るのであればその罪は免除するとした。これによって八月十五日、一部の共産主義者たちが改心し、パサパラに復帰した。これと同様に、犯罪者に対しても恩赦が行われた。さらに、地下にもぐり込んだ共産主義者たちも政府と交渉を始めた。

しかし、ウー・ヌー首相は突然十一月に予定していた総選挙を翌年四月に延期することを公表すると、首相を辞任し国家の法と規律を正すためにという理由で選挙管理内閣をネーウィン将軍に委ねてしまう。

教科書には、独立獲得まで強力な勢力を誇っていたパサパラが徐々に内部対立を起こし、政権を担う十分な力がなくなってきたことが述べられています。この部分は、政治的な要素を強く含んでいるので、授業では深入りすることなく、淡々と教科書の記述をそのままなぞっているだけですが、個人的には非常に興味をもっている時代でもあります。特に、この時期、ウー・ヌーが奇妙な動きを見せます。「なぜ、彼はこのような動きをするようになったのか？」。これは私にとって秘かな疑問でした。ただ、軍事政権下でのミャンマーで、これについて詳細に調べることはほぼ不可能でした。しかし、ちょうど日本留学時代に入手した資料にこの疑問を解決する手掛かりになる部分がありました。以下、それについて私が理解した範囲で述べておきたいと思います。

パサパラは、抗日という目標に向かってアウンサンの下で団結していましたが、抗日という目的が達成され、またアウンサンの亡き後、もともと多様な団体や人々が集まっていたパサパラという組織の構造的な欠陥が顕著になってきました。

一九五一年末から翌年一月にかけて行われたビルマ連邦国会の第一回選挙では、全議席二百三十九のうちパサパラが二百議席を獲得し、ウー・ヌーが首相に就任しました。この時、パサパラ内には、ウー・バースエやウー・チョーニェインのいわゆる「大学派」とタキン・ティンの「寺子屋派」という二派が存在していました。大学派というのはラングーン大学に在学または卒業した高学歴者を指し、寺子屋派とは大学教育を受けていない者の派閥でした。この二派は単に学歴による違いに留まらず、ミャンマーの経済政策などにおいても違いを明確にしていくことになります。一九五二年八月に行われたピードーター計画（Pyidawtha Plan）会議は、ミャンマーが今後八年間で到達すべき経済目標を設定するためのものでしたが、大学派は工業優先の政策を、寺子屋派は農業優先の政策を主張したのです。

一九五六年四月に第二回選挙が行われ、全二百五十議席のうちパサパラが百七十三議席を獲得し、ウー・ヌーが首相に再選されました。しかし、この選挙で反パサパラが五十四議席を獲得し、そのうち四十七議席が民族統一戦線（National United Front: UNF、同党は同選挙前に結成された労働者を中心としたビルマ共産党の一派）に奪われたことはパサパラにとっては大きなショックでした。そこで、ウー・ヌーは今一度パサパラ内部を粛清しなければならないと考え、同年六月、一年間の期限付きで首相の座を下りパサパラの再建に専念します。その後、ウー・ヌーは四百五十名にも及ぶ政治家を腐敗分子として逮捕します。

ウー・ヌーの後、首相の座についたのはウー・バースエです。そして、ウー・チョーニェイン及びタキン・ティンが副首相となります。ちょうどこの時、いわゆる「ウー・ヌー棚上げ陰謀」という事件が起こります。ウー・ヌーがセイロン（Ceylon）訪問中、当時の駐中国ビルマ大使ウー・フラマウン（U Hla Maung）はウー・チョーニェイン率いるビルマ社会党幹部と会談し、ウー・ヌーをパサパラの総裁として象徴的地位に就かせ、政治の実務から手を引かせようと提案したのです。そこで、ウー・チョーニェインの下でこの計画が進みますが、他方、タキン・ティンがこの陰謀計画をウー・ヌーに知らせました。これに対して、ウー・ヌーは憤り、一年の期限を前倒しにして一九五七年三月首相に復帰します。

一九五八年一月、パサパラ総会が開催され、総裁にウー・ヌー、副総裁にウー・バースエ、ウー・チョーニェイン、タキン・ティンが選出されました。ここまでは表面上は問題なく総会が進みました。しかし、問題はウー・ヌーが党事務局長にタキン・チョードゥン（Thakin Kyaw Dun）を指名したことです。彼はタキン・ティン派（寺子屋派）の人物であったため、ウー・チョーニェイン（大学派）が反対したのです。これに対して、同じ大学派のウー・バースエが四十五日間に限っての事務局長就任という提案を出したため、これで一旦収まったかに見えたのですが、ウー・ヌーにはもともとその考えはなく四十五日を超えても党事務局長を変えなかったため、今度はウー・バースエが反対を唱えたのです。この時、ウー・チョーニェインは反対しませんでした。この理由は、ウー・ヌーから新設されたばかりのパサパラの青年組織の会長の座を提供されていたからです。もともとウー・チョーニェインは彼自身の後援組織をもっていなかったために、ウー・ヌーからのこの提供は彼にとっては願ってもないものであったと言えるでしょう。

その後、ウー・チョーニェインは青年組織の育成に専念しましたが、政敵タキン・ティンが率いる組織の青年層まで自身の組織に取り入れようとしたため、両者の対立はますます深まっていきました。この少し前に政府は全国の治安維持のために村落自衛団（「ピューソーティー（Pyu Saw Htee）」と呼ばれた）を設けていましたが、この武装団もパサパラ内部の派閥抗争に影響され、各派の私兵団となり、各地での対立が起こっていました。

一九五八年四月、陰謀を企てたウー・チョーニェインに対して不信感を抱き続けていたウー・ヌーは、ウー・チョーニェイン派の内相を罷免し、自ら内相を兼任します。これは、各地で反乱を起こしている村落自衛団を自らが粛清するためであったと言われています。当然、ウー・チョーニェインはこれに不満をもち、ウー・バースエらと共に、「スエ＝ニェイン」派を結成しました。これに対し、ウー・ヌーも「ヌー＝ティン」派を結成します。

一九五八年六月、国民議院が招集され、この場でどちらのパサパラが正統であるかを決着させようということになりました。招集前には「スエ＝ニェイン」派が優勢でしたが、ウー・ヌーはこの状況を打開するために、反パサパラの民族統一戦線（ＮＵＦ）と結託し支持を得るとともに、アラカン州、シャン州、カヤ（Kayah）州選出の議員からも様々な政治的約束と引き換えに自派に取り込みました。これを知ったウー・チョーニェイン派は、議会招集の前日、すべての閣僚を辞任させます。結局、国民議院ではウー・ヌーが二十名からなる新内閣を組織することになりました。ウー・チョーニェインは、すぐにヌー内閣の不信任案を提出しましたが、反対百二十九、賛成百十九とわずかの差でこの案は否決されました。

この後、ウー・チョーニェインは、自派の議員だけでパサパラ最高委員会を開き、ウー・バースエを新総裁、自らは副総裁として「ヌー＝ティン」派のすべての議員をパサパラから除名しました。そして、彼らは自らを「安定パサパラ」と称してその正統性を主張しました。他方、ウー・ヌー側も同じようにして「清廉パサパラ」と名乗り、その正統性を主張したため、両者は真っ向から対立し、パサパラの事実上の分裂が決定的となったのです。

一九五八年六月の国民議院において、ウー・ヌーが再選され首相の座に就くとともに、その後すぐにスエ＝ニェイン派から出された内閣不信任議決も否決できた背景には、反パサパラ及び民族統一戦線、さらに少数民族出身議員への将来的な政治的約束と引き換えに彼らを自派に取り込むことに成功したからです。したがって、組閣後、ウー・ヌーは早速、彼らに対する約束の履行に迫られました。彼は、地下反乱組織に対し恩赦を行い、これによって約百名の白色義勇軍と千名以上のモン人民戦線（Mon People Front: MPF）が合法化されました。特に、白色義勇軍は人民同志党を組織して活発な共産主義活動を行いました。他方、白旗共産党は政府の無条件恩赦や同党の完全合法化を強く要求し議論は平行線のまま、赤旗共産党はこの呼びかけには最初から応じませんでした。

こうして、パサパラは依然として「ヌー＝ティン」派と「スエ＝ニェイン」派という二派の分裂状態にあり、またウー・ヌー政権は各地で活発化している共産主義活動及び反政府活動に対して何の対処もできないという状況にありました。この機会に乗じて、民族統一戦線は民衆の支持を徐々に増していき、次期総選挙では議席の増加は確実となっていきました。

当初、ビルマ国軍はこうした状況に対して中立姿勢をとっていましたが、独立以来戦ってきたビルマ共産党の活発化は許せないものとなり、次第にウー・ヌー政権への不満が高まってきました。ちょうどその頃、「ヌー＝ティン」

派の会議の中で、ビルマ国軍に「公敵第一号」のレッテルが張られました。当然、国軍はこれに強い憤りを示しましたが、ウー・ヌーはこの憤りを国軍の「スエ＝ニェイン」派への接近と解釈し、直ちに軍の幹部を左遷したり、主力部隊を辺境地域に長期駐屯させたりするなどの方法で軍を抑え込もうとしました。これに対し、軍は警戒態勢に入り、九月下旬にはヤンゴンを包囲します。ウー・ヌーも連邦警察隊二個大隊をマンダレーからヤンゴンに移動させ、緊迫した状態が続きました。

こうした緊迫はすでに避けられない決定的な段階に入り、一九五八年九月、ついにウー・ヌーはネーウィンと話し合いをもち、政権移譲の書簡が交換されます。同日、ウー・ヌーはラジオ放送を通じて国民に対してネーウィンへの政権移譲を伝えたのです。

以上が、独立後のウー・ヌーの政権掌握と政権運営を巡る状況ですが、こうして見ると、ミャンマーは独立を果たしたとは言え、内部に多くの障害と困難を抱えていたことが判ります。そして、権力掌握という権力欲も相まって、非常に複雑で、どろどろした政治闘争がウー・ヌーを中心に繰り広げられたことが判ります。アウンサンが夢見た独立とは果たしてこのようなものだったのでしょうか。ミャンマー人にとっては非常に考えさせられる史実です。ただ、こうした事実が教科書ではほとんど触れられていないということは、ミャンマー人が自国の現代史を正確に知り、理解する機会を与えられてこなかったということでもあり、私自身、非常に複雑な心境です。

2 暫定政権（一九五八〜一九六〇年）

一九五八年、荒廃した政治状況を安定させるために、ネーウィン将軍はウー・ヌーからの政権移譲を受け入れた。同年十月二十八日、ネーウィンは特別国会を召

ネーウィン将軍
出典：Oxford Burma Alliance

集し、そこで暫定政府を樹立した[6]。この政府は新首相の地位に就いたネーウィンと十四名の閣僚によって掌握されることになった。この十四名は政治家ではなく、すべて軍出身者であり加えて百四十名の軍人が暫定政府内に入ることになった[7]。同政府は各地で起こっていた反乱や暴動を次々に平定して国内の安定化を図るとともに、法律や規律の浸透に努めるなど大きな成果を上げた。また同政府は新しい組織を立ち上げ、各地の民衆に対して食料や住居、衣類などの供与を行った[8]。

一九五八年十一月一日、政府は国内の郡（Dstrict）と区（Township）に治安行政委員会（Security and Administrative Council）を設置し、本格的に治安の安定に乗り出した。また、人々の日常の出費を抑えるために組織的な商品価格の管理を始めた。これによって、食料品や衣料品の価格は下がった。さらに同年、民衆が公明で健康で強い意志をもつことを目的に、非政治的組織としての「団結協会（Solidarity Associations）」を組織した。

暫定政府は、辺境地域に対して新しい統治制度をとった。この新制度は、シャン州における民主主義にとっては都合のよいものであった[9]。一九五九年四月、暫定政府はシャン州の伝統的首長（Sawbwa）に対し、彼らの権限を政府に委譲させ、その対価として補償を行った。また、中央平原地域と同等に扱われるという趣旨で、シャン州の藩は郡と区に再編成された。

6　この内閣は当初は次期選挙までの六カ月間の期限付きの暫定内閣であるとされ、「選挙管理内閣」と呼ばれた。しかし、ここにネーウィンによる第一次軍政が成立したと見ることができる。

7　正確には、十四名の閣僚のうち、九名が非政党人（軍人）であった。この十四名での組閣というのは、これまでウー・ヌー政権における閣僚数と比べるとかなり少ない。

8　ネーウィンの第一次軍政は、物価安定と治安回復を最優先事項とし、具体的には、物価の引き下げ、官吏の腐敗に対する厳正な取り締まり、官吏の綱紀粛正、ラングーン市内の清掃、同市の不法居住者の一掃、スラム街の撤去、ラングーン郊外の新居住地建設などを積極的に行った（荻原弘明他、一九八三年、前掲書、一二八〜一二九頁参照）。

9　同教科書のこの記述は、軍政側からの一方的な解釈と考えられる。イギリス植民地時代、シャン州は三十三の藩に分かれ、それぞれがソーブワと呼ばれる伝統的首長による自治が認められていた。ビルマの独立後、ソーブワはその自治権を一九五二年十月中に連邦政府に引き渡すことになっていたが、一向に実行されなかった。軍また、運輸面、経済面、社会面での開発を行うために、閣僚らはカヤ州、カイン州、チン州にそれぞれ代理人を置き、政府予算による各種の開発を実施した。一九六〇年には中国との国境を巡る問題も解決し、双方合意が締結された。

暫定政府は、六カ月以内に国会議員選挙を実施することを計画していたが、実際上は不可能であり、憲法第百十六条が暫定的に改正され、暫定政府における統治が延長されることとなった。

その後、暫定政府は自由で公正な国会議員選挙を実施し、政権を清廉パサパラに引き渡した。

3 パタサ政権

一九六〇年二月に行われた総選挙で清廉パサパラが勝利し政権をとった。[10] 清廉パサパラは、連邦党（Union Party）（ピィータウンス〈Pyi Htaung Su〉）に改称したことから、同党によって組織された政府は「連邦政府（Union Government）」あるいは「パタサ政府（Pa Hta Sa Government）」と呼ばれている。

一九六〇年四月、暫定政府は政権を連邦政府に譲り渡した。ウー・ヌーが同政府の首相に再び返り咲き、十三名の閣僚を任命した。この数は暫定政府時代に比べ、かなり少ないと言える。ウー・ヌーは仏教を国教にすると約束したために、選挙活動が開始されて以来多くの民衆の支持を得た。これ以外にも、ウー・ヌーはラカイン州とモン州を設置することを約束し、政権樹立後これらの設置準備を始めた。

政権は一九五九年四月にこれを断行し、ソーブワたちの世襲的特権を奪ったのである。しかし、もともとシャン州には憲法によって独立後十年目に連邦に留まるか、離脱するかを討議する権限が認められており、この機に、その議論が再び沸き起こり、離脱が主張されるようになっていたのである。したがって、この問題は後のウー・ヌーの政権の時に問題化することになる（荻原弘明他、一九八三年、前掲書、一三〇〜一三一頁参照）。

10 独立後、三度目の総選挙であり、清廉パサパラは百五十六議席を獲得し、圧倒的勝利を勝ち取った。ちなみに、宿敵安定パサパラはわずか三十四議席にとどまっただけでなく、指導者ウー・バースエもウー・チョーニェインも落選した（荻原弘明他、一九八三年、前掲書、一三一頁参照）。

連邦政府は新しい政策を打ち出したが、これは政府内における混乱と分離を招いた。すなわち、連邦政府が政権を握った際、政権内にはタキン派と革命に参加した「ボー（Bo）」派、さらに元官僚や弁護士たちの「ウー（U）」派があり、ボー派とウー派は「ウー＝ボー」派でまとまっていたので、実際にはタキン派と「ウー＝ボー」派という二派による政治闘争が生じていた。この二派による闘争によって国政は不安定な状態になっていったのである。

また、暫定政府が政権を掌握していた時期に各地で発生した反乱が、この時期に再燃することとなった。さらに、一九六〇年、中国国民党軍がチャイントン付近まで侵攻してきており、政府は、中国国民党軍に軍事援助をしていたアメリカを国際連合に訴えるという事件も起こった[11]。

加えて、仏教が国教とされたことに対して、ほかの宗教の信者はそれに反対した。そこで、仏教以外の宗教を保護するための新しい法案が国会に提出されることになった[12]。

シャン封建君主シュエタイク（Sao Shwe Thaik）とコンチョー（Sao Khon Cho）は、一九六一年六月、タウンジーにて民族会議を開催した。この会議では、封建制度の復活が希求され、すべての民族がそれに加わるよう熱心な主張が繰り返された。しかし、チン族、カチン族、カレン族はこれに反対の意を示したことから、結局、連邦政府は封建制度についてはうやむやにした。しかし、元シャン首長から出されたた封建制度が受け入れられないのであればシャン州は連邦から分離するという主張はウー・ヌー政権にとっては大きな打撃であった。

11　中国国民党の残党は一九五四年七月までに完全撤退したことになってはいたが、実際には七千人ほどが残っており、一九六〇年、中国ビルマ国境線画定作業に従事していたビルマ国軍と衝突が起こった。一九六一年一月までにビルマ国軍は彼らをタイ・ラオス領へ撃退し、この問題は解決されたかに見えたが、翌二月に中国国民党軍搭乗のアメリカ製爆撃機がビルマに侵攻した。これはビルマ国軍によって撃墜されたものの、ラングーンではこれに反対する学生らが反米デモを繰り広げ、アメリカ大使館前でアメリカの台湾に対する軍事援助に抗議した（荻原弘明他、一九八三年、前掲書、一三三頁参照）。

12　ウー・ヌーは一九六一年八月に憲法を改正し、仏教国教化法と国教推進法を制定し、仏教を正式に国教とした。当然、非仏教徒、すなわちインド人、カレン人、チン人、シャン人の不満は高まった。ビルマ国軍も軍隊内に宗教的対立が生じることを懸念して、これに反対した。そこで、ウー・ヌーは憲法の一部を改正して、すでに保障されていた宗教の自由を再確認する条項を加えざるを得なくなった。これに対し、今度は僧侶たちが反発した。結局、ウー・ヌーは仏教徒からも非仏教徒からも反対このように、ビルマ連邦が分裂の危機に直面したことによって、ビルマ国軍は再びミャンマーの政治に台頭してくることになる。

されるようになったのである（荻原弘明他、一九八三年、前掲書、一三三～一三四頁参照）。

ウー・ヌーが独立以来三回目の総選挙で大勝利をしたことはすでに見ましたが、これは彼個人のカリスマ的性格によるものであったと思われます。ただ、私が思うに、彼は政治家としては不適格としか言いようがなく、民衆の人気取りのために長期的な政治ビジョンのない約束をするなどして、国内を混乱させた責任は非常に重いのではないかと考えています。

教科書には、ウー・ヌー政権下における国内混乱の原因として、パサパラ党内分裂、国内各地での反乱の再燃、中国国民党軍の侵攻、仏教の国教化を巡る問題、シャン州のビルマ連邦からの分離といった五つがあげられていますが、私が独自にいくつもの資料にあたったところ、これら以上に重要な要因があったことが判りました。以下、そのほかの要因について少し触れておきたいと思います。

一九五〇年代後半以来、ビルマ国軍は国防軍協会を通じて経済活動に積極的に進出するようになっていました。ウー・ヌーはこうした軍の経済活動の拡大強化に強い懸念を示し、一九六一年四月にビルマ経済開発公社を設けて軍の経済活動を抑え込むと同時に、経済の「ビルマ化」を推進し、国営企業の設置、輸入貿易の国有化を計画しました。この経済政策は、インド人や華僑の反対を受け、一九六二年一月にはヤンゴンの商店街でストライキが起こり、大混乱を招くこととなりました。

他方、ビルマ国軍側では、ウー・ヌーの失政による政治的混乱に直面し、ネーウィンの政権復帰をはかる動きがありました。これを察知したウー・ヌーは、軍の指導者を大使や海外駐在武官に任命するなどして国外に出したり、場合によっては罷免したりしました。当然、軍の政権への反発は高まるばかりでした。

一九六二年三月二日の夜明け、ネーウィンはついに行動を起こします。首相であるウー・ヌー以下四十六名を逮捕したのです。この中にはシャン人政府要人がたくさん含まれていました。この理由は、シャン州の連邦からの離脱要求が国家解体に至ると軍が判断したためです。

軍は、ただちにネーウィンを議長とする高級将校十六名からなる革命評議会を結成し、憲法を停止すると、立法・行政・司法の三権を掌握します。やがて、「ビルマの社会主義への道」と題した革命綱領を発表するに至るのです。

このように、ウー・ヌー政権下における国内混乱の大きな原因の一つが、ビルマ国軍の力を封じようとした彼の政策そのものにあることが判りました。当然、ビルマ国軍の偉大さ及び強大さを誇示したい軍事政権がこのような事実を教科書に記載することはないでしょう。このことは、ウー・ヌー政権の崩壊に至る社会的背景や理由について正しくミャンマー国民に伝えられていないということではないでしょうか。

4 社会主義革命

ビルマ国軍はミャンマー連邦の危機的状況を平定するために、一九六二年三月二日にビルマ革命評議会を組織し、再び政権を掌握した。この時をもってミャンマーで社会主義革命が行われたと言える。

翌日三月三日、革命評議会は議会を廃止すると、立法権、行政権、司法権を含む三権すべてを掌握し、同年三月三十日には司法裁判所と最高裁判所を廃止した。またこれに先立ち、すべての政党を廃止し、三月二日には新たにビルマ社会主義計画党（Burmese Socialist Programme Party: BSPP）を結成し、これを中央集権化された政府における唯一の政党とした。

一九六三年三月二日、ビルマ社会主義計画党の考えに賛同し参加の意思のある人々であれば誰でも特別党員になることができるとして党員募集が行われた。一九六四年四月には各区に党支部が組織され、同党の活動が開始された。なお、少し後になるが、一九七一年四月三十日、[13] 同党は幹部党から国民政党（Public Party）に移行し、特別党員は正式党員となっている。[14]

ビルマ革命評議会は、農民や労働者との協力と団結を促進していくために、オンタウ（Ohn Taw）やデュヤ（Duya）、ポッパ（Poppa）、カパウン（Khapaung）及びヤンゴンなど各地で農民討論会を、ヤンゴンとチャウクで労働者討論会を開催した。これらの討論会は、後の農民評議会及び人民労働者評議会設立の契機となった。[15]

外交面においては、国家主権の維持と和平のために隣国インドとパキスタンが国境確定条約に調印した頃、ミャンマーはこの件に関して中立の立場をとることを決定した。また、世界中で勃発する危機に対して、革命評議会は常に右派の立場を貫いた。

革命評議会は、複数の組織から政治指導者を招いて、ビルマ社会主義計画党の目指すものと、ビルマ社会党の計画との整合性について三回にもわたり議論を重ねた。また、当時係争中であった犯罪事件については一九六三年四月一日に恩赦を与えた。さらに、地下にもぐっていた反政府組織との協議も進めた。しかしながら、この話し合いではカレン族反乱軍とのみ妥協点を見い出せたに過ぎなかった。

一九六八年十二月四日、有力指導者三十三名からなるビルマ連邦国民統一諮問委

13　教科書では「四月三十日」と記されているが、六月二十八日から七月十日の期間に開催された第一回大会でそのような決定がなされたので、正確には「七月」とすべきであろう。

14　ネーウィンは早くから民政移管の意志をもっていたと言われている。というのも、国民は革命政府がクーデターによって政権を掌握したという強い印象をもっていることから、早い時期にそれを払拭したいと考えていたからである。一九七一年のビルマ社会主義計画党の国民政党への移管は民政移管の第一歩であった（荻原弘明他、一九八三年、前掲書、一四九頁参照）。

15　ネーウィンが考えていた民政移管は、すなわちミャンマー国内で大多数を占める農民や労働者が組織する団体に政権を委譲するということであり、そのためにこのような討論会を開催し、彼らの団結を支援したのである（荻原弘明他、一九八三年、前掲書、一四九頁参照）。

員会が発足したが、政府に対して効果的な提案はできなかった。[16]

同年、右派の政治指導者集団が海外へ逃亡し民主党（Parliament Democracy Party: PDP）を結成した。また、カレン民族同盟軍及びモン・ピィーティト（Mon Pyi Thit）党が協力し、民族軍事闘争団（Ethnic Armed Struggle Group: EASG）を結成した。しかしながら、彼らは大きな勢力とはならなかった。赤旗共産党は国会の召集と議会選挙を要求した。また、極左派のバーカーパー（Ba Ka Pa）は資本主義者や封建領主たちと共に破壊的活動を展開した。

こうした中にあっても、ビルマ社会主義計画党はより多くの人々の参加を得て、より強力な政党に成長していった。党内事項を扱った機関紙や国際問題を扱った広報誌が毎月発行されるようになった。なかには半月ごとに発刊されるものもあった。

一九六三年七月一日、中央政治研究所（Central Institute of Political Science）が創設され、党員候補者に対してイデオロギーや政治学、経済学についての教育を行うとともに、軍事作戦能力強化のための訓練が行われた。また、ビルマ社会主義計画党の計画の一部として地方軍事訓練も開始された。

同党の総会は事あるごとに開催され、そこでリーダーの選出が行われ、主導的な各種委員会が設置され、また党大会の出席者の決定などが行われた。こうした準備が整ったところで、一九七一年六月、第一回党大会が開催された。この大会は成功裏に終わった。[17]

16　指導者三十三名には、釈放された旧政治家ウー・ヌー、ウー・バースエ、ウー・チョーニェインなどが加わっていた。国民統一諮問委員会は一九六九年五月に報告書を提出したが、その内容は、複数政党制、議会制民主主義、各民族の自治州の平等参加による完全な連邦共和国の建設が主張されており、革命政府が推進しようとしている社会主義路線とは相入れないものであった（荻原弘明他、一九八三年、前掲書、一四九頁参照）。

17　同大会では、ビルマ社会主義計画党の幹部党から国民政党への移行が決定され、政権移譲の受け皿が確定した。また、政治指導権の党への移譲、新憲法の基本原則及び制定の準備、長期経済計画などが決定された（荻原弘明他、一九八三年、前掲書、一五〇頁参照）。

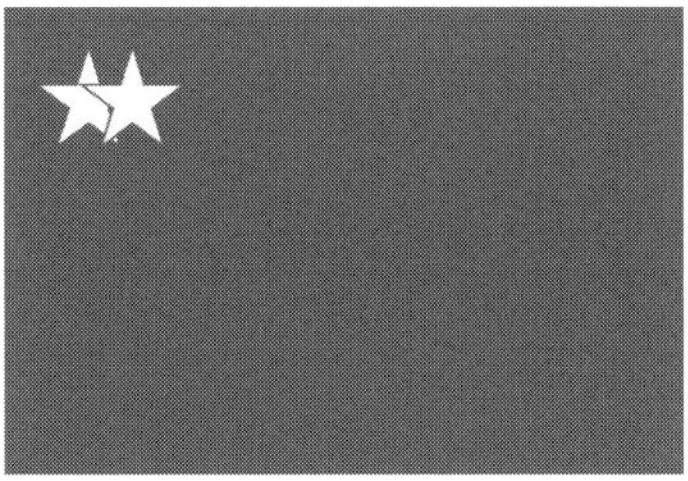

社会主義計画党の党旗
全面赤色で白い二つの星が左上に描かれている
出典：ビルマ社会主義計画党（ウィキペディア）より転載

教科書には、社会主義計画党が政権を掌握したことが記載されていますが、「一体、この党はどのような政策を施行しようとしたのか」ということが示されておらず、このことは私の中に長らく疑問として残っていました。毎回のことですが、これについて知ったからと言って、私が授業でそこまで扱うかというと話は全く別です。このような政治的な内容に深入りすることはできるだけ避けたいというのが一介の教師としての正直な気持ちです。したがって、私自身の疑問を解決し、自己満足に終わってしまうことは判っていながらも、時間をかけてこつこつと限定された資料を読み漁り、最近ようやく一定の理解に達しました。

実は、ネーウィンを議長とする革命評議会は、一九六二年四月三十日に「ビルマの社会主義への道（Burmese Way to Socialism）」と題する党の基本綱領を発表していますので、この綱領内容を少し紹介しておきましょう。

同綱領の文頭には、「我々の信念」として、「ビルマ連邦革命評議会は、この世に人間同士が搾取し、不当な利益を貪るような有害な経済制度が存在する限り、全ての人間を社会的不幸から永久に解放させることができないと信じる。我がビルマ連邦に於いては、人間同士の搾取をなくし、公正な社会主義経済制度を確立することができた時にこそ、初めて民族・宗教の別なく全ての人民が衣食住の心配、及び衣食足らざれば礼節を知らずが如きあらゆる社会的不幸から解放されて、心身共に健全で新しい豊かな新世界に到達し得ると信じる。かく信じるが故に、社会主義的社会に是が非でも到達できるように、人民と手を握り合って、前進しようと堅く決意している」と述べられています。

続いて、①我々の基本概念、②社会主義経済体制、③国家組織、④形態改革の活動——思考の修正、行政、軍隊、経済、⑤民族問題、⑥社会問題、⑦団結前進、⑧人民の責任、という各項目が設けられ、それぞれについての方針が述べられています。

①においては、綱領実施の場合にはミャンマーの自然環境、現実、伝統を踏まえて自己批判し、左右の偏向を避け、全国民の基本的利益を失わず、全人民

の福祉に役立つ進歩的思想、理論、経験を批判的態度で取り入れていくことが明記されています。

②においては、社会主義経済体制を全人民の幸福のために共有の事業を共同で運営し、その利益を全人民が享受する計画原理であると規定しており、人間同士の搾取と利己的原理によるこれまでの経済制度を排して、国民大多数の欲求の満足を目標として、資源と富の公平な配分のために生産資本を国有化すると述べられています。

③では、社会主義経済制度を基盤とし、社会主義経済体制を擁護する社会主義的民主主義国家を建設する必要があると明言されており、同時にこれまでの議会制民主主義はこのような国家建設には十分機能しなかったことが指摘されています。

④では、思想改革を唱え、国民に精神革命を求めています。⑤については、アウンサンの言葉を引用して、全民族の団結の確立、そして愛国心をもつことが述べられています。⑥では、全人民の教育の機会均等を目指す教育制度の改革と信仰の自由が述べられています。⑦では、革命評議会は農民と労働者の団結勢力に基礎をおくと述べられています。最後に⑧については、人民と人民の遂行能力を信頼し、人民と手を握り合って社会主義社会への到達を目指すと述べられています。

以上が、ビルマ革命評議会の基本綱領ですが、ここであげられた内容を具体化するために一九六二年七月、ビルマ社会主義計画党が結成されました。そして、翌一九六三年一月には「人間とその環境の相互関係の方式」、翌年の一九六四年九月には「党の特徴」と題された綱領が出され、同党のイデオロギーと性格が明確にされています。概要は以下のようになっています。

綱領では、ミャンマーの伝統、すなわち仏教とマルクス主義の調和が意図されており、人間社会の歴史における無常と変化が述べられ、全人民の利益に奉仕する社会主義社会はこの無常の変化はもちろん、人間社会の協力と能力によって実現されると謳われています。また、人間の価値を軽視する唯物主義を排し、道徳と精神的価値、すなわち人間の本質を高く評価することが重要であると説かれています。そして、こうしたイデオロギーに基づいてマルクス＝レーニン主義（Maraxism-Leninism）をそのまま踏襲するのではなく、人間を基本としながらも、同時に特定の階級の利益ではなく全人民の利益の実現を目指すことが同党の目標であると述べられています。こうしたことから、同党はミャンマー特有の党であると規定され、共産党の独善性や教条主義を批判し、こうしたものとは明らかに異なっていると明言されています。

こうして一九七四年の民政移行までの間は「ビルマ社会主義への準備段階」とされ、急激な社会改革が進められることになりました。具体的な改革としては、まず、企業や組織の国営化と外国資本の排除があります。この国有化政策の背景には、他国の社会主義体制への移行に見られたプロレタリアート独裁を確立するためではなく、経済の実権を外国人からミャンマー人の手に取り戻すという民族主義的な思想がありました。というのも、当時はイギリスの資本が支配しており、流通や商業活動はインド人と中国人の手に握られていました。こうした状況を一掃し、ミャンマー人の手による経済体制を築こうとしたのです。このため、徐々に育ってきていたミャンマー人の民族資本は残念ながら犠牲にされたことは言うまでもありません。

また、第一次産業、特に農業が国家戦略武器として重視されたことがあげられます。ミャンマーの主要な産品であった米を活用して経済発展を図ろうとしたのです。すなわち、農家から籾米《もみごめ》を強制的に供出させることで、安価な米を買い集め、それを世界市場の価格に合わせて輸出することで、その差額を外貨収入としてミャンマー国内の工業化の資金に当てようとしたのです。

加えて、外国人や外国文化の影響の排除も見逃せません。経済分野からの排除は先の国有化政策で見た通りですが、それ以外の文化・教育面でも同様でした。当時ミャンマー国内にあったフォード財団（Ford Foundation）などの文化団体は追放され、出版物や映画、芸術に対する厳しい規制が布かれました。外国人の入国も初期は原則二十四時間に制限され、後に七日までに緩和されましたが、入国時の厳しい検査は一貫していました。このため、外国文化の影響はかなり抑えられ、「ミャンマーらしさ」が長年続くことになりましたが、他方、文化・芸術面での変化は極めて乏しいものとなったことは事実です。教育面でも学力の高さから人気のあったキリスト教系学校は国有化され、ミャンマー語教育に力を入れるようになりました。そのため、英語教育は軽視され、ミャンマー人の英語力は相対的に低下していきました。また、ミャンマー語の徹底は公教育での少数民族言語の厳しい制限にもつながり、少数民族らの不満を高めるもとにもなりました。

このような急激な経済及び社会のミャンマー化の結果、経験不十分で能力的にも未熟なミャンマー軍人の手にすべての活動が移ったため、事務処理能力などが著しく低下し、社会の各方面で混乱を引き起こしたことは言うまでもありません。

以上、補足的に社会主義計画党の政策について教科書には掲載されていない内容を見てきました。

実は、この単元で中学校の歴史教育は完了します。私は、毎回同様に、この単元の学習後に学年末テストを行っています。出題する問いは、基本的に教科書に例示された設問と同じものを使っています。すなわち、「パサパラ時代、どのように国内問題が悪化していったのか説明しなさい」、「暫定政権の行ったことを説明しなさい」、「なぜ、社会主義革命が起こったのか、その理由を説明しなさい」という三問です。

先にも触れたように、政治的にも微妙なこの単元ではあまり踏み込んだ授業を行うことはありません。生徒に教科書を音読させ、その後各自で黙読、そして私が出すいくつかの質問に答えさせて終わりとしています。したがって、生徒もほとんど内容について理解できていないことは十分に承知しています。したがって、事前にテストの出題問題が判っていても、生徒はどのように答えてよいのか、判らないというのが現状です。そこで私は、生徒のために、いつも模範解答を作ってやり、それを暗記暗唱させるようにしています。これは決して私だけが行っていることではなく、中学校や高等学校の歴史教師が広く行っている習慣です。ただ、こんなことをしていて、生徒が本当に歴史を学んだことになるのか、という疑問がない訳ではありません。しかし、現状のミャンマーの教育制度、教育方法においては、これが唯一の方法と考えられているのです。

第9章　「社会主義国家から軍事政権、そして民主政権へ」を教える

本章の「1　ビルマ連邦社会主義共和国」、「2　国家法秩序回復評議会（ＳＬＯＲＣ）」、「3　国家平和発展評議会（ＳＰＤＣ）」は「高等学校二年生歴史教科書」からの抜粋です。「4　軍事政権の登場」以降はシュウマウン氏の歴史観をもとに記述されたものです。

この内容は、中学校歴史教科書では扱われていません。中学校の歴史学習は「社会主義革命」で終わります。しかし、高等学校においては、簡単ではありますが「国家平和発展評議会（SPDC）」政権まで触れられています。前単元と同様、ここでの内容はまさに軍事政権を扱った内容のため、正直に言えば、多くの歴史教師にとってあまり進んで授業を行いたくはない単元です。幸運にも私は中学校の歴史教師なので、この内容を授業する機会はないのですが、高等学校で歴史を教えている私の友人にこの単元の授業をどのように行っているのかと尋ねたところ、彼も私と同じ気持ちだそうで、できることなら授業をしたくない単元であるとはっきりと明言していました。彼によると、授業時間が足りないなどの理由をつけて、この単元には触れないようにしている教師もいるということでした。

1　ビルマ連邦社会主義共和国（一九七四～一九八八年）

一九七四年三月二日、第一回人民議会が召集され、新憲法[1]の規定に沿ってビルマ革命評議会議長は国権を人民に委譲することを正式に決定した。これによって革命評議会は解散され、代わって二十八名からなるビルマ連邦社会主義共和国評議会（State Council of the Socialist Repblic of the Union of Burma: SCSRUB）が設置された。また、国権を行使する中央機関を選定するとともに治安行政委員会の権限は各地に設置された人民評議会に委譲された。

ビルマ社会主義計画党（BSPP）は、農民や労働者らを党の基盤階層とみなし農民組織や労働者組織を全国に組織した。また、社会民主主義国家の建設と政策実施のために退役軍人組織、文学組織、映画評議委員会、音楽評議委員会、演劇芸術評

1　新憲法は一九七四年一月三日に公布された。この憲法起草においては、一九七一年九月に九十七人委員会が組織され、その後、第一次草案、第二次草案、第三次草案が作成された。一九七三年十二月三日には国民投票が行われ、九十パーセント以上の賛成票を獲得して、新憲法への移行が行われた。

議委員会なども次々に組織した。

一九八〇年五月には、仏教の純化及び永続化と布教のために全階層僧侶会議が開催された。この会議では僧伽《そうぎゃ》（仏教で具足戒を正しく保つ出家修行者らによって構成される僧団）による戒律違反を取り締まるために、僧侶組織基本規則や僧侶資格基準規則などが採択された。

また、独立獲得のために自己を犠牲にして国家に尽くした人物に対して国家勲章が与えられた。加えて、反政府活動を行っていた者たちへの恩赦が決定され、国内外で隠れて暮らしていたこうした人々は再び市民権を取り戻し政府機関の各部署に再配属された。

第二回人民議会では政治年金法が採択され六十歳以上の政治家には政治年金が給付されるようになった。また、市民法も改訂を重ねた末に採択された。

ミャンマーは、いずれの政治的かつ軍事的ブロックにも参加せず、独自の外交政策を展開するとともに、国際連合に対しても積極的に関与した。ミャンマーは、世界のすべての国々と良好な関係を築く努力を惜しまず、他国の指導者たちと会談し、国際問題について積極的に議論を交わした。また、隣国とも平和的関係を維持した。

ビルマ連邦社会主義共和国の国旗
(2010年まで使用)

白は「純潔」（左上の図柄）、青は「平和」（左上の四角）、赤は「勇気と団結」（左上の四角部分を除く全体）、稲は「農民」、歯車は「労働者」、14の星は「七管区と七州」を示す
出典：ミャンマーの国旗（ウィキペディア）

教科書の記述を見ると、ビルマ連邦社会主義共和国の誕生という歴史的にも重大な出来事であるにも関わらず、非常に簡潔にしか記載されていないことが判ります。この時代の動向はほとんどが公にされておらず、私たち一般人には

知る由もなかったというのが事実です。最近になって、インターネットなどで外国からの情報を入手できるようになりましたが、依然として国内から発信される政治情報は限られています。

ここでは、教科書の記述を補足する意味も込めて、私が日本留学時代に入手した資料から私が理解したことを紹介していきたいと思います。まずは、この単元の最初に触れられた新憲法について説明を加えておきたいと思います。

一九七一年六月開催のビルマ社会主義計画党第一回党大会において決定された新憲法の基本原則及び制定準備手続きに基づいて、政府は同年九月に九十七人委員会を設置し憲法草案の作成に着手しました。そして、翌一九七二年四月に第一次憲法草案が発表されました。その発表の二日前にはネーウィン革命評議会議長はじめ、評議会メンバー二十一名の軍人が軍籍を離れて民間人となり民政移管の形式が整えられることになりました。この第一次憲法草案は国民の検討を経て、第二次憲法草案の作成に向かいます。さらに、第二次憲法草案は各方面で議論され、そこで出された意見を集約しながら、第三次憲法草案が作られ一九七三年十一月に発表されました。その後、同年十二月に新憲法草案に対する国民投票が行われ、その結果九十パーセント以上もの賛成票を獲得し、新憲法へと移行することになったのです。

この新憲法は、革命評議会が出した「ビルマの社会主義への道」綱領の基本理念によって、国家目標を社会主義とし、社会主義計画党の単一政党、一院制の人民議会、これを実質的に支配する大統領を議長とする閣僚評議会の法制化などが明記されました。

一九七四年一月三日、新憲法が公布され、正式国名がビルマ連邦社会主義共和国（Socialist Republic of the Union of Burma）となったのです。

では、次に当時政権を掌握したネーウィンの政権運営について説明を加えておきたいと思います。

一九七一年六月のビルマ社会主義計画党の第一回党大会において、「経済開発計画の作成及び実施のためのガイドライン」が採択され、これに基づいて長期二十カ年計画が発表されました。これは一九七一年十月から四カ年計画を五回にわたって実施する計画で、停滞経済からの脱却を目指したものです。

一九七一年十月から開始された第一次四カ年計画は、天候不順と部品・原材料不足とによる農業・工業の不振、加えて世界的なインフレにより、初年度及び次年度ともに目標を遥かに下回ったため、二年半で打ち切られました。そして、一九七四年四月からは「生産拡大、生産効率の引き上げ」をスローガンとした第二次四カ年計画が発足しました。この第二次四カ年計画は、農・林・鉱業の開発に重点を置き、国内総生産の年平均成長率四・五パーセントを目標としました。しかし、世界的なインフレ、米をはじめとする消費物資の価格の暴騰による国民の実質所得の急落は国民生活の困窮化を招きました。特に、米の集荷の失敗によって引き起こされた配給米不足に対する国民の不満は、一九七四年五月の国営労働者のストライキをはじめ、同年十二月の学生や僧侶による国際的反響を狙った前国連事務総長ウー・タント（U Thant）の遺体略奪事件となって爆発しました。さらに、一九七五年六月のヤンゴンでの学生デモ、一九七六年三月のタキン・コドーフマイン（Thakhin Ko Daw Hmain、民族詩人及び政治家）生誕百周年祭事件は、ネーウィン打倒を叫ぶに至り、七月の軍の佐官・尉官クラスによるネーウィン暗殺事件（未遂）という事態にまで発展しました。

ここにネーウィン独裁体制の支持基盤である国軍にひび割れが起こったのです。政府は、これら事件を共産党分子の煽動によるものと非難を繰り返しましたが、ビルマ連邦社会主義共和国は発足後二年数カ月にして重大な試練を迎えたのです。

軍内部に生じたひび割れは、社会主義計画党中心の社会主義強硬路線に疑問をもつグループの形成を意味しました。彼らは「ビルマの社会主義」を現実に沿って修正し、経済統制の緩和と自由化を主張していたのです。そこで、ネーウィンはこうしたグループを粛正すると同時に、他方でビルマ社会主義の修正を行います。一九七六年十月、臨時の党大会を開催し、その場で「ビルマ社会主義政策の現実的修正」を宣言します。このことは党中心の徹底的社会主義路線を主張するグループをも牽制するものとなりました。

ネーウィンは、この修正路線を実行に移すため、一九七八年三月の内閣改造の際、十七の閣僚ポストのうち十のポストに現役軍人をつかせるという大幅人事を断行し、また政府高官や当該機関の役職においても現役軍人を積極的に登用しました。

ちょうどこの時期、国内経済は好調の兆しが見え始め、天候にも恵まれたことから農業生産は増大し、インフレの鎮静化で工業生産も活発に行われるようになっていました。また、反政府勢力の活動にも鈍化傾向が見られ始めました。これまで勢力を誇っていたカレン民族同盟（KNU）やビルマ共産党などの勢力が衰えたのです。というのも、KNUはその資金源をタイとの密貿易で得ていましたが、ミャンマーの経済国有化によってそれが困難になったのです。ビルマ共産党については、ミャンマーの中国寄りの外交努力により中国側からの彼らへの支援が弱まったことで勢力が衰退したのです。

加えて、一九八〇年五月の大赦令によってウー・ヌーとその一派が釈放されたことで、ネーウィン政権はウー・ヌー勢力の基盤であった都市保守勢力の取り込みに成功したということも見逃せません。

こうして、一時は危機に直面したネーウィン政権は安定した勢力を保持するようになっていました。一九八一年八月八日、党大会最終日にネーウィンは大統領辞任を明らかにして、同年十一月に召集された人民会議でサンユー（San Yu）将軍にその地位を委譲しました。この理由として、年齢及び健康上の理由、さらに「党内で正しい時期と条件の下で円滑かつ効果的に指導者が交代するという伝統を確立したい」と述べたということです。

ネーウィンの後継者
サンユー将軍
出典：ミャンマー政府

しかしながら、一九八〇年に入るとビルマ社会主義経済の構造的問題が顕在化してきます。というのは、ビルマ社会主義経済の下では、所得税や地租、消費物資の価格は低く抑えられていました。そのため政府歳入は横ばいであるにも関わらず、開発投資の対外借款は増加傾向にあり、債務返済額は年々増加していったのです。加えて、米やチーク材の国際価格が低下傾向にあり、輸出が振るわないこともあって、外貨不足が深刻な問題となってきたのです。

政府は、輸入制限措置をとりましたが、これによって原材料の深刻な不足をきたし国営の工業部門を中心に生産が落ち込みました。こうして、たちまちもの不足となり、闇商品への依存度が高まり、かつインフレが進行し、都市部を中心に住民の生活は圧迫されるようになっていったのです。

こうした状況下、一九八五年十一月、政府は突然、高額紙幣（二十、五十、百チャット）の流通を停止し、手持分についても銀行に預金するように布告を出しました。これは、不正所得や闇取引・密輸資金の回収、国家財政の補塡、インフレの抑制などを意図したものであるというのが政府の認識ですが、国民の政府に対する不満と不信は大きくなるばかりでした。

一九八七年十月、ネーウィンは異例の会議を招集し、過去における諸政策に失敗のあったことを認め、この点については是正すべきであり、そのためには憲法改正をも躊躇すべきではない旨を述べ、経済改革に乗り出しました。この経済改革では、これまで統制下に入っていた米や豆類など農産物主要九品目の取引が自由化され、また地租も従来の金納から現物納に改められました。また二十五チャット、三十五チャット、七十五チャット紙幣を廃貨処分としました。

こうした状況の中で、民衆の不満は徐々に高まり、ついにそれが爆発する時がやってきました。一九八八年三月、ラングーン工科大学の学生と地元有力者の息子とが地元の喫茶店で音楽テープを巡って喧嘩《けんか》となり、これに治安警察が出動し一人の学生活動家ポーモウ（Phone Maw）が射殺されたのです。これは、一気に学生と軍政府との対立にまで発展しました。ラングーン工科大学やラングーン大学の学生らが大規模なデモを行うと、軍はこれを弾圧し、インヤー湖（Inya Lake）沿いのダダーピュー（Dadaphyu）で大量の死傷者を出すに至ったのです。ネーウィンはこの後、四月には平然と恒例のスイス及び西ドイツへの健康診断を名目とした外遊に出てしまいます。

同年六月、再びヤンゴンで学生デモが始まりました。ちょうどこの時、経済政策の違いからネーウィンに解任されたアウンジー（Aung Gyi）元准将の体制批判文書が町中に出回ったことで、このデモは一般市民をも巻き込んで大きなものとなっていきました。ネーウィンは、同年七月に臨時党大会を開催し、自身の党議長職からの辞任を表明するとともに、国民が希望するなら複数政党制に移行することも検討すると述べました。この演説によって、これまでの反

BSPP時代最後の大統領マウンマウン

出典：ミャンマー政府

8888民主化運動における学生のデモ

出典：根本敬、1996年、前掲書、217頁より転載

ネーウィン運動が一気に民主化運動の色彩をもつようになったのです。さらに、ネーウィンは「私は引退するが、再び国民が騒動を起こした場合には、国軍はそうした連中に対して威嚇射撃ではなく、当たるようにねらいを定めて撃つから覚悟しておくように」と述べたということです。

同年七月二十七日、ネーウィンは党議長職を辞任、サンユー大統領も辞任し、後任にセインルイン（Sein Lwin）が選出され、彼が両方を兼任することとなりました。しかし、彼は軍内強硬派の一人で、一連の学生デモ弾圧の直接の責任者でもあったので、学生や市民はますます不満を抱き、八月に入るとセインルイン打倒のゼネストが起こりました。彼は軍を出動させ、発砲したことで、再び多数の死傷者が出る事態となり、市民らは政府に対してより反発を強める結果となりました（「８８８８民主化運動」。一九八八年八月八日に起こったデモが民主化運動の象徴と捉えられていることからこのように呼ばれている）。

この状況はもはや回避できないものとなり、セインルインはわずか十八日で辞任し、代わって文民のマウンマウン（Maung Maung）を大統領に据えました。しかし、市民の政府への不満は一向に収まることなく、ますます激化していくばかりでした。

ただ、当時のミャンマーの深刻な問題は、国軍が率いるＢＳＰＰ以外に有力な政党が存在しなかったことです。同年八月二十六日には、アウンサンの娘であるアウンサン・スーチー（Aung San Suu Kyi）[注]が民衆の前で初めて演説を行いますが、この頃はまだ同国の最高指導者として行動しようとするものではありませんでした。彼女の他には、アウンジー元准将、ティンウー（Tin Oo）元国防大臣なども政治集会を催すようになっていました。

［注］ 一九四五年六月十九日、首都ラングーン（現ヤンゴン）に生まれる。母キンチー（Khin Kyi）がインド大使としてデリー（Delhi）に赴任したため、学生時代は同地で過ごし、一九六二～六三年にデリー大学レディ・スリラム・カレッジ（Lady Shri Ram College）で政治学を学ぶ。その際、マハトマ・ガンジー（Mohandas Karamchand Gandhi）の非暴力・非服従運動に大きく影響される。一九六四～六七年にはイギリスのオックスフォード大学セント・ヒューズ・カレッジ（St. Hugh's College, Oxford）では政治学、哲学、経済学を学び学士号を取得する。国連に三年ほど勤務した後、一九八五年には京都大学（東南アジア研究センター）で客員研究員として勤務した。一九八八年四月母の看護のためにミャンマーに帰国し、その後、「民主化要求運動」に参加。一九九一年それまでの論文、演説、インタビューがまとめられた本がロンドンで刊行される。

２ 国家法秩序回復評議会（ＳＬＯＲＣ）（一九八八～一九九七年）

ビルマ社会主義計画党（ＢＳＰＰ）の弱体化に伴って、一九八八年、国内外の左翼及び右翼両グループによる暴動が起こった。過激派によるこうした暴動は国内を統一していく上での危機的な状況を生むことになった。[2] すなわち、国家の独立と主権の喪失という危機である。このような状況の下、一九八八年九月十八日、ビルマ国軍は国家法秩序回復評議会（State Law and Order Restoration Council: SLORC）を組織し改めて政権を掌握すると、[3] 直ちに実行すべきこととして以下の四点を宣言した。

・ミャンマー全土における法の秩序と国土の平和及び静寂の回復
・安全かつ円滑な輸送及び通信の保障
・国民の衣食住に関する問題の軽減
・複数政党参加による総選挙の実施

２ 同教科書におけるこの解釈は国軍側からの解釈である。実際には、ラングーン工科大学やラングーン大学の学生、さらに一般市民を含む多くの国民による反政府運動、民主化運動であると言える。

３ ＳＬＯＲＣによる政権掌握は、国軍の武力行使（クーデター）によって突然行われたものであり、一九八八年三月以降、国内で高まりつつあった民主化への移行という国民の希望を一気に削ぐものであったと考えられる。

「法の秩序と国土の平和及び静寂の回復」に関して、政府は地上及び地下に存在する破壊的で危険なすべての分子を撃退しなければならなかった。ビルマ国軍は国家主権を危機に晒そうとする暴徒たちの行動を抑えたり、麻薬を禁止したりした。また、法律を必要に応じて改正、失効させたり、新たな法律を制定したりした。これらの業務は、裁判所、司法局、監査局で行われた。さらに、司法局によって各地に法律事務所が開設され、法律に基づいた適切な法的処理が実施された。SLORCは、法の秩序と国土の静寂の回復のために努力を惜しまず行動したため、無政府状態という最悪の事態は回避された。

「安全かつ円滑な輸送及び通信の保障」に関しては、全国における州及び管区、市や町をつなげる新しい道路の建設をはじめ、古い道路の補修や未完の道路の建設が迅速に行われた。

「国民の衣食住に関する問題の軽減」については、政府は農業セクター及び木材セクターを重視し、米作、灌漑、消費作物及び商品作物生産の開発計画、また水源、耕作可能地、牧場などの開発計画を速やかに実行に移した。これによって、森林伐採可能地域、苗床、木材生産なども大きく増加していった。SLORCは、経済の発展については努力を惜しまず、これまでの社会主義経済体制から資本主義経済体制への移行を円滑に進めた。

「複数政党参加による総選挙の実施」に関しては、一九九〇年五月二十七日に総選挙が実施されている。

SLORCは基本理念として以下の「三大責務」を掲げた。

エヤワディ川に架かるナワダイ(Nawaday)大橋
出典：教育省「高等学校2年生歴史教科書」2014年より転載

・連邦を解体させない
・諸民族の連帯団結を壊さない
・国家主権をしっかり維持する

SLORCは、「和解」はミャンマーという国家を維持していく上で歴史的に必要な段階に来ていると認識し、武装民族集団らに対し和解を提案し平和な国家建設を試みた。これは「三大責務」という政府の基本政策に基づいたものである。これに対し、十七の武装民族集団らが政府の真意を理解して和解に応じた。

これと同時にSLORCは、辺境地域及び少数民族地域における開発を実施した。一九九二年九月二十四日には、辺境地域少数民族開発省（Ministry of Progress of Border Areas, National Races and Development Affairs: MPBANRDA）[4]が設置され、何十億チャットもの資金が投入され辺境地域の経済開発が行われた。その結果、軍政府と和平を締結した辺境地域は、以前とは比較できない程の経済発展を遂げた。SLORC政府下での武装民族集団らの帰順はミャンマーにおける国内の安定と平和にとって非常に重要なものであった。

また、SLORCは新しい憲法草案作成のために、その基本理念を議論する場としての国民会議（National Convention）の招集を計画し、国民会議準備委員会（National Convention Convening Commission）を設置した。そして、一九九三年一月九日、同会議が開催され、新憲法草案の議論が開始された。

4 現在、国境省（Ministry of Border Affairs: MBA）に改組されている。

さらに、SLORCは植民地時代からのケシ栽培と麻薬問題を解決した。例えば、シャン州東部のマイラー（Mai Lar）地区はケシ撲滅地域に指定され、ケシに代わる代替作物の栽培が行われるようになった。そのほかのケシ栽培地域においても同様のことが実施された。

外交関係においては、ミャンマーは一九九七年七月二十三日に東南アジア諸国連合（Association of Southeast Asian Nations: ASEAN）[5]に加盟し、正式メンバーとなった。

5 東南アジア十カ国の経済、社会、政治、安全保障、文化に関する地域協力機構である。本部はインドネシアのジャカルタ（Jakarta, Indonesia）に置かれている。一九六七年の結成時には、インドネシア、シンガポール、タイ、フィリピン、マレーシアの五カ国であったが、その後、ブルネイ（一九八四年）、ベトナム（一九九五年）が参加し、ミャンマーはラオスと共に一九九七年に加盟した。また、一九九九年にはカンボジアが加盟し現在の十カ国となった。

3 国家平和発展評議会（SPDC）（一九九七～二〇一一年）

ミャンマー国内に芽生え始めた民主主義の実現と平和で発展した新しい国家建設という目標に沿って、一九九七年十一月十五日、SLORCは廃止され、代わって国家平和発展評議会（State Peace and Development Council: SPDC）が同日、十九名の閣僚の就任とともに発足した。このSPDCは国家と人民の利益を実現するために組織されたものである。

SPDCは平和で発展した新しい国家の建設のために、早速、十二からなる目標に基づいた政策を実行に移した。この十二の目標は、政治的目標、経済的目標及び社会的目標から構成されていた。

ここまでが高等学校二年生（高等学校最終学年）歴史教科書で扱う内容です。すわなち、中学校から高等学校の六年間を通じて扱う全内容がここで完了したことになります。

すでに見てきたように、国家法秩序回復評議会（SLORC）やそれに続く国家平和発展評議会（SPDC）の政権についてはごく簡潔にしか書かれておらず、その内容もミャンマーの一般の人々が当時の社会生活を通して感じていた印象とはかなり違っています。

ここからは、私が留学中に入手した資料をもとに、私自身が組み立てたミャンマーの現代史です。こうした情報は、現時点においても国内では入手することは難しく、仮にできたとしても軍事政権に対して否定的な歴史観は未だに許されないでしょう。したがって、以下に記載するものは、これまでの軍事政権下で編纂された教科書における歴史観とはかなり異なっていることをご了承いただければと思います。

4　軍事政権の登場

■SLORCの結成

一九八八年九月一日午後四時過ぎ、国軍が「法秩序の回復」と「国土の治安維持」を名目に全権を掌握したことが国営ラジオを通じて発表されました。そして、ソウマウン（Saw Maung）大将を議長とする国家法秩序回復評議会（SLORC）を設置し、複数政党制による総選挙を通して新しい政権が成立するまで、戒厳令に基づき、国権の最高機関として国家を統治することが宣言されました。これに反発したヤンゴンの学生活動家たちは同日の夜以降から全国でデモやストライキを続けました。これらの運動に対して国軍は発砲するなど厳しい弾圧を加えました。特に、十九日のヤンゴンのアメリカ大使館前での学生デモへの発砲は、勇気ある一人の学生によるビデオ撮影によって、その悲惨な状況が世界中に流されました。この後、軍政府は直ちに学生指導者を多数逮捕し、さらにデモやストライキに参加した公務員を解雇するなど厳しい措置に出たために、一時的にデモは沈着したかに見えました。

■SLORC政権の目論見とアウンサン・スーチーの登場

SLORCは、早速、新政権は旧体制と異なることを示すために、ビルマ式社会主義を放棄し、彼らなりの政治経済改革を開始しました。ここで国名を「ビルマ連邦社会主義共和国」から「ビルマ連邦(Republic of Burma)」とします(なお、十カ月後の一九八九年六月には突如、国名の英語名を「ビルマ(Burma)」から「ミャンマー(Myanmar)」へ変更しました)。また、約束通り複数政党制に基づく総選挙の実施準備を始めました。SLORCによれば、この総選挙は自由で公正な選挙であり、その後、民意に基づいた政権を樹立していくとされましたが、これはSLORCの存在を内外へアピールすることが目的であり、真意ではないことが総選挙が近づくにつれ明らかになっていきました。SLORCの真意とは、選挙後もあくまで国軍の論理に基づいた手続きを進め、国軍主導の権力体制を引き続き維持していこうというものであったと考えられています。

一九八八年、アウンサン・スーチー(Aung San Suu Kyi)は、ティンウー(Tin Oo)元国防大臣、アウンジー(Aung Gyi)元准将らと国民民主連盟(National League for Democracy: NLD、後にアウンジー元准将は離脱し連邦民族民主党〈United Nationals Democracy Party: UNDP〉を結成)を立ち上げ、自ら書記長に就任します。そして同年十一月から積極的に地方遊説を行い、ミャンマーの置かれている現状の理解に努めました。翌一九八九年四月五日、デルタ地帯のダニュビュー(Danuphyu)で事件が起こりました。ちょうど彼女が演説していたところ、突然ジープから降りてきた六名の国軍兵士がアウンサン・スーチーに銃を向けたのです。しかし、彼女は怯《ひる》むことなく、一人で兵士らの方へ歩いていき、ほかの人を巻き添えにしないで自分一人だけをターゲットにするように言い放ったのです。結局この時には兵士らは上官の命令で射撃を断念しました。

これを契機に、アウンサン・スーチーは軍事政権への批判を強め、あくまでも非暴力を基本としながらも、不当な権力や法には従う必要はないという主張を繰り返すようになっていきました。加えて、彼女はネーウィンや軍事政権は、父アウンサンの遺志を踏みにじってきたとまで発言するようになりました。このことは、国軍側からすれば、「国軍の象徴」であるアウンサンが、アウンサン・スーチーの人気によって「民主化の象徴」へと変えられてしまうという危機感へと発展することになったのです。こうして、一九八九年七月、国軍はアウンサン・スーチーらNLD幹部を国家防御法違反で逮捕し、彼女を自宅軟禁にしてしまうのです。

■一九九〇年総選挙とその後の政権運営

ところで、一九九〇年五月二十七日、公約通り総選挙が行われました。この時、登録されていた政党は九十以上にのぼりましたが、その中でもひと際注目を引いたのがアウンサン・スーチー率いるNLDでした。ただし、彼女自身は軟禁状態のため立候補できませんでした。選挙結果は四百八十五議席中、NLDが三百九十二議席を獲得し大勝しました。他方、政権与党の国民統一党（National Unity Party: NUP）はわずか十議席にとどまり、さらにアウンジー元准将の連邦民族民主党は一議席と振るわず、彼自身は落選しました。

どの政党も単独過半数は獲得できないと予想していた軍政府は、この選挙結果に驚き、この選挙結果を無視してしまいます。その理由として、軍政府は、政権委譲よりも新憲法制定を優先させるというものであり、選挙結果に基づいた新議会では特定の政党の主義主張に偏ってしまう危険性があると言い出したのです。NLDの議員らはこれに反対しましたが、軍政府の姿勢は変わりませんでした。

こうした状況の下、欧米諸国ではミャンマーの民主化が推進される一助になればという期待から、一九九一年アウンサン・スーチーにノーベル平和賞を授与しました。

一九九二年四月、ソウマウン議長が引退し、代わってタンシュエ（Than Shwe）上級大将がSLORCの議長

タンシュエ上級大将
出典：ミャンマーの大統領（ウィキペディア）

に就任しました。そして、翌一九九三年一月より新憲法草案について国民会議が召集され審議が開始されました。しかしながら、新憲法草案作成のための国民会議は途中何度も休会を繰り返し遅々として進みませんでした。そして、十五年後の二〇〇八年二月にようやく草案作成が完了し、同年五月に行われた国民投票で九十パーセント以上の賛成票を獲得して、五月二十九日に新憲法が布告されました。この憲法には種々の問題があるという各方面からの指摘はあるものの、憲法の構成自体は、れっきとした民主憲法の建て付けとなっていると考えられます（本憲法については、次節「5　二〇〇八年憲法の成立」を参照）。

タンシュエがSLORCの議長に就任すると、政治犯の釈放をはじめ、自宅軟禁中のアウンサン・スーチーとの対話を始めるなど、柔軟な姿勢を見せ始めます。そして、一九九五年七月には六年ぶりにアウンサン・スーチーを自宅軟禁から自由の身にしました（ただし、その後再び身柄拘束）。しかし、彼女に対する政治活動の自由は認めず、毎週土曜と日曜に開く市民との対話集会を黙認したに過ぎませんでした。

一九九七年、ミャンマーは東南アジア諸国連合（ASEAN）に加盟したこともあって、政権を新たにするという意味も込めて、軍政府は十一月十五日にSLORCを廃止すると、それに代わって新たに国家平和発展評議会（SPDC）を組織し、その議長にはタンシュエ上級大将が就任しました。ただ、SLORCからSPDCに名称を変えたものの、国軍が国家権力を独占するという政治体制には変更はなく、引き続き軍事政権が布《し》かれることになりました。

■SPDC下の政治

ＳＬＯＲＣ時代、閉鎖的なビルマ式社会主義を放棄して、対外開放・市場経済という新たな経済体制へ移行したことで、様々な経済的利益の恩恵を享受することが可能になりました。例えば、これまで国家の独占であった外国貿易への民間参入が認められ、一九八九年にはタイとの間で貿易協定が締結されたのを皮切りに、中国、インド、バングラデシュ各国との間で国境貿易拠点が開かれるようになり、同国は東南アジアに展開する広域交易圏に復帰できました。また、この開放政策は近隣諸国から歓迎され、例えば、中国は軍事政権の支持を表明し、これまでのビルマ共産党への支援を中止しました。タイもカレン民族軍支配地域を両国の緩衝地帯として利用する政策を打ち出し、ミャンマー軍事政権と手を結ぶようになりました。欧米諸国からの同国軍政に対しての批判が高まる中、近隣国との友好関係は成功していたと言え、一九九七年七月のＡＳＥＡＮ加盟はミャンマーにおける地域統合の一つの頂点であったとも考えられます。

しかし、ＳＬＯＲＣからＳＰＤＣへと改組され再出発しようという時になって、ミャンマーの対外政策は再び内向きとなり、市場経済化政策は停滞し、経済統制が強まっていくことになります。この背景には、アジア経済危機による景気減速と外貨危機がありました。加えて、軍政に対するミャンマー国内の民主化勢力の挑戦も非常に大きな影響を与えました。ＮＬＤのアウンサン・スーチー書記長が国際社会に同国への経済制裁を呼びかけ、欧米諸国から一定の成果を引き出す中で、軍政は国内反対勢力の抑え込みと治安維持を最優先課題とせざるを得なくなったのです。こうした状況下では、社会不安を引き起こす可能性のある政策は、それが仮に中長期的に経済成長を促進するものであったとしても容易には実施に移せなくなったのです。

国内政治が膠着《こうちゃく》状態に陥り、国際社会からますます厳しい批判が打ち寄せる中で、軍政は内向き志向を強めていくことになりました。それでも、軍政は二〇〇一年から二〇〇二年にかけては、民主化運動を主導したＮＬＤ党員などの逮捕者を次々に釈放したり、元大統領ネーウィンの一族をクーデターを企てた容疑で拘束、逮捕、そして死刑判決を下すなど、これまでの独裁に対する反省と柔軟な政治的姿勢を示そうとしましたが、その姿勢が逆にNLDをはじめとする民主化運動の再燃を招き、二〇〇三年には再びアウンサン・スーチー書記長や多くの民主主義活動家の逮捕に踏み切らざるを得なくなりました。

そして、二〇〇五年七月、翌年予定されていたASEAN議長国への就任が欧米諸国の反対によって辞退に追い込まれると、同年十一月には、国際社会に背を向けるかのように、突然、首都をヤンゴンからミャンマー中部の田舎町に移転してしまいます。新首都は「ネピドー（Nay Pyi Taw、「王都」の意）」と命名され、すべての省庁が移されました。新首都建設には巨額の国家資金が投入され、財政赤字の原因となりインフレを煽《あお》りました。こうして、二〇〇七年には大規模な反政府デモが勃発し、軍及び治安部隊も多数出動する大事態にまで発展したのです。同年九月に起こった大暴動は、もともとパコク（Pakoku）の僧侶が参加したデモに対して、治安当局が威嚇発砲し、かつ僧侶に暴力を振るったことが直接のきっかけでした。これに対し、全ビルマ僧侶連盟（All Burma Monks' Alliance: ABMA）[6]は軍政に対して謝罪を求めると同時に物価引き下げ、政治犯釈放、民主化勢力との対話という四項目を要求しましたが、残念ながら軍政はこれを無視しました。これによって全国にデモが拡大していったのです。[7]国軍によってデモは鎮圧されたものの、国民の不満は高まるばかりで、また国民生活の苦境は一向に改善されないままでした。

欧米諸国からはミャンマーに対する新たな制裁措置が出されたり、これまでの措置が強化されたりしました。また、国連をはじめASEANなどの国際機関からは対ミャンマーへの批判が強まり、このままの状態では完全に世界から孤立してしまう危機に直面しました。この状態が続けば、ミャンマー経済は崩壊し、国家の持続発展さえも難しくなっていくことは容易に想像できました。

5　二〇〇八年憲法の成立

すでに触れたように、一九九三年一月から開始された新憲法草案作成は、タンシュエＳＬＯＲＣ議長（その後、一九九七年十一月からはＳＰＤＣ議長）指導の国民会議で行われましたが、完成したのは開始から十五年後の二〇〇八年二月でした（布告は同年五月二十九日）。

この憲法は、各方面から問題ありとの指摘もありますが、同憲法の制定過程においては有効な国民投票を経ており、また国民の九十パーセント以上の賛成も得ているので、適正な過程を踏んで成立した憲法であると考えられます。また、第一章「国家の基本原則」には、「真正かつ規則正しい複数政党制民主主義の発展」、「法の下の平等、自由及び平等という普遍的価値の更なる発展」（共に第六条）などが明記されており、かなり民主的な考え方が取り入れられていると言えます。

しかし、メディアなどでよく指摘される同憲法の問題は、「国家が国民政治の実現を目指していく際に、国軍の国民政治への参画を可能とすること」（第六条）、「連邦議会、管区・州議会の代表には、この憲法が定める数に基づき国軍司令官の提出する名簿に含まれる軍人が含まれる」（第十四条）、「大統領と二名の副大統領のうち一人は軍人から選出しなければならない」（第六十条）、「国民議会の定数は最大四百四十名とし、そのうち国軍司令官が法律に従い指名した軍人最大百十名」（第百九条）などの記載があることで、これは国軍の特別な地位を保障する目的がうかがえます。

また、大統領の資格要件として、「最低二十年間継続して我が国に居住していた人物でなければならない」、

6　全ビルマ僧侶連盟（ＡＢＭＡ）は二〇〇七年八月からパコクやシトウェ（Sittwe）で起こった僧侶によるデモ（サフラン革命〈Saffron Revolution〉）をきっかけに、全ビルマ青年僧侶同盟（All Bruma Young Monks' Union: ABYMU）、全ビルマ僧侶連合（Federation of All Bruma Monks' Union）、ラングーン青年僧侶同盟（Rangoon Young Monks' Union: RYMU）、ビルマサンガドゥタ評議会（Sangha Duta Council of Bruma）らが集まって組織された集団である。結成は二〇〇七年九月。

7　九月二十七日、このデモの取材中であった日本人ジャーナリスト長井健司氏が国軍によって銃撃され死亡したことは日本のメディアで大きく取り上げられた。

「本人、両親、配偶者、子供とその配偶者のいずれかが外国政府から恩恵を受けている者、もしくは外国政府の影響下にある者、もしくは外国国民であってはならず、また、外国国民、外国政府の影響下にある者と同等の権利や恩恵を享受することを認められた者であってはならない」（共に第五十九条）などの条文もあり、これは明らかにイギリス人を夫にもつアウンサン・スーチーが大統領に就任できないように企図したものであると言われています。[8]

さらに、国家の非常事態時の規定も問題として指摘されています。これは第十一章「国家緊急事態」の記述が中心になってきますが、ここで「大統領は、第四百十七条の国家緊急事態を宣言する際、国軍司令官が国内の速やかな原状回復に向けた必要な措置を取れるよう、立法・行政・司法の各権を国軍司令官に委譲する旨宣言しなければならない。その宣言がなされなければならない」（第四百十八条）と述べられ、このことは、国家の非常事態の際には、国家の統治機構の最高権限者は軍司令官に自動的に移行し、議会の議員は自動的に失職してしまい、国軍の最高司令官が立法、行政、司法の執行権を有するようになって国民の基本的人権を制限することができるということを意味するのです。

このように、同憲法の背後に見え隠れする国軍が、実質的な統治権者となり得る制度が問題とされているのです。厳格な意味での民主憲法とはとても評価しがたいというのが一般的な見方となっています。

6　ロヒンギャ問題

二〇一五年に入ってからメディアで「ロヒンギャ（Rohingya）」が取り上げられ、国際的に大きな問題となっています。この、いわゆる「ロヒンギャ問題」は大量のベンガル系イスラム教徒がミャンマーからボートに乗って東南アジアの国々に流出しているにも関わらず、東南アジア諸国は一様に受け入れを拒否しており難民化し

ロヒンギャ難民を乗せたボート

出典：環境金融研究機構「存在さえ否定されたロヒンギャの迫害をスーチーはなぜ黙って見ているのか」2015年６月より転載

ているという問題です。同年五月二十九日にはタイのバンコクでロヒンギャ対策会議が開催され、会議の場で国連難民高等弁務官事務所（United Nations High Commissioner for Refugees: UNHCR）は「ミャンマーが責任を負うべき問題であり、究極的にはロヒンギャに市民権を与えるべきである」と主張しました。これに対しミャンマー側は「ロヒンギャはバングラデシュからの違法移民である」という従来の主張を繰り返すのみでした。

さて、ミャンマー国内におけるロヒンギャ問題はどのようにして発生したのでしょうか。ここではロヒンギャに関する歴史を概観しておきましょう。歴史を遡ると、ラカイン地方で勢力を伸ばしたミャウウー王国（一四二九～一七八五年）において、すでに多数のベンガル系ムスリムがビルマ系仏教徒と共に居住していたことが判っています。彼らは捕虜やその子孫、または傭兵とその家族でしたが、彼らの中には王国の宮廷内でも確固とした業務についていたものが少なくなかったということです。このようにミャウウー王国時代はムスリムと仏教徒が共存しており、両者の対立はなかったと考えられています。

その後、ミャンマーではコンバウン朝が興り、一七八五年にミャウウー王国がコンバウン朝に滅ぼされると、ラカイン地方に居住していたムスリムらが大量にベンガルに流出していきました。しかし、イギリス植民地主義勢力がミャンマーに侵攻し、一八二六年にラカインがイギリスに占領されると、今度は逆にベンガルから大量のムスリムが流入してきたのです。この時からラカイン地方においてベンガル系イスラム教徒とビルマ系仏

8　アウンサン・スーチーは国連本部での勤務時代にオックスフォード大学の後輩であり、当時ブータン（Bhutan）在任だったチベット研究者マイケル・アリス（Michael Vaillancourt Aris、一九四六～一九九九年）と一九七二年に結婚。その後、専業主婦となり、一九七三年に長男アレキサンダー（Alexander Aris Myint San Aung）、一九七七年には次男キム（Kim Aris）をもうけている。

教徒の対立が表面化するようになってきました。

一八八六年、ミャンマー全土がイギリスの占領下に入り、「イギリス領インドのビルマ州」として位置付けられると、今まで以上に大量のベンガル系ムスリムがミャンマーに流入するようになってきました。彼らのほとんどはヤンゴンなどの港湾都市で荷役などの低賃金重労働に従事し、通常は二、三年で帰国する短期労働者でしたが、ラカイン北西部へのムスリム移民は土地を得て定住する者も少なくありませんでした。こうして、ラカイン北西部において、徐々にベンガル系イスラム教徒とビルマ系仏教徒の対立が明確になってきたのです。

この対立構図に拍車をかけたのが日本による占領政策です。日本軍はイギリス植民地軍をミャンマーから撃退するために、特にラカイン地方の仏教徒を中心に武装させました。他方、イギリス植民地軍はそれに対抗するためにベンガル地方のムスリムを武装させました。こうしてラカインとベンガルの間で日本軍とイギリス軍が対峙することになったのですが、実はこれは日本軍とイギリス軍の対立というよりも、むしろビルマ系仏教徒とベンガル系イスラム教徒の対立という構図として深刻化していったのです。ラカインのビルマ系仏教徒は、イギリス植民地時代以来、ベンガル系イスラム教徒によって収奪されていた土地を奪回しようと彼らを迫害し始めたのです。これによって両者の対立はもはや回避できない段階にまで達していました。

ミャンマーは、一九四八年、ビルマ連邦（The Union of Burma）として独立を果たしましたが、その時点ではラカイン北西部はまだ中央政府の権力が十分に及ばない地域でした。その頃、東パキスタン（当時）で深刻な食料不足が発生し、それに苦しんだ大量のベンガル人がラカインに流入してきました。この中にはパキスタン人に率いられた「ムジャヒディン（Mujahidin）」[9]と呼ばれる武装勢力も含まれていました。この武装勢力は一九六〇年代初頭にビルマ国軍によって鎮圧されています。ちょうどこの頃からラカイン北西部に居住するムスリムの総称として「ロヒンギャ」という呼称が使われるようになったと言われています。ちなみに、「ロヒンギャ」の由来にはいくつかの説がありますが、その一つにミャウウー王国の首都ムロハウン（Mrohaung）から来ているという説があります。なお、この「ロヒンギャ」という名称が正式文書に登場するのは一九五〇年のウー・ヌー政権時代になってからです。

一九七八年にはネーウィン政権の下で「ナーガミン作戦（Operation King Dragon）」が開始され、一万人ものロヒンギャ（主に子ども）が亡くなり、三十万人にも及ぶロヒンギャが難民としてバングラデシュに逃れたと言われています。

一九八二年にミャンマー政府は市民権法を成立させました。この法律ではロヒンギャは非国民とされ、無国籍として扱われるようになったのです。また、一九八八年にはロヒンギャがアウンサン・スーチー率いるＮＬＤの民主化運動を支持したために、軍政は直ちにラカインのマユ（Mayu）国境地帯に軍隊を派遣し、彼らに対する迫害と弾圧を開始しました。ここで行われた、いわゆる「ピアタイチ作戦（Pia Taych Operation）」と呼ばれる軍事行動では、捕らえたロヒンギャを強制労働に従事させたり、家屋や財産、家畜、食料などあらゆる所有物が没収され、反抗すれば容赦なく暴行や強姦を受け、時には殺されることもあったということです。そのため、一九九一年から九二年、さらに一九九六年から九七年には多数のロヒンギャが川幅一～二キロメートルのナフ（Naf）川を小舟でわたり、あるいは山々を徒歩で越えてバングラデシュに逃れました。この数は二十八万人にも上り、当時としてはカンボジア難民（約三十五万人）に次ぐアジアでもあまり例を見ない大量難民の発生となったのです。これに対しバングラデシュ政府は彼らを強制送還させるという強硬措置をとり、一大国際問題にまで発展しました。

近年では、二〇一二年にはロヒンギャとラカイン仏教徒の間で再び大きな衝突が起こり、二百人以上が死亡、十三万から十四万人ものロヒンギャが住処を奪われ、難民キャンプに収容されるという事態が発生しています。

9　アラビア語で「ジハード（Jihad、聖戦）を遂行する者」を意味し、イスラム教の大義に則ったジハードに参加する戦士たちを指す。

こうした状況の下、ミャンマーとバングラデシュの国境に厳戒態勢が布かれ、陸路での流出は困難となったことから、迫害されたロヒンギャは海路によってタイ、インドネシア、マレーシアなどに流出することになりました。しかし、これらの国々のロヒンギャに対する態度は厳しく、インドネシアとマレーシアは一年間の期限付きで居住を認めるという緊急対処を行いましたが、タイは不法入国者として扱う態度を崩していません。

ミャンマーのテインセイン（Thein Sein）大統領は、二〇一三年五月二十日、アメリカのオバマ（Barack Hussein Obama）大統領の訪緬時に「ミャンマー国内のイスラム教徒との民族間対立を解消する」旨の発言を行い、「ロヒンギャ」という呼称は使わなかったものの同問題に対処していくことを約束しました。しかし、ラカイン州政府はロヒンギャ・ムスリムを対象に二人までの産児制限を法制化したり、ミャンマー国会でも産児制限法が成立するなど、明らかにロヒンギャに向けた政治的迫害が行われているのが現状です。また、ミャンマー国内にはアシン・ウィラトゥ（Ashin Wirathu）を指導者とする「969運動（969 Movement）」[10]と呼ばれる仏教過激派民族運動があり、時として反ムスリムの運動が各地で起こる状況があります。

このように、「ロヒンギャ」の市民権は未だに明確でなく、難民として東南アジア諸国の難民キャンプなどでの生活を余儀なくされているのです。今後、早急に彼らの市民権獲得に向けた法的措置の改善が求められます。ちなみに、日本にもロヒンギャと呼ばれる人々が生活しています。群馬県館林市には約二百人のロヒンギャがひっそりと暮らしていますが、彼らは「難民」とは認定されておらず、仕事や医療面で苦境に立たされています。

7 民政移管から二〇一五年総選挙まで

二〇一一年三月三十日、国家平和発展評議会（SPDC）は解散し、二〇〇八年発布のミャンマー連邦共和国

テインセイン大統領
出典：ミャンマーの大統領（ウィキペディア）

憲法に基づいた新政権が誕生しました。この新政権の誕生によって、一九六二年から約五十年続いたミャンマーの軍事政権は終止符を打ち、名実ともに新しい民主政権の時代に入ったのです。

新政権の大統領には、テインセインが就任しました。彼は、もともと軍人（就任直前の階級は「中将」）ですが、大統領就任の一年前にあたる二〇一〇年四月二十六日に軍籍を離脱していることから、この新政権は文民政権であるとも言えます。彼は、タンシュエ議長率いるＳＰＤＣ政権下で、国家平和発展委員会副書記長（二〇〇三年）、同第一秘書長（二〇〇四年）、首相代行及び首相（二〇〇七年）などを歴任しており、政治経験は豊富です。テインセインは軍籍を離脱した三日後の四月二十九日に連邦団結発展党（Union Solidarity and Development Party: USDP）を結成し、自ら党首に就任しています。

政府は、二〇一〇年十一月七日、新憲法に基づく総選挙を実施しました。この選挙では、新憲法に反対していたアウンサン・スーチー率いるＮＬＤは不参加でした。選挙結果は、テインセインのＵＳＤＰが八十パーセントの得票で圧勝しました。この結果を受けて、政府は翌年一月三十一日に首都ネピドーで連邦議会を開催し、政権移譲の準備を進めることになりました。

テインセイン大統領は、就任後、軍政下で逮捕・拘束されていた政治犯の恩赦による釈放をはじめ、言論の自由や集会の自由、メディア法の制定による表現に関わる基本的人権の実現、また政党登録法を一部改正してＮＬＤを政党復帰させるなど、矢継ぎ早に民主化政策を実施していきました。実は、テインセイン政権の改革

10　「９６９運動」の名称は、仏陀の九徳、法の六徳、僧伽《そうぎゃ》の九徳を表している。ミャンマーのムスリムは『コーラン（Quran）』冒頭、「慈悲深く、慈愛あまねきアッラーの御名において」の一文を数字に置き換えた「７６８」をムスリムの印として常用していることに対抗して、仏法僧の三宝を表す数字を用いた。

アウンサン・スーチー
出典：Claude Truong-Ngoc より転載

は、こうした政治的なものだけではなく、国民の社会生活や教育にまで広範囲に及んでおり、これら社会経済改革、教育改革は現在も進行中です。

二〇一二年四月、連邦議会の補欠選挙が実施されました。この選挙でNLDはアウンサン・スーチー自身を含む四十四人の候補者を擁立し、そのうち四十人が当選という大勝を果たしました。この時、一九八八年のような政府による妨害はなく、アウンサン・スーチーをはじめ、当選したNLD党員たちはテインセイン政権に野党議員として参加することになりました。このことは、国際社会からミャンマーが民主国家として適正な手続きを踏んだとして評価を受けました。

この後、同年七月には、アメリカがミャンマーに対する経済金融制裁の一部を解除するという大統領令を発表し、また、十一月には現職大統領としては初のオバマ大統領のミャンマー訪問が実現すると、アメリカの対ミャンマー経済制裁はほぼ解除されることになりました。こうした状況下、ヨーロッパ連合（European Union: EU）も経済制裁を解除するに至り、ここにミャンマーへの外国からの投資環境が最低限整うことになったのです。

国際社会への復帰を果たしたミャンマーは、二〇一三年、東南アジア競技大会（SEAGAME、「シーゲーム」と呼ばれる）を首都ネピドーを中心に開催し、民政移管後の改革の成果を国際社会に対してアピールする絶好の機会を得ました。この間、テインセイン政権は、二度の内閣改造を行い、汚職大臣を解任するなどして政権のクリーンさを内外にア

ミャンマーの国旗（2010年10月〜現在）
黄は「団結」（上段）、緑は「平和と豊かな自然」（中段）、赤は「勇気と決断」（下段）、白星は「地理的民族的な一体化」を示す
出典：ミャンマーの国旗（ウィキペディア）

NLD大勝を祝うヤンゴンの支持者たち
出典：NEWS JAPAN (http://www.bbc.com/japanese/34795100)

ピールしました。二〇一四年には、ミャンマーはＡＳＥＡＮの議長国に就任し、その責務を遂行しました。

二〇一五年十一月八日、民政移管後、初の本格的な総選挙が実施されました。選挙前からテインセイン率いる与党ＵＳＤＰとアウンサン・スーチー率いる野党ＮＬＤの対決と見られていましたが、蓋を開けてみれば、ＮＬＤが改選議席の八十パーセント以上を獲得し、議会での単独過半数を得るというＮＬＤの圧勝に終わりました。二〇一六年二月にはＮＬＤによる議会が初めて召集され、三月までには次期大統領を選出し、新政権における組閣を行う予定です。[11] そして四月から新政権下での新しい政治が開始されるという計画になっています。

ただ、選挙後、「第一党」となったＮＬＤのアウンサン・スーチーが外国メディアに対して、次期大統領は何の権限もなく、自身の大統領就任を禁じた憲法規定に合わせるために任命されるに過ぎないとして、「私がすべてを決定する」と主張したというニュースも伝えられてきており、一部には「新たな権威主義の到来か！」と危惧される意見も聞かれています。今後のミャンマーがどのように変化していくのか、見守っていく必要があります。

11　現行憲法の下では、第五十九条によりアウンサン・スーチーは大統領の資格を有しないため、他の有力者が大統領に就任することになる。

おわりに

本書の執筆を終えた今、改めて思うことは、歴史学者でもなく、またミャンマー語の理解能力もほとんどない私が、自分自身の能力的限界をわきまえず、ミャンマーの歴史、それも同国の中学校や高等学校で使用されている教科書をもとに、そこで実践されている歴史教育について考察するという、大胆な試みによく挑戦する気になったなあ～ということです。ここには驚きと同時に、少し恥かしさも混じっています。

では、なぜ、私自身、このような大胆な試みを行ったのでしょうか。今一度、自己分析してみますと、いくつかの理由に思い当ります。まず一つ目として、**「歴史的な遺産の保存」**という理由です。ミャンマーの現行中学校及び高等学校の歴史教科書は一九九九年の軍事政権時代に同国教育省によって編纂されたものです。この時代は表現の自由などをはじめとする基本的人権が著しく制限されており、国家自体が消極的な内向き政策をとっていたために、国民の思想や考え方はかなり統制されていました。当然、過去の歴史的事実や出来事は軍事政権に妥当性をもたせるための一義的な解釈が行われていました。しかし、二〇一一年からのテインセイン政権下での大胆な政治改革、社会改革によって、この現行教科書もあと数年もすれば、新しい教科書の登場によって消滅してしまう可能性があります。したがって、現行の歴史教科書における歴史観や歴史的事実における解釈の善し悪しは別にしても、この軍政時代に編纂された歴史教科書とその教育実践を一つの「遺産」として保存し、残していく価値があると考えたのです。

二つ目は、ミャンマーという国を知る**「絶好のタイミング」**であったという理由です。すでに触れましたが、二〇一五年十一月八日に行われた民政化以降、初の本格的国政選挙においてアウンサン・スーチー氏率いる国民民主連盟（NLD）が大勝利を収めました。これによって、約五十年余りも続いた軍事政権が完全に終わり、真の民主主義国家に生まれ変わるのではないかという大きな期待が、ミャンマー国民はもちろん、国際社会にもあり、一躍世界の注目を集めることになったからです。この絶好のタイミングを機に、ぜひともミャンマーについて我が国の人々にも知っていただきたいと考えたのです。

三つ目は、意外に知られていないのですが、ミャンマーという国は**「我が国と密接な関係のある国」**だということです。両国の関係を示すものとしては、まず、第二次世界大戦時における軍事協力があげられます。日本軍は、当時のビルマの民族主義活動家たちを日本に呼び寄せ、対イギリスを目標にした軍事訓練を施しました。ミャンマーで「独立の父」と讃えられているアウンサン（アウンサン・スーチー氏の父）もその中の一人でした。そして、彼は「面田《おもた》紋次《もんじ》」という日本名を与えられました。また、インパール作戦に失敗して退去する負傷し疲労困憊《こんぱい》の日本兵に対して、傷の手当や衣食住の世話をしてくれたのはミャンマーの人々でした。

次に、ミャンマーは東南アジア諸国において、戦後最も早く我が国と平和条約を締結した国で、平和条約締結後一度も戦後補償問題を政治的にもちだしたことのないアジアでは珍しい国なのです。

さらに、戦後食糧難に直面していた我が国に対して、食糧支援として大量の自国米を提供してくれたアジア唯一の国がミャンマーでした。この支援によって多くの日本人の命が救われたと言われています。

四つ目の理由として、私にとって**「本書の執筆を行う条件としての環境が整っていた」**ことがあげられます。「はじめに」でも触れましたが、私は、政府開発援助（ＯＤＡ）の業務の一環として、独立行政法人　国際協力機構（ＪＩＣＡ）が実施する教育プロジェクトにおいて、二〇一二年からミャンマーに長期滞在しながら業務を行う機会を得ており、この中で同国の現行教科書、特に社会科、地理、歴史などの社会科学分野の教科書に日々触れる機会があったのです。

以上のように、歴史的な遺産としての価値、ミャンマーを知る絶好のタイミング、我が国と密接な関係をもつアジアでも貴重な国、そして本書の執筆を行うための条件が整っていたという四つの理由から、私が大胆にも本書の執筆を決意し、実行に移すことになったのです。

さて、すでに本書を読了された皆さんもお気付きとは思いますが、ここでまとめの意味も込めてミャンマーの国定歴史教科書の主要な特徴について見ておきましょう。

まず一つ目の特徴は、記述内容が全体的に一つの大きな歴史物語というよりも、むしろ**歴史的出来事や事象の断片的記述**に留まっているということです。これは、歴史教科書だけに限らず、ほかの教科書にも言えることで、ミャンマーにおける伝統的な教育方法に大きく関係しているようです。すなわち、ミャンマーでは知識を覚えることが学習であると見なされており、児童生徒はひたすら教科書の記述を暗記し、教師は各児童生徒の暗記量に応じて学習成果を測る傾向があります。特に、歴史教育はその傾向が顕著で、ある歴史的出来事とほかの歴史的出来事の繋がりや因果関係よりもむしろ各出来事を正確に覚えることに重点が置かれています。したがって、教科書の記述もそのようになっていると考えられます。

二つ目の特徴として、**ビルマ族を中心**とした歴史内容になっているということです。現在、ミャンマーには百三十五の民族がいると言われていますが、全人口の七割はビルマ族によって占められており、その次に多数を占めるシャン族は一割にも満たない状況です。したがって、多数派であるビルマ族中心の歴史観を基礎にした内容記述になってしまうということも理解できなくはないのですが、問題はシャン族やカレン族といった少数民族があたかも外敵のように記述されているという事実なのです。近世におけるシャン族の記述、現代におけるカレン族の記述はその典型であると言えるでしょう。

三つ目の特徴として、今流行の「ジェンダー」という視点から見た場合、ミャンマーの歴史教科書の記述はかなり**「男性」的な視点**（あるいは「強者」の視点）を中心にしていると言えます。すなわち、古代や中世においては、もっぱら王や君主についての記述が中心であり、近代や現代では植民地主義者とそれに対抗する民族主義者の記述が中心になっているということです。他方、それぞれの時代における社会状況やそこで生きる一般庶民の生活、いわば「弱者」の視点についてはほとんど触れられていないのです。

四つ目の特徴として、**現代史、特に一九七三年以降の記述がほとんどない**ということがあげられます。一九九九年編纂の教科書ですから、現代史についてはそれほど詳細に記載できないという物理的な制約はもちろん理解できるのですが、もう少し記述があってもよいように思われます。多分、同国において現代史をどう扱うかという基本的な歴史観や歴史認識が確立していないということが主な原因かもしれません。この問題については、今後の新しい政権の姿勢及び歴史学研究の発展に期待するしかありません。

五つ目の特徴として、これは読者の皆さんにとって最も興味関心のある点かもしれませんが、ビルマ植民地時代における支配者側であった**イギリスと日本に対する記述の基本的な姿勢がかなり異なっている**という点です。イギリスの記述については、教科書の至るところで「イギリス」という国名を出した上で彼らの植民地主義を厳しく非難した記述になっています。他方、日本支配に対する批判的記述では、「日本」という国名より、むしろ「ファシスト」という用語が使われているのです。この記述方法の違いは、学習者の両国に対する印象を極めて異なったものにしてしまうと言えます。ここからは私の推測ですが、ミャンマー国軍は、日本軍、特に「南機関」に対して同国の独立のためにイギリス植民地軍に対して一緒に闘ってくれた同志として感謝の念をもっていると言われています。このことは、ネーウィン軍政が一九六六年に鈴木敬司氏をミャンマーに招待し、さらに一九八一年には鈴木氏を含む南機関の関係者七人にミャンマー最高の栄誉である「アウンサン賞」を贈っていることからも容易に推測されます。現行教科書は軍政下で編纂された教科書であるが故に、こうした軍政の日本軍に対する気持ちが、教科書の記述に大きな影響を与えていると言えるのではないでしょうか。

ところで、本書に登場するミャンマーの中学校歴史教師のシュウマウン氏について触れておく必要があります。実は、彼は実在する人物ではありません。しかし、全くのフィクションでもありません。私がミャンマー滞在中にお会いした数多くの歴史教師のイメージを統合して私自身が創り上げた人物像です。しかし、彼が本書で語る歴史観は、私がお会いして実際にインタビューして得た膨大なデータをもとに構成していますので、ミャンマーの中学校で歴史教育を担当されている現場の先生方の本音でもあるわけです。

最後に、本書の企画・執筆にあたっては、多くの方々にお世話になりました。ミャンマー教育省のカイミィエ氏（教育研究局局長）には、本書の企画段階から同国国定教科書の日本語翻訳を快諾していただき、近い将来実施される予定の現行歴史教科書の改訂に有用な示唆を提供してほしいということで前向きな協力を頂きました。また、同省の歴史専門スタッフであるテッテッマウ氏、元教員養成校校長のムームー氏にはミャンマーの歴史の詳細についていろいろな助言を頂きました。さらに、ティダリン氏、ムームー氏、オマールチン氏の三名には同国教科書の英訳を丁寧に行っていただきました。これらの方々以外にも、ミャンマー及び我が国での多くの歴史研究者の方々にもお世話になりました。ここで改めてお礼を申し上げたいと思います。

また、今回、本書の出版において、明石書店の神野斉編集長ならびに森富士夫氏には大変お世話になりました。編集作業においては、私からの度重なる無理なお願いにも関わらず、いつも快く対応していただきました。本当に有難うございました。

加えて、日頃から海外出張が多く、家族と過ごす時間が少ない状況にも関わらず、このような無謀な挑戦のために大量の時間を費やしてしまい、貴重な家族団欒の時間がますます少なくなったにも関わらず、終始、本書の執筆を温かく応援してくれた妻のジンジャーと娘のみあに心から感謝したいと思います。

では、本書が読者の皆さんにとりまして、ミャンマーの歴史と同国で実践されている歴史教育の実態を知る上で有用なものとなりますことを心から願っております。

二〇一六年七月
筆者
ミャンマーのヤンゴンのホテルにて

付属資料1　ミャンマー国定歴史教科書の構成

ミャンマーの現行教育制度（小学校五年間、中学校四年間、高等学校二年間）の下では歴史教育は小学校から開始されるが、小学校段階ではミャンマーの英雄を中心とした物語で構成されており、本格的な歴史教育と言えるのは中学校に入ってからである。

なお、小学校、中学校、高等学校の国定教科書の内容は以下に示す通りである。

小学校　『社会科』の「歴史」部分

学年（教科書頁数）	単元名
四年生（十一頁）	1 アノーヤター王 2 チャンシッター王 3 素晴らしい息子ヤーザクマー 4 バインナウン 5 偉大なるアラウンパヤー王 6 マハバンドゥラ将軍とパンワーの戦い 7 ボー・ミャトゥン 8 ミンドン王
五年生（十四頁）	1 ミャンマーとイギリス植民地主義 2 カチン州における反イギリス植民地闘争 3 愛国指導者ソーラーポー 4 カイン族指導者マンバーカイン 5 チン族革命指導者チュンビ 6 国家指導者ウー・チットライン 7 ウー・シュエザンアウン 8 ウー・アウンミャット 9 バートゥー大佐 10 農民一揆 11 国家指導者アウンサン将軍 12 ウー・バーチョウ 13 民族統一記念日 14 独立記念日

中学校　『歴史』の「ミャンマー史」部分

学年（教科書頁数）	単元名
一年生（十五頁）	1 アニャーディアン文化（先史時代） 石器時代とは 石器時代の社会経済制度 石器時代の文化 2 最初の統一王朝　パガン朝 パガン朝の誕生と歴代国王 パガン朝の行政・社会経済・文化 パガン朝の滅亡
二年生（十九頁）	1 二度目の統一王朝 ハンターワディー朝の誕生 インワ朝の誕生 ハンターワディー朝とインワ朝の行政・社会経済・文化 ヨーロッパ人の到来と国際関係 王朝の崩壊
三年生（二十八頁）	1 最後の統一王朝 三度目の統一王朝（コンバウン朝）の誕生 コンバウン朝 王朝初期の戦い 王朝後期の戦い コンバウン朝の行政・社会経済・文化 コンバウン朝の滅亡

四年生（三十五頁）	1 イギリス植民地時代 武装闘争（一八八五～一九〇六年） 民族主義の台頭（一九〇六～一九二〇年） ビルマ人団体総評議会（GCBA）（一九二〇～一九三〇年） はじめての大学生ストライキ（一九二〇年） ドゥバマー・アシー・アヨウンの結成（一九三〇～一九四〇年） 農民一揆（一九三〇年） 「仏暦一三〇〇年」革命（一九三八年） ビルマ自由ブロック（一九三九年） 反植民地運動（一九四〇～一九四五年） ビルマ独立義勇軍（BIA）（一九四一年） 反ファシズム運動（一九四二～一九四五年） 独立（一九四八年） 植民地時代の行政と経済 2 独立後の時代 パサパラ政府（一九四八～一九五八年） 暫定政権（一九五八～一九六〇年） パタサ政権 社会主義革命

高等学校『ミャンマー史』

学年（教科書頁数）	単元名
一年生（百三十四頁）	1 先史時代 2 古代の都市国家 3 都市国家の社会経済制度と文化 4 パガン朝 5 小国分裂時代 6 ハンターワディー朝 7 インワ朝 8 ハンターワディー朝及びインワ朝の行政・社会経済・文化 9 コンバウン朝 王朝初期の時代 王朝後期の時代
二年生（百二十二頁）	1 反イギリス植民地主義運動 武装闘争 民族主義の台頭 ドゥバマー・アシー・アヨウンの時代 2 独立のための革命 反英闘争 反ファシスト運動 独立 3 行政・社会経済・文化 イギリス植民地時代 日本占領時代 4 独立後の時代 独立後の一九四八～一九六二年の時代 パサパラ政府 暫定政権 パタサ政権 国内情勢 独立後の一九六二～一九八八年の時代 革命評議会 ビルマ連邦社会主義共和国 国内情勢 独立後の一九八八年～現在 国家法秩序回復評議会（SLORC） 国家平和発展評議会（SPDC） 国内情勢

付属資料2　ミャンマーにおける王朝と時代の移り変わり

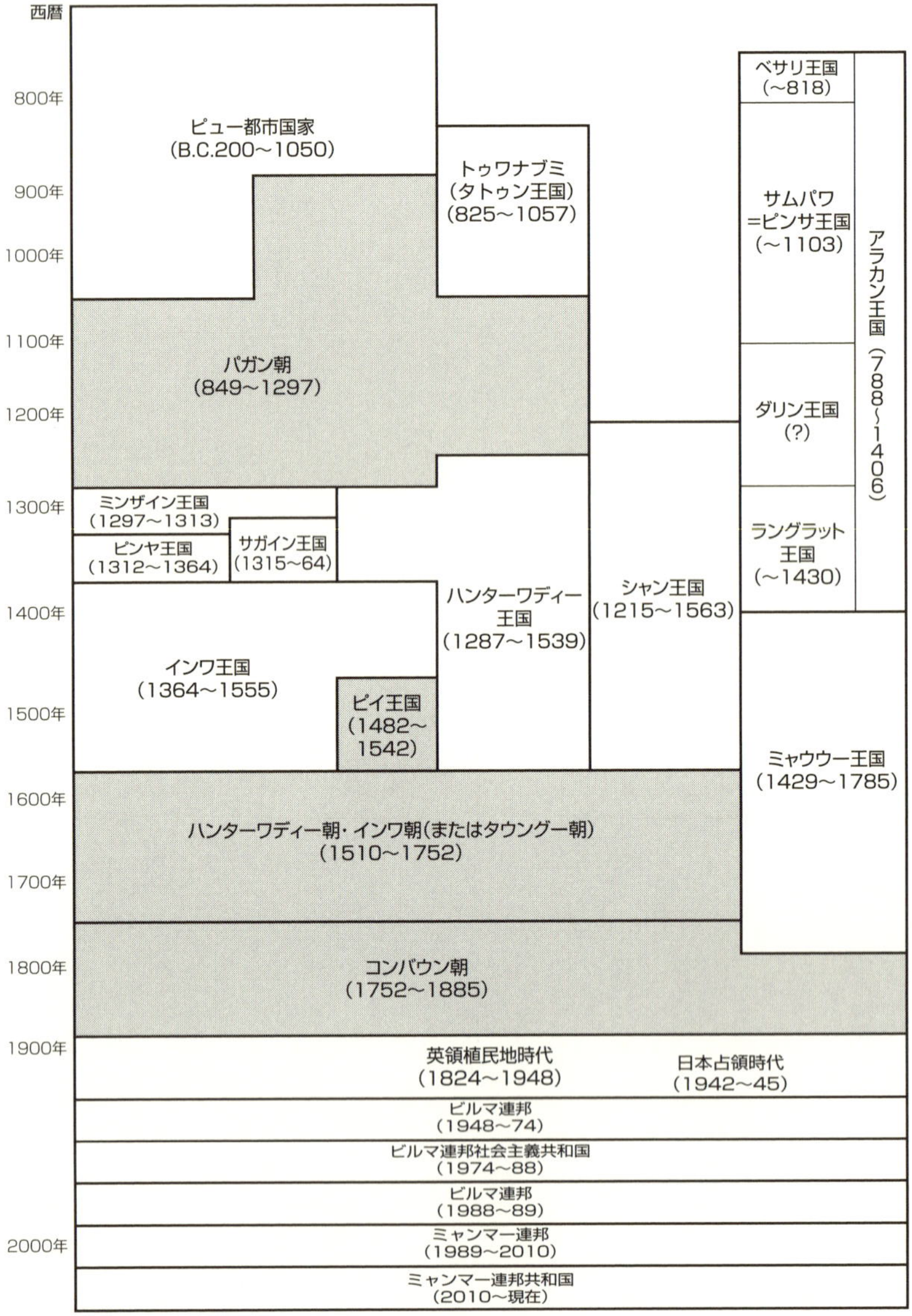

注：パガン朝、ピイ王国、タウングー朝、コンバウン朝はビルマ族の王朝（網掛け部分）、タトゥン王国はモン族の王朝、ミンザイン王国、ピンヤ王国、サガイン王国、インワ王国、シャン王国はシャン族の王朝、ハンターワディー王国はモン及びシャン族の王朝、アラカン王国及びミャウウー王国はラカイン族の王朝である。
出典：筆者作成

付属資料3　ミャンマー王朝の歴代君主系図

パガン朝

現在確認されているアノーヤター王から始まるパガン朝の歴代君主は、ほとんどが君主の子ども（息子）によって継承されてきた。ただし例外が二つあり、一つは第二代目ソウルー王と第三代目チャンシッター王との関係が判明しておらず、チャンシッター王がこれまでの王権の血統を引き継いでいるか否かは判明していない。二つ目は、第四代目のアラウンシードゥー王はチャンシッター王の孫息子である。

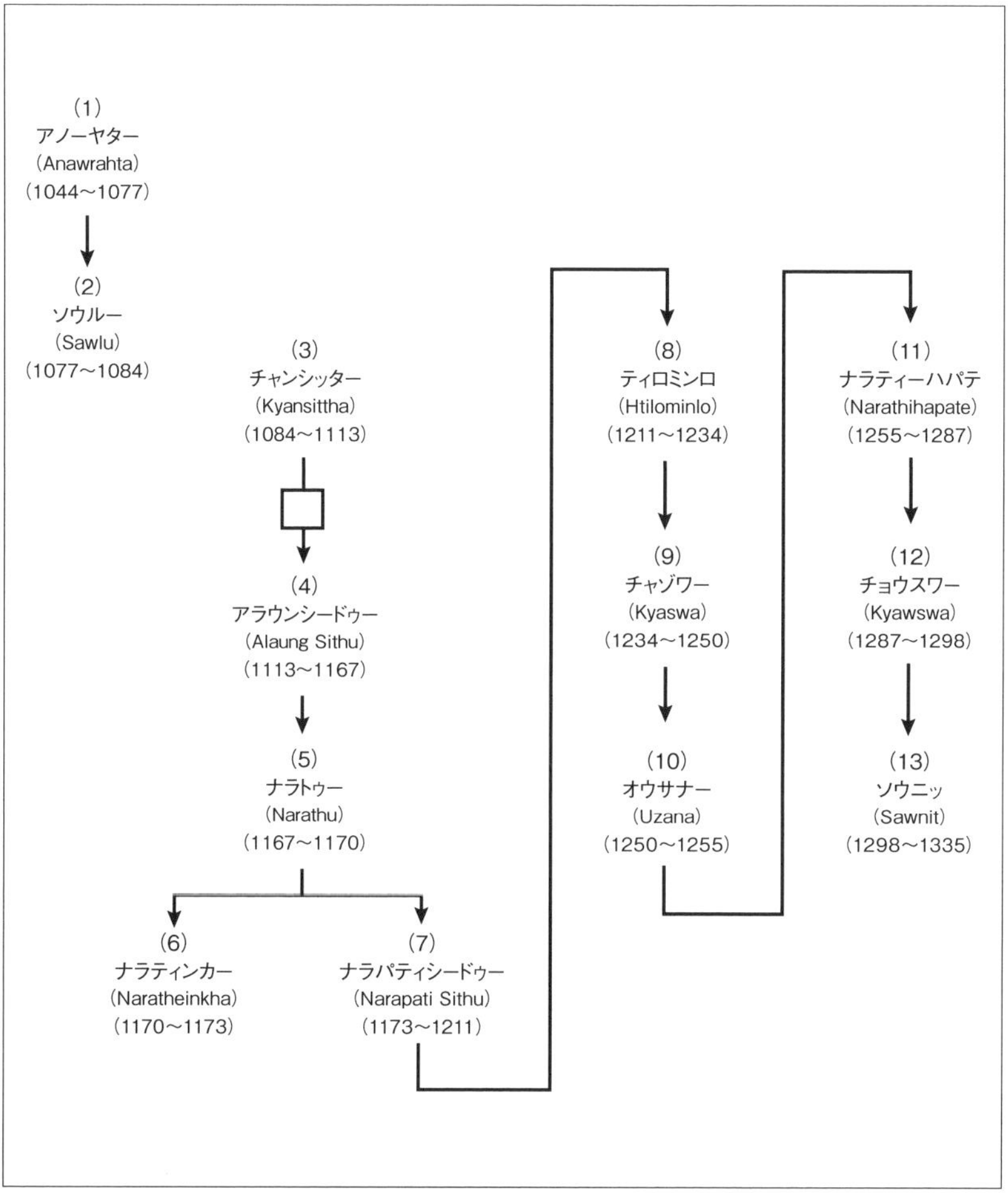

参考文献：Harvey, G.E., *History of Burma: From the Earliest Times to 10 March 1824*, London Frank Cas & Co. Ltd., 1925、U Ba Yin, *Myanmar Historical Records*, Silver Star Printing Work, 1968〈ミャンマー語文献〉、MYANMAR.CA (Myanmar Information Site), “Rulers of Myanmar” (www.myanmar.ca/history/rulers.htm)、2016年2月15日アクセス。

ピンヤ王国

ピンヤ王国は、六代にわたって君主が続いたが、それぞれの関係ははっきりしていない。また、同じ名前をもつティハトゥ王が第一代目、第四代目、第六代目に登場するが、それぞれ別人である。

(1)
ティハトゥ
(Thihathu)
(1312〜1325)

↓

(2)
ウザナー
(Usanar)
(1321〜1340)

↓

(3)
ミンザイン・シートゥー
(Myinsaing Sithu)
(1340〜1344)

↓

(4)
ティハトゥ
(Thiha Thu)
(1344〜1350)

↓

(5)
チョーズワー
(Kyawswar)
(1350〜1359)

↓

(6)
ティハトゥ
(Thiha Thu)
(1359〜1360)

参考文献：Harvey, G.E., *History of Burma: From the Earliest Times to 10 March 1824*, London Frank Cas & Co. Ltd., 1925、U Ba Yin, *Myanmar Historical Records*, Silver Star Printing Work, 1968〈ミャンマー語文献〉、MYANMAR.CA (Myanmar Information Site), "Rulers of Myanmar" (www.myanmar.ca/history/rulers.htm)、2016 年 2 月 15 日アクセス。

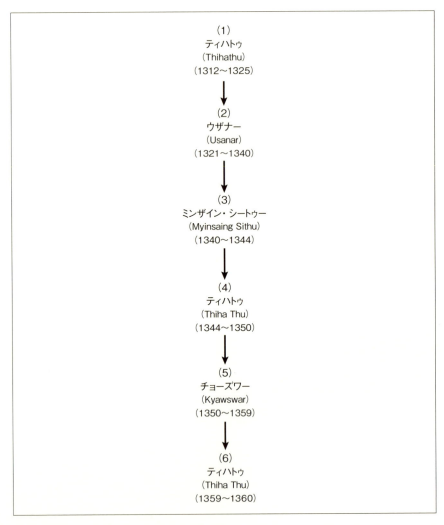

付属資料3　ミャンマー王朝の歴代君主系図

サガイン王国

サガイン王国はピンヤ王国初代君主のティハトゥの息子アティンカヤーに始まり、7人の君主が登場する。ただし、それぞれの君主の血縁関係はまだ明確に判明していない部分もある。

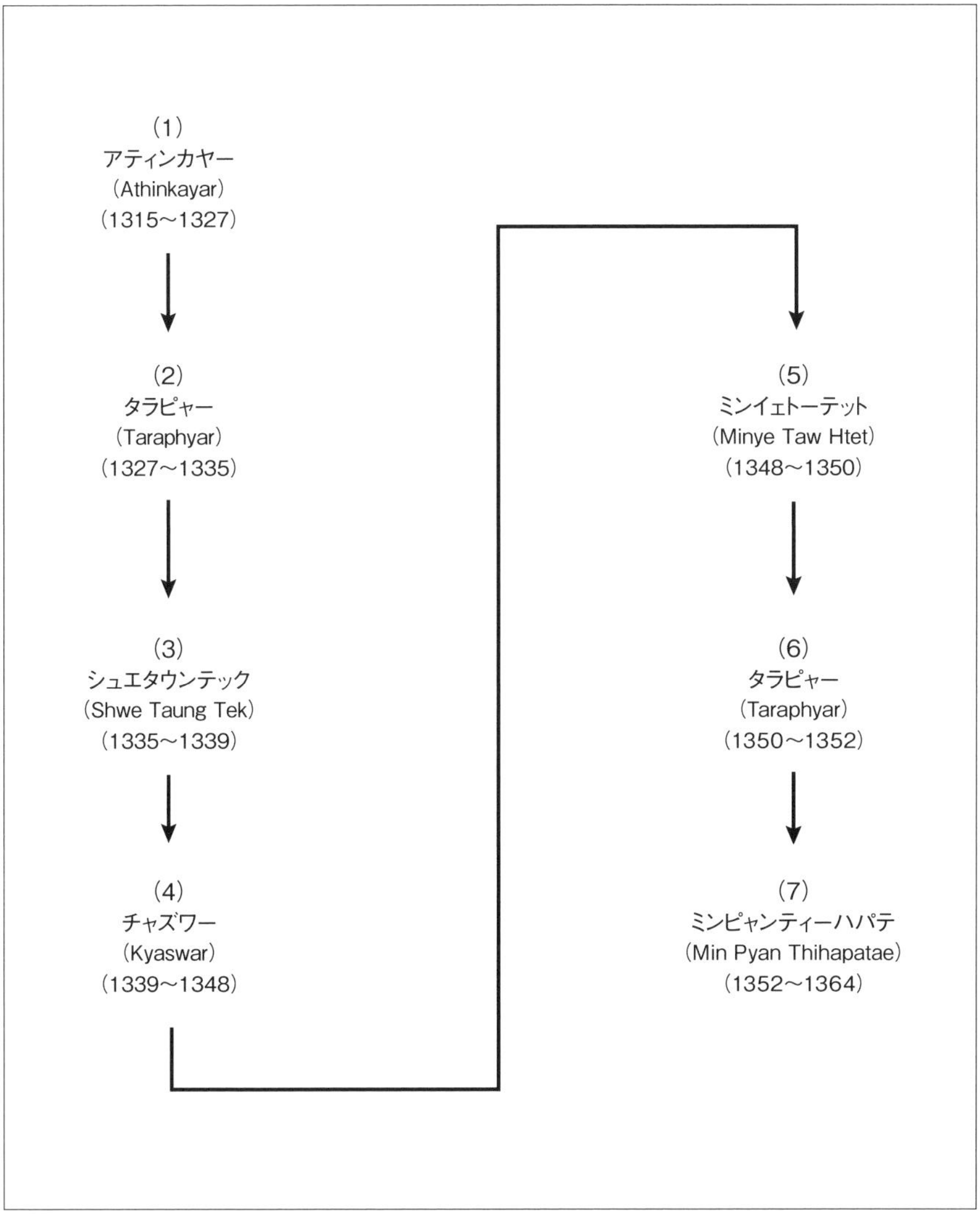

参考文献：Harvey, G.E., *History of Burma: From the Earliest Times to 10 March 1824*, London Frank Cas & Co. Ltd., 1925、U Ba Yin, *Myanmar Historical Records*, Silver Star Printing Work, 1968〈ミャンマー語文献〉、MYANMAR.CA (Myanmar Information Site), “Rulers of Myanmar” (www.myanmar.ca/history/rulers.htm)、2016年2月15日アクセス。

インワ王国

インワ王国は、建国者タドーミンピャー王の後、パガン朝チョウスワー王の孫であり、かつピンヤ王国の始祖ティハトゥの甥の息子でもあるミンチースワー（タドーミンピャー王からすると義弟になる）が王位に就く。その後、王位は基本的に子どもに引き継がれていくが、第七代カレチェタウンニョー王は第三代トラヤーパヤー王の子であり、先代から見ると叔父にあたる。また第八代モーニンタド王は、これまでの王族とは血縁関係がない。さらに第十五代トハンブワ王も血縁関係がない。

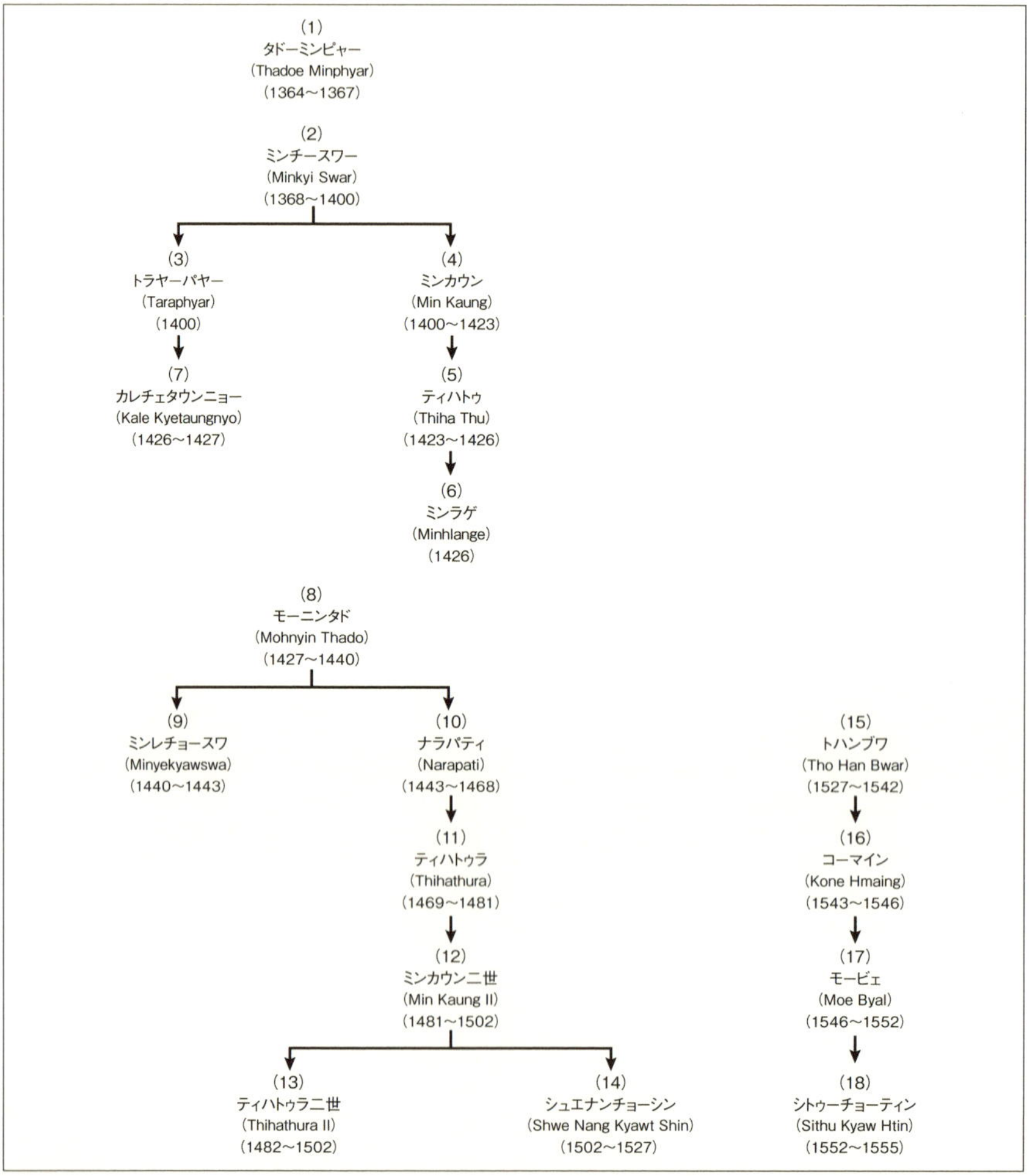

参考文献：Harvey, G.E., *History of Burma: From the Earliest Times to 10 March 1824*, London Frank Cas & Co. Ltd., 1925、U Ba Yin, *Myanmar Historical Records*, Silver Star Printing Work, 1968〈ミャンマー語文献〉、MYANMAR. CA (Myanmar Information Site), "Rulers of Myanmar" (www.myanmar.ca/history/rulers.htm)、"Myanmar - Ava/Innwa Dynasty (1364-1527/1555)" (www.globalsecurity.org/military/world/myanmar/history-inwa.htm)、2016年2月15日アクセス。

付属資料3　ミャンマー王朝の歴代君主系図

ハンターワディー王国

ハンターワディー王国には比較的多くの君主が登場する。建国者ワーレルー王と第二代目クン・ローは兄弟関係にあり、それ以降も兄弟や従兄弟、息子などに継承されていく。なお、ハンターワディー王国ではミャンマー史上唯一の女性君主（シンソープー女王）が登場する。

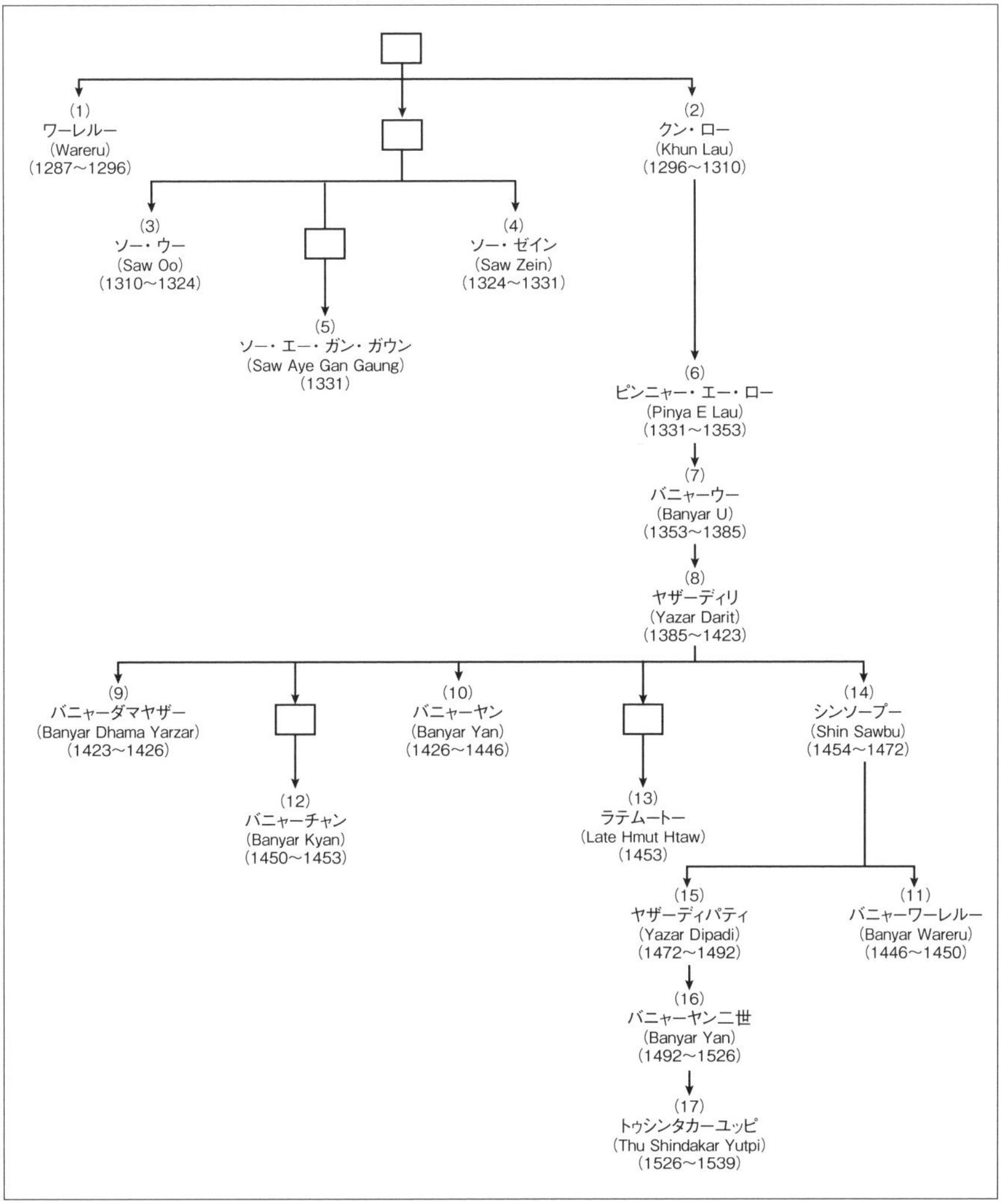

参考文献：Harvey, G.E., *History of Burma: From the Earliest Times to 10 March 1824*, London Frank Cas & Co. Ltd., 1925、U Ba Yin, *Myanmar Historical Records*, Silver Star Printing Work, 1968〈ミャンマー語文献〉、MYANMAR.CA (Myanmar Information Site), “Rulers of Myanmar” (www.myanmar.ca/history/rulers.htm)、2016年2月15日アクセス。

ハンターワディー朝及びインワ朝

ハンターワディー朝及びインワ朝における歴代君主についても、パガン朝と同様に基本的には王族の血統を重視し、君主の息子たちに継承された。しかしながら、第三代目君主であるバインナウン王は過去の王族の血統を引き継いでいない。バインナウンはミンチーニョ王の娘であるアトゥラティリ（Atula Thiri）の婿として王族に入っている。バインナウン王以降の君主は彼の血筋を引き継いでいるが、時には息子、またある時には従兄弟というように継承された。

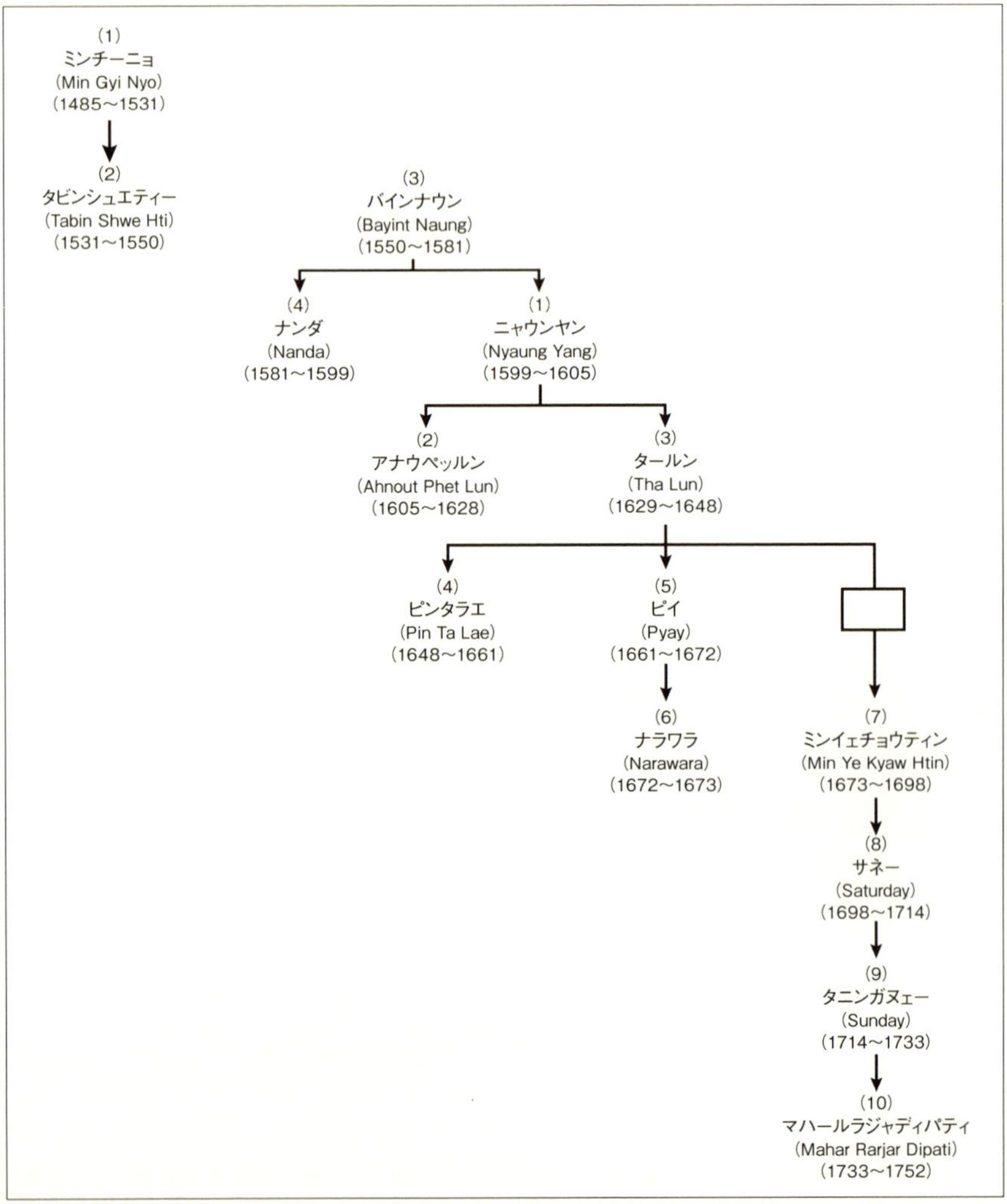

参考文献：MYANMAR.CA (Myanmar Information Site), "Rulers of Myanmar" (www.myanmar.ca/history/rulers.htm)、2016 年 2 月 15 日アクセス。

付属資料3　ミャンマー王朝の歴代君主系図

コンバウン朝

コンバウン朝は、初代アラウンパヤー王からティーボー王まで十一代にわたって君主が統治した王朝である。これらの王はすべてアラウンパヤー王の血を引く血族関係にあるが、時代によっては王の息子であったり、兄弟であったり、あるいは叔父や従兄弟に引き継がれている。

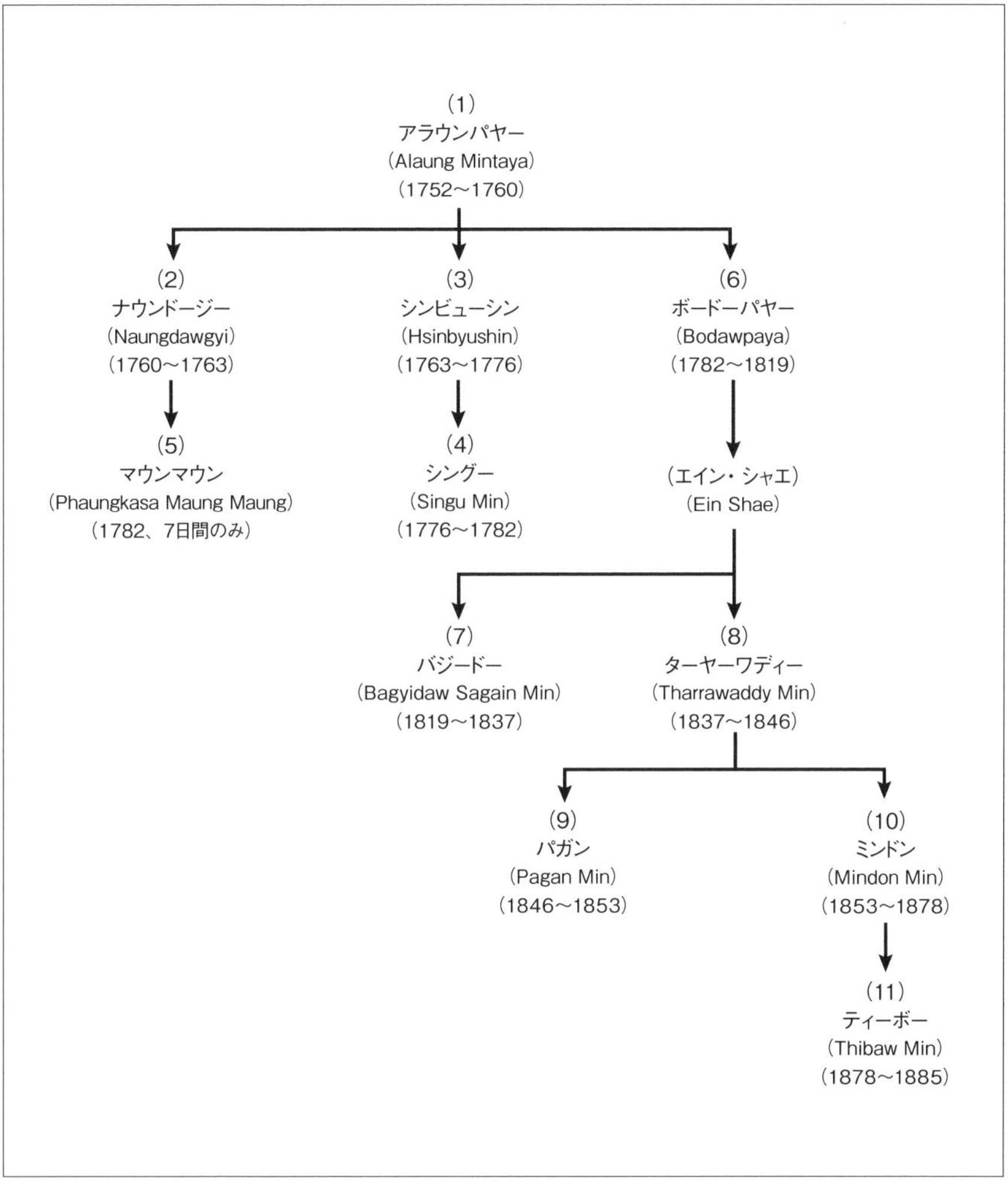

参考文献：教育省「中学3年生歴史教科書」2014年
MYANMAR.CA (Myanmar Information Site), "Rulers of Myanmar" (www.myanmar.ca/history/rulers.htm)、2016年2月15日アクセス。
Wikipedia,"Konbaung Dynasty," (https://en.wikipedia.org/wiki/Konbaung_Dynasty)、2016年2月15日アクセス。

付属資料4　植民地時代と独立後の歴代指導者

〈イギリス植民地時代〉

この時期はインドに置かれた植民地政府の総督によって監督された。

歴代	人名	在位期間	職位
1	アマースト伯爵（William Pitt Amherst）	一八二三～一八二八	ベンガル総督
2	ウィリアム・バターワース・ベイリー（William Butterworth Bayley）	一八二八	ベンガル総督
3	ウィリアム・キャヴェンディッシュ・ベンティンク卿（Loar William Henry Cavendish-Bentinck）	一八二八～一八三三 一八三三～一八三五	ベンガル総督 インド総督
4	サー・チャールズ・メトカーフ（Charles Metcalfe）	一八三五～一八三六	インド総督
5	オークランド伯爵（Baron Auckland, George Eden）	一八三六～一八四二	インド総督
6	エレンボロー男爵（Baron Ellenborough, Edward Law）	一八四二～一八四四	インド総督
7	ウィリアム・ウィルバー・フォース・バード（William Wilberforce Bird）	一八四四	インド総督
8	サー・ヘンリー・ハーディング（Field Marshal Henry Hardinge）	一八四四～一八四八	インド総督
9	ダルハウジー侯爵（Earl of Dalhousie, Jmaes Andrew Broun-Ramsay）	一八四八～一八五六	インド総督
10	チャールズ・カニング（Charles John Canning）	一八五六～一八五八 一八五八～一八六二	インド総督 インド副王兼総督
11	エルギン伯爵（Earl of Elgin, James Bruce）	一八六二～一八六三	インド副王兼総督
12	サー・ロバート・ネイピア（Robert Napier）	一八六三	インド副王兼総督
13	サー・ウィリアム・デニソン（William Denison）	一八六三～一八六四	インド副王兼総督
14	サー・ジョン・ローレンス（John Laird Mair Lawrence）	一八六四～一八六九	インド副王兼総督
15	メイヨー伯爵（Earl of the County of Mayo, Richard Southwell Bourke）	一八六九～一八七二	インド副王兼総督
16	サー・ジョン・ストレイチー（Sir John Strachey）	一八七二	インド副王兼総督
17	ネイピア伯爵（Francis Napier）	一八七二	インド副王兼総督
18	ノースブルック男爵（Baron Northbrook, Thomas George Baring）	一八七二～一八七六	インド副王兼総督

19	リットン男爵（Edward Robert Lytton Bulwer-Lytton）	一八七六～一八八〇	インド副王兼総督
20	リポン侯爵（Marquess of Ripon, George Frederick Samuel Robinson）	一八八〇～一八八四	インド副王兼総督
21	ダファリン伯爵（Baron Dufferin, Frederick Temple Hamilton-Temple-Blackwood）	一八八四～一八八八	インド副王兼総督
22	ランズダウン侯爵（Marquess of Lansdowne, Henry Charles Keith Petty-Fitz Maurice）	一八八八～一八九四	インド副王兼総督
23	エルギン伯爵（Earl of Elgin, Victor Alexander Bruce）	一八九四～一八九九	インド副王兼総督
24	カーゾン男爵（George Nathaniel Curzon）	一八九九～一九〇五	インド副王兼総督
25	ミントー伯爵（Earl of Minto, Gilbert Elliot-Murray-Kynynmound）	一九〇五～一九一〇	インド副王兼総督
26	ハーディング・オブ・ペンズハースト男爵（Charles Hardinge）	一九一〇～一九一六	インド副王兼総督

〈日本占領下時代〉

この当時は日本軍の下に傀儡政権が樹立された。

歴代	人名	在位期間	職位
1	タキン・トゥンオーク（Thakin Tun Oak）	一九四二～一九四三	臨時行政府トップ
2	バモー（Ba Maw）	一九四三～一九四五	首相

〈独立後〉

一九四八年ビルマ連邦として独立後、国家元首として大統領が統治してきた。歴代大統領は以下のようであった。

歴代	人名	在位期間	所属政党	国名
1	サオ・シュエタイク（Sao Shwe Thaik）	一九四八～一九五二	反ファシスト人民自由連盟（AFPFL）	ビルマ連邦
2	バーウー（Ba U）	一九五二～一九五七	反ファシスト人民自由連盟（AFPFL）	ビルマ連邦
3	ウィンマウン（Win Maung）	一九五七～一九六二	反ファシスト人民自由連盟（AFPFL）	ビルマ連邦

4	ネーウィン（Ne Win）	一九六二～一九七四 一九七四～一九八一	無所属（軍人） ビルマ社会主義計画党（ＢＳＰＰ）	ビルマ連邦 ビルマ連邦社会主義共和国
5	サンユー（San Yu）	一九八一～一九八八	ビルマ社会主義計画党（ＢＳＰＰ）	ビルマ連邦社会主義共和国
6	セインルイン（Sein Lwin）	一九八八	ビルマ社会主義計画党（ＢＳＰＰ）	ビルマ連邦社会主義共和国
7	エーコー（Aye Ko）	一九八八	ビルマ社会主義計画党（ＢＳＰＰ）	ビルマ連邦社会主義共和国
8	マウンマウン（Maung Maung）	一九八八	ビルマ社会主義計画党（ＢＳＰＰ）	ビルマ連邦社会主義共和国
9	ソウマウン（Saw Maung）	一九八八～一九九二	無所属（軍人）	ビルマ連邦
10	タンシュエ（Than Shwe）	一九九二～一九九七 一九九七～二〇一一	軍人・国民統一党（ＮＵＰ）	ビルマ連邦 ミャンマー連邦
11	テインセイン（Thein Sein）	二〇一一～二〇一六	連邦団結発展党（ＵＳＤＰ）	ミャンマー連邦共和国

［注］国民統一党（ＮＵＰ）は、ビルマ社会主義計画党（ＢＳＰＰ）の後続政党で、一九九〇年の選挙に参加するため、ＢＳＰＰの党員と軍事政権のＳＬＯＲＣによって結党された。

一九四七年初代憲法では、大統領の補助機関たる連邦政府の一員として下院の指名に基づいて首相が大統領によって任命された。また、一九七四年の二代目憲法では大臣十七名の内閣の間で首相が選出された。さらに、一九八八年以降は国家平和発展評議会（ＳＰＤＣ）の議長によって任免された。なお、二〇一一年テインセインが大統領に選出された後、首相ポストは廃止された。歴代首相は以下の通りである。

歴代	人名	在位期間	所属政党	国名
1	ウーヌー（U Nu）	一九四八～一九五六	反ファシスト人民自由連盟（ＡＦＰＦＬ）	ビルマ連邦
2	バースエ（Ba Swe）	一九五六～一九五七	反ファシスト人民自由連盟（ＡＦＰＦＬ）	ビルマ連邦
3	ウーヌー（U Nu）（第二期）	一九五七～一九五八	反ファシスト人民自由連盟（ＡＦＰＦＬ）	ビルマ連邦
4	ネーウィン（Ne Win）	一九五八～一九六〇	無所属（軍人）	ビルマ連邦

5	ウーヌー（U Nu）（第三期）	一九六〇～一九六二	連邦党	ビルマ連邦
6	ネーウィン（Ne Win）（第二期）	一九六二～一九七四	軍人・ビルマ社会主義計画党（ＢＳＰＰ）	ビルマ連邦
7	センウィン（Sen Win）	一九七四～一九七七	軍人・ビルマ社会主義計画党（ＢＳＰＰ）	ビルマ連邦社会主義共和国
8	マウンマウンカ（Maung Maung Ka）	一九七七～一九八八	軍人・ビルマ社会主義計画党（ＢＳＰＰ）	ビルマ連邦社会主義共和国
9	トゥンティン（Tun Tin）	一九八八	軍人・ビルマ社会主義計画党（ＢＳＰＰ）	ビルマ連邦社会主義共和国
10	ソウマウン（Saw Maung）	一九八八 一九八八～一九八九 一九八九～一九九二	無所属（軍人）	ビルマ連邦社会主義共和国 ビルマ連邦 ミャンマー連邦
11	タンシュエ（Than Shwe）	一九九二～二〇〇三	軍人・国民統一党（ＮＵＰ）	ミャンマー連邦
12	キンニュン（Khin Myunt）	二〇〇三～二〇〇四	軍人・国民統一党（ＮＵＰ）	ミャンマー連邦
13	ソーウィン（Soe Win）	二〇〇四～二〇〇七	軍人・国民統一党（ＮＵＰ）	ミャンマー連邦
14	テインセイン（Thein Sein）	二〇〇七～二〇一〇 二〇一〇～二〇一一	軍人・国民統一党（ＮＵＰ） 連邦団結発展党（ＵＳＤＰ）	ミャンマー連邦
首相ポスト廃止（二〇一一年三月三十日～現在）				

［注］連邦団結発展党（ＵＳＤＰ）は、軍事政権の翼賛団体である連邦団結発展協会（Union Solidarity and Development Association: USDA）の後継組織である。二〇一〇年に政党として登録された。

付属資料5　ミャンマー歴史年表

西暦	月日	主な出来事
BC二世紀		ピュー人の国が成立、タイェーキッタヤーを中心に繁栄（～AD八世紀頃まで）
一〇〇		モン人の国が成立
八三二		ピュー人の国、南詔国の攻撃を受け滅亡
八四九		ビンビャ王、首都パガン建設
一〇四四		アノーヤター王によりパガン朝成立
一〇七七		ソウルー、パガン朝第二代目の王となる
一〇八四		チャンシッター、パガン朝第三代目の王となる
一〇??		チャンシッター王が下ミャンマーを再平定
一一一三		アラウンシードゥー、パガン朝第四代目の王となる
		ミャゼーディー碑文が作られる
一一六五		スリランカがパガンに侵攻
一一六七		ナラトゥー、パガン朝第五代目の王となる
一一七〇		ナラティンカー、パガン朝第六代目の王となる
一一七三		ナラパティシードゥー、パガン朝第七代目の王となり国内再統一
一二一一		ティロミンロ、パガン朝第八代目の王となる
一二三四		チャゾワー、パガン朝第九代目の王となる
一二三七		チャゾワー王が教学使節をスリランカに派遣
一二四七		密教的なアラニャ僧団が勢力を伸ばす
一二五〇		オウサナー、パガン朝第十代目の王となる
一二五五		ナラティーハパテ、パガン朝第十一代目の王となる
一二七一		元が大理の宣慰使をパガンに派遣
一二八四		元の攻撃によりダガウンが陥落
一二??		マルコ・ポーロ、来緬

一二八七		元がパガンを攻撃 ナラティーハパテ王、庶子ティハトゥによって殺害 チョウスワー、パガン朝第十二代目の王となる ハンターワディー王国成立（〜一五三九年）
一二九八		ソウニッ、パガン朝第十三代目（最後）の王となる
一三〇〇		元が再度パガンに侵攻
一三一二		ピンヤに政権成立
一三一五		サガインに政権成立
一三六四		インワ王国成立、ミャンマー人タウングーへ逃れる
一四三五		ニッコロ・デ・コンティ、ラカインに到着
一四六九		ヴァルセマ、ハンターワディーに到着
一四八五		タウングー城址でミンチーニョが王位（第一代目）に就く
一四九六		サント・ステファノ、ハンターワディーに到着
一五一七		バロッサ、来緬
一五二七		モエニン（シャン族）がインワを攻略
一五三一		タビンシュエティーが第二代目の王に就き、ハンターワディー朝興隆
一五三九		タビンシュエティー王がハンターワディー王国を攻略し、ここに国都を置く
一五四〇		タビンシュエティー王、ポルトガル人ジョアノ・カイェイロ率いる鉄砲隊を傭兵として雇用
一五四八		タビンシュエティー王がアユタヤからモッタマ、イェ、タワイ、メルギーなどを奪回
一五四九		タビンシュエティー王、三仏塔峠を越えてタイに軍を進める
一五五〇		バインナウン、第三代目の王となる。ハンターワディー朝を再建 キリスト教宣教師二名、来緬
一五五二		バインナウン王、ハンターワディー王国の勢力を抑え中央平原一帯を平定
一五五五		バインナウン王、インワに侵攻、落城
一五五六		バインナウン王、モエカウン、モーメイク、マニプール、チェンマイ、リーンジーンを占領
一五六〇		バインナウン王、マハゼディ仏塔を建立
一五六二		バインナウン王、マインモー、サンダールを占領

一五六三		バインナウン王、アユタヤへ侵攻
一五六八		バインナウン王、アユタヤへ再度侵攻、占領
一五六九		シーザー・フレデリック、来緬
一五七三		明軍、ハンターワディー朝よりチェンマイ、リーンジーンなどを奪回
一五七四		アユタヤがラーンサーン国と手を握り、ハンターワディー朝に反旗を翻し、アユタヤ独立を達成
一五八一		バインナウン王、死亡。ナンダが第四代目の王となる
一五八三		ガスパロ・バルビ、来緬しナンダ王に謁見
一五八六		ラルフ・フィッチ、来緬
一五九九		フェリペ・デ・ブリート、タンリンの知事に就任
		ナンダ王、ラカインと手を結んだタウングー城主によって暗殺
一六〇〇		ニャウンヤン、インワ朝の第一代目の王となる。インワ周辺を平定
		イギリス、東インド会社を設立
一六〇二		オランダ、東インド会社を設立
一六〇五		ニャウンヤン王、シャン族支配のモエメイト、シパウ、セインニを占領。アナウペッルン、インワ朝第二代目の王となる
一六〇九		アナウペッルン王、タウングーを占領
一六一二		アナウペッルン王、ピイを占領
		ポルトガル人将校フェリペ・デ・ブリート、タウングーに侵攻
一六一四		アナウペッルン王、チェンマイとその東部及びラカインを支配
一六一五		アナウペッルン王、チェンマイにてイギリス東インド会社の役員トーマス・サミュエルをハンターワディーに連行
一六二八		アナウペッルン王、息子ミンイェディバによって暗殺
一六二九		タールン、インワ朝第三代目の王になる
一六三五		インワ朝、国都をインワに移す
一六??		オランダ東インド会社、インワ、タンリンに拠点開設
一六四七		イギリス東インド会社、タンリンに拠点開設
一六四八		ピンタラエ、インワ朝第四代目の王となる
一六五七		イギリス東インド会社のタンリン拠点閉鎖

一六五九		南明最後の皇帝である永暦帝、インワ朝領内へ逃亡
一六六一		ピイ、インワ朝第五代目の王となる
一六六二		清軍の呉三桂将軍が永暦帝の引き渡しを求める
一六七二		ナラワラ、インワ朝第六代目の王となる
一六七三		ミンイェチョウティン、インワ朝第七代目の王となる
一六七九		オランダ東インド会社、ミャンマーでの拠点閉鎖
一六九七		インド・マドラス知事、ボイヤー率いる代表団をインワへ送り、交易を要請
一六九八		サネー、インワ朝第八代目の王となる
一七一四		タニンガヌェー、インワ朝第九代目の王となる
一七三三		マハールラジャディパティ、インワ朝第十代目の王となる
一七四九		清朝、インワ朝へ朝貢を要求
一七五〇		インワ朝、朝貢使節を北京に派遣
一七五一		ハンターワディーのバニャールダラ王（モン人）、インワに進軍
一七五二		バニャールダラ王、インワを占領し、インワ朝滅亡
		アラウンパヤーがモン人を撃退し、コンバウン朝を建国
一七五三		アラウンパヤー、コンバウン朝初代王位に就く
一七五四		アラウンパヤー王が中央平原一帯を平定
一七五五		アラウンパヤー王、ダゴンを支配
一七五六		アラウンパヤー王、フランス東インド会社支配下のタンリンを攻撃、支配
一七五七		アラウンパヤー王、ハンターワディーを占領
一七五八		アラウンパヤー王、マニプール、シャン地域を攻略
一七六〇		アラウンパヤー王、マルタバン、ダウェー、タニンサリを制圧
		王はアユタヤ遠征中に客死
		ナウンドージー、コンバウン朝第二代目の王となる
一七六三		シンビューシン、コンバウン朝第三代目の王となる
一七六四		シンビューシン王、全国の地方領主に調書（シッターン）提出要請
一七六五		清の領土内にある雲南の知事、チャイントンに侵攻。コンバウン軍はこれを撃退

一七六六		雲南知事、タルパイン河岸へ侵攻。コンバウン軍はこれを撃退
一七六七		コンバウン朝、清の遠征軍を撃退
		シンビューシン王、アユタヤを占領
一七六九		コンバウン軍、清の乾隆帝軍を再撃退。コンバウン朝と清国との間に停戦協定
一七七六		シングー、コンバウン朝第四代目の王となる
一七八二		コンバウン朝の攻撃によりアユタヤが壊滅
		マウンマウン、コンバウン朝第五代目の王となる（わずか七日間）
		ボードーパヤー、コンバウン朝第六代目の王となる
一七八三		ボードーパヤー王、アマラプーラを建設
一七八四		ボードーパヤー王、国都をアマラプーラに移す
一七八五		ボードーパヤー王、アラカンの内紛に干渉。ミャウー王国を廃絶
一七九〇		ボードーパヤー王、ミングンに巨大仏塔パトドウジを建設（未完）
一七九三		ボードーパヤー王、タイに侵攻。ラーマ一世軍によって撃退される
一七九八		ボードーパヤー王、サンガ浄化
		ボードーパヤー王統治下で『新大年代記』編纂
一八一三		アメリカ・バプテスト派宣教師ジャドソン夫妻、来緬
一八一九		バジードー、コンバウン朝第七代目の王となる
一八二四	三月五日	第一次英緬戦争勃発
一八二五		英軍、ピイを占領
一八二六	二月二十四日	第一次英緬戦争終結。ヤンダボ協定受諾。コンバウン朝はアラカン、タニンサリを割譲
一八二八		宣教師ジャドソン夫妻、債務奴隷であったカレン族を解放・教化
一八三四		アラカン、タニンサリがベンガル副知事の下に置かれる
一八三七		ターヤーワディー、コンバウン朝第八代目の王となる
一八四六		パガン、コンバウン朝第九代目の王となる
一八四七		タニンサリで新税制クインが導入
一八五一		ハンターワディー知事がイギリス人船長二人を拘禁。イギリスは艦船を派遣
一八五二	四月	第二次英緬戦争勃発。イギリスがモッタマ、ヤンゴン占領

	五月	イギリスがパセイン占領
	十一月	イギリスがピイ占領
	十二月二十日	イギリスがバゴー占領
一八五三	二月	和戦派ミンドン王がクーデターで主戦派パガン王を倒す
	三月	ミンドン王が和平交渉使節団を派遣。エヤワディ川下流域の下ミャンマーを割譲
一八五四		重量・尺度の標準化、貨幣の鋳造
一八五七	七月二日	ミンドン王が新都マンダレー建設に着手
一八六一		ミンドン王、タッタメーダ税制を導入
一八六二		タニンサリ、アラカン、バゴーの三州が「イギリス領ビルマ州」となる
		イギリスと通商条約締結
一八六八		イギリス国教会派マークス博士、ミンドン王に謁見
一八七一		ミンドン王、第五回仏典結集
一八七八		ティーボー、コンバウン朝第十一代目（最後）の王となる
一八八一		カレン民族協会（ＫＮＡ）結成
一八八三		コンバウン朝高官がフランスへ軍事支援を要請
一八八四		ミャンマー官憲がボンベイ・ビルマ貿易会社に罰金を科し、第三次英緬戦争の原因に
一八八五	十月三日	イギリス、コンバウン朝に最後通牒
	十一月	コンバウン朝議会、イギリスの要求に不同意
	十一月十三日	第三次英緬戦争勃発。イギリス、マンダレーに進撃
	十一月二十八日	イギリス、マンダレーを攻略。第三次英緬戦争終結、全ミャンマーがイギリスの支配下に入る
一八八六	一月一日	「イギリス領インドのビルマ州」となる
		イギリス、ビルマ石油会社を設立
一八九三	二月八日	マウービンでバモー生まれる
一八九六		英仏協定によりミャンマーとラオスの国境確定
		イギリス軍、下ミャンマーの反乱鎮圧
一八九七		ミャンマーが正式にインドの一州になる
一九〇〇		タラワディー県オウッポオでウー・ソオ生まれる

一九〇六		青年仏教徒連盟（YMBA）設立
一九〇七	五月二十五日	ミャウンミャ県ワーケーマでウー・ヌー生まれる
一九一一		ミャンマー初の新聞「ツーリヤ」発刊
	五月十四日	プローム県パウンデーでネーウィン生まれる
一九一五	二月十三日	マグウェー県ナッマウでアウンサン生まれる
一九一七		YMBA、第五回大会開催、活動が政治化する
一九一八		ミャンマーで大地震、多くの仏塔などが破壊
一九一九		ウー・バーバエ、ウー・プー、ウー・トゥンセインらロンドンへ赴き、ミャンマー行政改革を要請するが失敗
一九二〇		ウー・バーバエら再びロンドンへ
	十月	YMBAを基礎にビルマ人団体総評議会（GCBA）が設立
	十二月五日	ラングーン大学設立と同時に第一次学生ストライキ発生
一九二一		GCBA、マンダレーで大会を開催、両頭政治施行反対を決議
		イギリスの企業、ミャンマーに精米輸出会社を設立、米産業独占
一九二二		第一回立法参事会選挙、GCBA早くも最初の分裂
一九二三		両頭政治の施行
一九二五		第二回立法参事会選挙
一九二八		第三回立法参事会選挙、GCBAが五派に分裂
一九三〇	五月	ラングーンで反インド人暴動
	五月三十日	ドウバマー・アシー・アヨウン（タキン党）の結成
	十二月二十二日	下ミャンマーで農民大反乱（サヤーサンの反乱）起こる
一九三一		ラングーン大学生同盟再結成される
		ネーウィン大学を中退
		シュエボー地方のイスラム教徒の一教師が仏教を批判する小冊子を刊行
	八月	サヤーサン、逮捕、処刑
一九三二		アウンサン、ラングーン大学入学
		第四回立法参事会選挙（インド＝ビルマの分離問題が争われる）
一九三三		日緬協会、設立

一九三五		タキン党、第一回全国大会開催
		インド統治法によりビルマをインドから分離、ビルマ統治法発効
一九三六	二月	ラングーン大学生らシュエダゴンパゴダでストライキ
		仏教を批判した小冊子、ヤンゴンでも刊行
一九三七	四月一日	「九十一部門行政制度」施行
一九三八	一月八日	上ミャンマーのチャウク油田でストライキ発生
	五月一日	タキン党、第一回メーデーを支援
	七月	仏教批判の小冊子に対し僧侶らシュエダゴンパゴダで大集会
	十一月三日	タキン党、ストライキ展開、大量の逮捕者を出す。タキン党分裂
		タキン・ミャ、全ビルマ農民組織を結成
一九三九	一月八日	学生及び僧侶らのデモ行進、反植民地運動が全国展開
	二月一日	学生及び僧侶、市民らがマンダレーで集会
	八月	ビルマ共産党結成、アウンサンが書記長に
		バモー内閣、倒れる
	九月一日	タキン党、バモーのシンイェター党と共にビルマ自由ブロック結成
一九四〇	六月	鈴木敬司陸軍大佐が偽名でミャンマー入り、タキン党幹部と接触
	八月	アウンサン、フラミャイン、秘かに厦門に脱出
		タキン・バースエ、ビルマ労働組合会議を結成
	九月	ウー・プー内閣不信任可決、ウー・ソオ内閣誕生
	十一月	鈴木大佐、アウンサンらを東京に連行
一九四一		アウンサン、日本との軍事協力を取り付け後、ミャンマーへ戻る
	二月一日	日本軍、ビルマ工作のため南機関を設置
	四月	ミャンマーの三十人の若者、秘かに国外脱出（～七月）
	九月	ウー・ソオ首相、ロンドンでチャーチル首相にミャンマーのイギリス連邦王国としての認知を要請
	十二月二十七日	ビルマ独立義勇軍（BIA）、日本軍の援助でバンコクにて結成
一九四二	一月	BIAが日本軍と共にミャンマーに進撃
		ウー・ソオ、連合国軍によって逮捕

一九四三	二月	東条英機首相、議会でミャンマー解放と独立支持を演説
	五月	日本軍、タキン・トゥンオークをトップにした臨時行政府を組織
	六月	日本軍、ミャンマーに軍政実施。南機関解散
	七月二十七日	日本軍、BIAを解体。代わってビルマ防衛軍（BDA）結成
	八月	日本軍が軍政を廃止、名目的な独立を付与、バモーが首相就任
一九四四	八月	抗日組織である反ファシスト人民自由連盟（AFPFL、通称「パサパラ」）結成
一九四五	三月八日	バートゥー大佐、マンダレーにて抗日開始
	三月十七日	ビルマ軍、抗日蜂起の出陣式をヤンゴン革命広場で開催
	三月二十七日	パサパラが一斉に抗日蜂起（のち、同日を「国軍記念日」に指定）
	五月	ビルマ国民軍、ヤンゴンを掌握
	五月十七日	イギリス軍、「シムラ白書」作成
	六月	バートゥー大佐、マラリアに冒され死亡
	八月十二日	ビルマ軍指導者会議を開催
	八月十五日	日本、ポツダム宣言受諾
	九月七日	「カンディー合意」締結、新しいビルマ国軍の創設
	十月	イギリス、ミャンマーに復帰
	十一月十八日	パサパラ、シュエダゴンパゴダの集会で「シムラ白書」に従わないことを決定
一九四六	一月	AFPFL、シュエダゴンパゴダで集会、「パサパラ」を正式名称に
		ミャンマーの完全独立要求を決定
		バモー元首相、イギリスの恩赦によりミャンマーに帰国
		ウー・ソオ元首相、イギリスの特赦によりミャンマーに帰国
	三月	タキン・ソウ、共産党（赤旗共産党）を結成
	六月	「シムラ白書」に反対する集会、各地でストライキ発生
一九四七	一月九日	アウンサンらロンドンへ
	一月二十七日	アウンサン＝アトリー協定調印
	二月十二日	パンロン会議、連邦制国家設立に向けて少数民族との会談
	四月九日	制憲議会選挙でパサパラが圧勝

付属資料5　ミャンマー歴史年表

	七月十九日	アウンサンら行政参事会閣員が暗殺される
	八月	制憲議会選挙を実施、パサパラ圧勝
	六月二十九日	レッヤ=フリーマン条約調印
	十月	ヌー=アトリー協定調印
		アウンサン暗殺容疑者（ウー・ソオら）の裁判開始
一九四八	一月四日	ビルマ連邦独立
	二月三日	ウー・ヌーが首相就任
		ビルマ国軍、「白軍」と「黄軍」に分裂
	三月二十八日	白旗共産党タキン・タントゥン、武装蜂起
	四月十九日	国連総会、ミャンマーの国連加盟承認
	七月	白軍反乱を起こす、地下組織化
一九四九	一月	カレン民族同盟（KNU）が武装蜂起
	二月一日	ネーウィン、ビルマ軍総司令官に任命される
	四月一日	社会党及び黄色人民義勇軍系の閣僚が一斉に辞任、ヌー首相、内閣再編
	十二月	国民党残党、チャイントンに侵入
一九五〇	五月二十五日	国民党残党、ミャンマー国境のチュコテを攻撃
一九五一		全ビルマ学生連合（ABSU）、ABFSUに改称
	六月十二日	独立後第一回総選挙開始
	十二月	六月から実施の総選挙、パサパラ圧勝
一九五二	八月四日	ヤンゴンでピードーター（福祉国家）会議開催
	八月十七日	ピードーター計画実施
一九五三	四月	ミャンマー政府、国民党残党の侵攻を非難
	九月	国民党残党、ミャンマーから退却
一九五四	五月十七日	ヤンゴンのカバエーパゴダで第六回結集開催
	七月十九日	ヌー首相、ミャンマーを社会主義国と定義
	十一月五日	日本=ミャンマー平和条約、賠償及び経済協力協定を調印
一九五五	四月十八日	インドネシアのバンドンで第一回アジア・アフリカ会議、ヌー首相出席

一九五六	十月一日	全市町村に自治防衛組織（ピューソーティー）結成
	四月	第二回総選挙実施、パサパラ勝利、ただし反パサパラも伸びる
	六月五日	ウー・ヌー、一年の期限で首相辞任、パサパラ再建に専念
	六月十二日	副首相ウー・バースエが首相に就任
	十二月	ウー・ヌー棚上陰謀でウー・ヌー激怒
一九五七	三月一日	ウー・ヌー首相に復帰
一九五八	一月二十九日	独立以来初めてパサパラの第三回全国大会を開催
	二月三日	白旗共産党タキン・タントゥン、内戦停止呼びかけに回答、政府拒否
	三月二十四日	ウー・ヌー、パサパラ内部の不良分子の粛正
	四月二十五日	ウー・ヌー、スエ＝ニェイン派の内相を罷免
	六月二十七日	パサパラ内部対立により二派に分裂
	六月十三日	スエ＝ニェイン派、安定パサパラ結成
		国民議院を開催
	七月二日	ヌー＝ティン派、清廉パサパラ結成
	九月二十六日	ウー・ヌーがネーウィンに選挙管理内閣を委任
	十月二十九日	ネーウィン選挙管理内閣が正式に成立（第一次ネーウィン軍事政権）
	十一月	全国の郡と区に治安行政委員会を設置
	十二月	ウー・ヌー、反軍政運動開始
一九五九	二月二十七日	ネーウィン首相、引き続き政権担当
	四月二日	シャンのソーブワ、封建的特権放棄
	十二月十九日	マウンマウン大統領、国会を解散
一九六〇	二月六日	第三回総選挙実施
	二月七日	総選挙で清廉派圧勝
	三月十八日	清廉派、連邦党と改称、パタサ政府施行
	四月四日	ウー・ヌー、首相に就任、新内閣を組閣
	十二月	ビルマ軍、国民党残党に対する討伐作戦開始
一九六一	二月	ビルマ軍、国民党搭乗のアメリカ製爆撃機を撃墜

		反米抗議デモ、ヤンゴンのアメリカ大使館に押し寄せる
	六月	シャン封建君主、タウンジーにて民族会議を開催
	八月十七日	ヌー首相、憲法改正、仏教を国教化し、非仏教徒との間に衝突
	十一月十四日	ヤンゴンで僧侶のデモ隊がインド人ら非仏教徒と流血衝突
一九六二	一月二十七日	連邦党大会でタキン派とウー＝ボー派に分裂、政府の統治能力低下
		ヌー首相の国有化政策に反対してヤンゴンの商店街がストライキ
	三月二日	ネーウィン、クーデターに成功、革命評議会を結成し、革命政府を樹立
	三月十日	全土に各級治安行政委員会を設立
	四月十八日	革命政府、アジア財団やフォード財団の活動を禁止
	四月三十日	革命政府、基本綱領「ビルマの社会主義への道」を発表
		ラングーン大学生、革命政府反対デモ、軍が鎮圧
	七月四日	単一政党として幹部党の設立を発表
	七月七日	ラングーン大学生、革命政府反対デモ、軍が鎮圧、死者数十名
	七月三十日	幹部党の名称をビルマ社会主義計画党と決定
一九六三	一月十七日	ビルマ社会主義計画党、「人間とその環境の相互関係の方式」なる党の理念を発表
	一月二十五日	穏健派アウンジー准将、日本での記者会見で「目標は民政復帰」発言
	二月七日	アウンジー准将、すべての公職から解任
	二月十五日	事実上の国有化宣言たる新経済政策を発表
	二月二十三日	二十四の銀行（外国銀行十四、民間銀行十）を国有化
	三月二日	ビルマ社会主義計画党、党員募集
	七月一日	中央政治研究所が創設
	十月五日	貿易を統制するビルマ輸出入公社設立
	十月十九日	政府に企業の国有化の権限を与える企業国有化法公布
	十一月二十八日	ラングーン大学生、反政府デモ、政府は大学を一年間閉鎖し、全大学から反政府的学生を追放
一九六四	三月十三日	全政党解散、社会主義建設保護法公布
	三月十九日	ヤンゴンの大商店・倉庫の国有化
	三月二十五日	ヤンゴンの全材木店を国有化

	四月九日	全国の大商店・倉庫・協働組合を国有化
	四月十一日	全輸出貿易を国有化
	五月十日	一回目の高額紙幣廃貨実施（百、五十チャット）
	九月四日	計画党、「党の特徴」と題する党の性格規定を発表
一九六五	三月	ヤンゴンの繊維工場二十社を国有化
		マンダレーを中心に反政府派僧侶の活動激化
	四月一日	私立中・高校百二十九校を第一次国有化
	四月二十日	偽造紙幣流通防止のため、二十、十、五、一各チャット新紙幣発行
	四月	反政府派僧侶多数逮捕（～五月）
	十月十八日	社会主義経済建設に関して、政府に諸権限を賦与する社会主義経済新法制定
	十二月六日	社会主義計画党第一回セミナーで、ネーウィンが民政移管の意志発表
一九六六	三月三十一日	私立小中高校六百八十五校を国有化（第二次国有化）
	十月二十七日	ウー・ヌー、ウー・バースエらを釈放
一九六七	二月二十六日	農民セミナー開催、農民評議会憲章を承認
	六月二十九日	ヤンゴンに戒厳令施行
一九六八	四月二十七日	労働者セミナー開催、人民労働者評議会結成
	十二月四日	ビルマ連邦国民統一諮問委員会の発足
	十二月九日	全国の映画館百二十館を国有化
	十二月十二日	地方の六製材所、ヤンゴンなどの百六十八の中小企業を国有化
	十二月二十八日	四十三の製材所を国有化
一九六九	一月三十一日	ミャンマー語の民間新聞二紙を国有化
	五月三十一日	ビルマ連邦国内統一諮問委員会、議会制民主主義・複数政党制についての報告書を提出
	六月二日	映画館の国有化（ヤンゴン三、地方五十三）
	八月二十九日	ウー・ヌーがロンドンで反ネーウィン宣言を発表
	十一月	ウー・ヌー、反ネーウィン活動を開始
	十二月九日	ラングーン単科大学生の反政府デモ、警官と衝突
	十二月十五日	マンダレー大学、パセインカレッジで学生デモ

一九七〇	十二月十七日	政府、大学・カレッジ・小中高校の閉鎖発表
	一月五日	全学校を再開
	十二月五日	ラングーン大学創立五十周年記念式で学生と警察が衝突、全大学で反政府デモ、政府は翌年一月まで全国の大学閉鎖
一九七一	六月二十八日	(〜七月十日)ヤンゴンで計画党の第一回党大会開催、幹部党から国民政党への移行、民政移管への第一歩、二十カ年長期経済改革計画ガイドラインを発表
	九月二十五日	新憲法起草のため九十七人委員会を結成
	十月	ミャンマー第一次四カ年計画発足
	十二月	一カ月にわたりチャイントン地域のシャン反乱軍を討伐、殲滅と政府発表
一九七二	四月二日	ネーウィン以下革命評議会の軍人二十一名、軍籍を離脱、民政移管の形式整う
	四月二十二日	新憲法の第一次草案発表
	十二月二十七日	新憲法の第二次草案発表
一九七三	四月一日	憲法草案の国民投票を控え独立以来最初の国勢調査を開始
	四月十九日	公用語はミャンマー語のみを指示
	七月二十六日	新憲法起草委員会、第三次草案を承認
	十月八日	第二回計画党大会開催、第三次憲法草案を最終草案として採択
	十一月	第三次憲法草案、国民に向けて発表
	十二月十五日	第三次憲法草案に対する国民投票実施、九十パーセントの賛成票獲得
一九七四	一月三日	新憲法公布、アウンジー元准将ら千二百十二人の政治犯を釈放
	一月四日	国名をビルマ連邦社会主義共和国に変更
	一月二十七日	人民議会及び各級人民評議会選挙を開始、四百五十名の人民議会議員を選挙
	三月二日	第一回人民議会招集、民政移管。ネーウィン大統領、国家評議会員を選出
	三月二十五日	二月中旬からチャイントン地域で共産党軍討伐作戦。中国国境地域まで撃退
	三月三十一日	第一次四カ年計画、二年半で打ち切り
	四月一日	第二次四カ年計画開始
	四月九日	国家の治安・防衛に関する情報収集のための国家情報局設置法を公布
	五月	配給米不足と物価高に対してマンダレー、ヤンゴンの国営企業労働者のストライキ、暴動が発生

	六月七日	全国の小中高校及び大学を無期限閉鎖
	十一月二十五日	前国連事務総長ウー・タント、ニューヨークで癌のため死亡（六十五歳）
	十二月五日	ウー・タントの遺体の埋葬をめぐり学生や僧侶がヤンゴンで暴動
	十二月十三日	マンダレーで僧侶を中心にデモ
一九七五	一月十五日	ヤンゴン市内の全中学、高校を再開
	二月五日	社会主義体制の破壊を防止する破壊活動防止法公布
	五月八日	全国の大学・カレッジを再開
	六月九日	ラングーン大学生、市内をデモし、労働者に反政府ストライキを呼びかける。政府、ラングーン大学及びマンダレー大学を閉鎖。
	七月一日	早朝パガンに震度五の地震、パゴダの被害甚大
一九七六	三月六日	国防大臣兼参謀総長ティンウー将軍、収賄のため罷免
	三月二十四日	タキン・コドーフマイン生誕百年祭で、ラングーン大学生反政府デモ
	三月二十六日	ネーウィン大統領、健康診断のためスイスへ出発
	四月十六日	百チャット新紙幣及び一チャット硬貨の発行
	七月二日	軍の尉官・佐官を中心とするクーデターが発覚
	八月十六日	ネーウィン大統領、再度健康診断のためスイスへ出発
	十月一日	ラングーン大学など全国の大学が再開
		計画党臨時大会を開催、ビルマ社会主義政策の修正
一九七七	一月二十一日	共産党とカチン独立機構（KIO）の共闘開催
	二月五日	政府軍、カレン民主同盟（KNU）軍や共産党軍とシャン州で激戦
	五月二十九日	バモー死亡
	九月十七日	ウー・ドゥンリン（運輸通信相）、ウー・タンセイン（計画財務相）失脚
	十月十七日	ウー・チョウーゾウ（鉱業労働相）解任
一九七八	一月一日	人民議会選挙開始
	一月二日	ネーウィン大統領、サンユー副大統領、マウンマウン首相信任
	三月	ネーウィン大統領、内閣改造で軍人を大幅に登用
	四月一日	第三次四カ年計画開始

	十二月八日	亡命派反乱軍（旧ウー・ヌー派軍）百三十一名が投降
一九七九	二月七日	新通貨五十ピャー硬貨発行
	四月二十八日	新通貨五十チャット紙幣発行
	六月二十三日	ミャンマー＝タイ国境協定合意
	八月	ヤンゴンの市場、駅、盛り場などでの不法行為、交通違反、闇露店など一斉取り締まり
	十一月	政府軍、共産党軍に対し大攻撃をかける
一九八〇	五月二十四日	全階層僧侶会議開催
	六月二十八日	反政府活動者などへの大赦令
	六月三日	テレビ実験放送開始
	七月二十九日	ウー・ヌー元首相帰順
一九八一	二月六日	旧南機関の日本人、杉井満、高橋八郎氏ら六名にアウンサン賞を授与
	六月	石油公社、新大油田を三カ所発見（〜十月）
	八月八日	ネーウィン大統領、辞任を表明
	十一月九日	第三期人民議会第一回会議開催、サンユー大統領選出
一九八二	二月二日	バングラデシュとの国境確定問題について合意
	四月一日	第四次四カ年計画開始
	五月	シャン高原でミャンマー共産党軍の投降増加
	九月二十八日	カレン民族同盟（KNO）軍、ヤンゴンを襲う
	十月十五日	ミャンマー市民権法制定
一九八三	四月一日	国勢調査実施（一九七三年以来十年ぶり）
	五月十七日	次期指導者と目されていたティンウー准将（党副総書記）、公金横領で失脚
	七月十二日	鈴木善幸首相、来緬、サンユー大統領を表敬
	十月九日	アウンサン廟で韓国要人に対する爆弾テロ事件発生
一九八四	一月	国軍によるカレン反乱軍への攻撃
	二月三日	ラングーン市内での交通事故多発のため主要道路でのサイカー禁止
	四月二十九日	サンユー大統領、病気治療のためイギリス出発（五月二十九日帰国）
	五月七日	国軍、三仏塔峠付近のカレン軍基地を攻撃。カレン族及びモン族が難民としてタイへ避難

一九八五	六月二十二日	政府、百チャット紙幣流通停止の噂を否定
	七月一日	サンユー大統領、訪日、天皇及び中曽根首相と会談
	九月七日	政府、九月より衛星を使ったテレビニュース放送を試験的に開始
	九月三日	パセインで米騒動発生
	十月二十二日	「開発法」、「民間学習塾法」、「電気法」の三法布告
	七月二十四日	ラングーン発マンダレー行列車が地雷により爆破。カレン反乱軍の仕業によるものと推定
	八月二日	第五回党大会開催
	十月六日	人民評議会選挙開始
	十一月三日	百チャット、五十チャット、二十チャット各紙幣を廃貨処分
	十一月四日	人民議会開会
	十一月六日	七十五チャット新紙幣を発行
		サンユー大統領、病気療養のためアメリカへ（一九八六年一月二十一日帰国）
	十二月二十三日	人民議会緊急会議が召集、高額紙幣廃貨法の改正について討議
一九八六	二月十三日	モロミャイン大学開校（同国三番目の総合大学）
	二月十八日	カチン州唯一の地方大学がミッチーナで開校
	三月一日	第五次四カ年計画、開始準備
	四月二日	ネーウィン議長、病気療養のため外国へ（五月二十九日帰国）
	六月二十二日	ラカイン州シトウェでテレビ局開設、放送開始
	七月二十五日	三十五チャット、十五チャット新紙幣を発行
	八月十一日	ガソリン不足深刻化、ガソリン闇価で取引される
	十一月二十四日	国家評議会事務局、ミャンマー独立年史に登場する独立功労者の選択基準を説明。これまで一万八千八百二十六名が認定
	十一月二十七日	連邦銀行、二十五ピャー硬貨を発行
一九八七	一月十八日	サンユー大統領、病気療養のためアメリカへ（二月七日帰国）
	二月十二日	カチン州で順次テレビ放送を試験的に開始
	二月十七日	政府、国連に対し「最貧途上国（ＬＬＤＣ）」を申請
	八月一日	ネーウィン議長、政策変更を宣言、憲法改正を含む抜本的経済改革に着手する旨テレビで演説

	九月一日	農産物取引を自由化
	九月五日	七十五チャット、三十五チャット、二十五チャット各紙幣を突然廃貨処分
	九月六日	全教育機関を無期限閉鎖
	九月十五日	九十チャット、四十五チャット新紙幣を発行
	十月十一日	ラングーン発ニュアンウー行のミャンマー航空機墜落
		ネーウィン議長、異例の会議招集し、過去の諸政策失敗認める。経済改革の実施
	十二月七日	ラングーン市内で大火災、百三十戸焼失
一九八八	二月十二日	カチン州の国立高校で行われた連邦記念日祝賀式典でＫＩＡによる爆破事件発生
	三月十五日	ヤンゴンで学生暴動発生（ダダーピュー事件）
	三月二十四日	政府軍、ミッチーナ北方でＫＩＡ軍本拠地を攻撃
	四月十一日	ネーウィン、外遊へ出発（西独、イギリス）
	六月十八日	ヤンゴンで学生デモ
	六月二日	ラングーン大学本部及び経済学部を閉鎖
	六月二十一日	ラングーン大学薬学部、歯学部、ラングーン工科大学を閉鎖、ヤンゴン市内で暴動、政府、夜間外出禁止令
	七月七日	六月の暴動で拘留されていた学生ら釈放
	七月十三日	タウンジーで暴動発生
	七月十六日	ピイで暴動発生
	七月二十三日	計画党臨時党大会開催、ネーウィン議長辞任を表明
	七月二十五日	セインルインが党議長に就任
	七月二十七日	人民議会が緊急招集、セインルイン大統領に就任
	八月二日	ヤンゴン各地で数百人規模の反政府デモ、暴動が発生
	八月三日	ヤンゴン全域に戒厳令
	八月四日	ヤンゴン市内で一万人規模のデモ発生、国軍威嚇発砲
	八月六日	反政府デモ全国に広がる、マンダレーで三千人規模のデモ
	八月七日	反政府運動の盛り上がる中、学生たちが次第にアウンサン・スーチーの下に集結
	八月八日	全国でデモ・集会、職場放棄でデモ参加。国軍発砲、数名死亡（八八八八民主化運動）
	八月九日	政府、全教育機関を無期限閉鎖

	八月一日	ヤンゴンでデモ隊と国軍が衝突
	八月十九日	マウンマウン新議長、大統領が選出、ヤンゴンとマンダレーで大規模な抗議集会、デモ発生
	八月二十二日	マウンマウン大統領、計画党臨時大会で複数政党制の是非を問う国民投票について審議すると発表
	八月二十六日	ヤンゴンで大規模デモが続き、政府機関、銀行、鉄道、空港など閉鎖。ティンウー元大将、マウンマウン大統領宛に一党独裁制の廃止と暫定政権の樹立を求める建白書を提出。アウンサン・スーチー、ヤンゴンで五十万人規模の集会を行い暫定政権早期樹立を訴える
	八月二十九日	ウー・ヌー元首相ら新党を結成（League for Democracy and Peace）
	九月一日	国軍、全権掌握を宣言。ソウマウンを議長とするＳＬＯＲＣ設置
	九月六日	ヤンゴンで二十万人規模のデモ、市内の公共施設等で略奪が相次ぐ
	九月十日	計画党中央委員会が開催、臨時党大会を繰り上げ開催し、複数政党制による総選挙実施を決議
	九月十二日	全ビルマ学生連盟が正式に設立
	九月十六日	マウンマウン大統領、国軍兵士、警察官、政府職員は計画党からの離脱の自由を認めることを発表
	九月十八日	国軍によるクーデター、ソウマウン大将は内閣を解散し、全権掌握を発表、国家法秩序回復評議会（ＳＬＯＲＣ）を設置
	九月十九日	ヤンゴンのアメリカ大使館前で学生デモ
		政府、集会・デモ禁止令を発令
	九月二十日	国名をビルマ連邦に変更。学生、僧侶などの市民管理下にあった十二の市町村を国軍が制圧
	九月二十一日	ＳＬＯＲＣ、選挙管理法を公布、複数政党制による総選挙の実施を確認
	九月二十二日	ソウマウン議長は空席としていた首相に就任
	九月二十六日	ビルマ社会主義計画党は国民統一党（ＮＵＰ）と名称を変更し、選挙委に登録
	九月二十七日	国民民主連盟（ＮＬＤ）を結成。議長にアウンジー元准将、副議長にティンウー元大将、書記長にアウンサン・スーチーが就任
	十一月十三日	治安部隊、学生地下組織を摘発、学生らを逮捕
	十二月十六日	アウンジー元准将を総裁とする連邦民族民主党（ＵＮＤＰ）が登録
	十二月二十六日	ヤンゴン市内の食料品卸売価格が下落始める、二十～五十パーセント下落
一九八九	二月九日	政府、公務員及び国営企業職員給与の大幅引き上げを発表。ＳＬＯＲＣ内閣改造
	三月二十一日	ヤンゴンで学生による反政府デモ発生
	三月二十七日	内務宗教省、ヤンゴン市内の道路及び街区名を英語表記からミャンマー語表記への変更を発表

	三月三十一日	ＳＬＯＲＣ、国営企業法を公布
	四月五日	アウンサン・スーチー、デルタ地帯で演説中、軍と衝突
	五月五日	ソウマウン議長、ミャンマー現代史を正確に分析・記録するため、教育省に対して独立運動以降の歴史編纂を命じる
	五月十日	ＳＬＯＲＣ、国軍法（一九五九年）を改正
	五月二十六日	政府、英語国名を「ビルマ」から「ミャンマー」に変更
	六月二十一日	政府、アウンサン・スーチー一時連行
	七月五日	ＳＬＯＲＣ議長ソウマウン大将、ＮＬＤとの話し合いはしない、国軍は一貫して中立、選挙後は政権移譲などを発表
	七月七日	ヤンゴン市内各地で小規模な反軍政デモ発生。ヤンゴン市庁舎前で爆発事件発生
	七月十七日	シュエダゴンパゴダ境内で市民、僧侶らが反政府デモ
	七月二十一日	アウンサン・スーチー自宅軟禁
	七月二十四日	シャン州で住民が反乱軍抗議集会を開催
	八月八日	アウンジー元准将、ＮＬＤからの正式離党
	八月十四日	全国の中学校千七百二校が再開
	九月十四日	政府、反政府宣伝をしている外国放送局で働いているミャンマー人の名前を公表。ウー・ヌーの娘や娘婿が含まれていた
	十月六日	反政府運動家によるミャンマー航空機ハイジャック
	十月九日	歴史編纂委員会第二回会議、開催
	十一月三日	内務宗教省が非合法組織を発表。カチン独立機構（ＫＩＯ）、カレン民族連合（ＫＮＵ）、新モン州党（ＮＭＳＰ）、カレンニ民族進歩党（ＫＮＰＰ）が非合法組織と認定、すでに非合法と認定されている組織は、ビルマ共産党（ＢＣＰ）、シャン州進歩党（ＳＳＰＰ）、シャン州独立軍（ＳＳＡ）、シャン民族人民解放機構（ＳＮＰＬＯ）、シャン統一革命軍（ＳＵＲＡ）、ワー民族機構（ＷＮＯ）、アラカン解放党（ＡＬＰ）、パラウン州解放党（ＰＳＬＰ）
一九九〇	一月十六日	ヤンゴン市選挙管理委員会、軟禁中のアウンサン・スーチーの立候補を却下
	二月二日	政府軍、カレン軍基地及びカチン軍基地を制圧
	二月十一日	二十五の少数民族がヤンゴンで会議開催、民主的で平和な新連邦政府樹立を目標
	三月二十七日	国軍記念日。ソウマウン議長が演説で外国からの圧力を非難、ウー・ヌーやアウンサン・スーチーを名指しで非難

	五月二十七日	総選挙実施
	五月二十九日	この日までの開票でNLDの圧勝がほぼ確定
	五月三日	ソウマウン議長、選挙が公正かつ自由なものであったことを強調、一九八八年のような動乱は決して許さないと警告
	六月一日	SLORCは、政権は法と憲法に基づいて成立する強力な政府にのみ移譲すること、それまでSLORCは現在の任務を遂行すること、憲法起草にどれだけ時間がかかるかは未定であることを強調
	六月六日	SLORC、外国人記者の入国を禁止
	六月八日	SLORC、公務員に対し政党政治から距離を置くこと、NLDに対する故意の優遇行為をやめることを警告
	六月十六日	ウー・ヌーらの民主平和連盟（LDP）が、SLORCに対して速やかな政権移譲を要求
	六月十八日	ソウマウン議長、憲法起草には十分な時間をかける必要があると述べ、早期政権移譲の意志はないことを表明
	六月二十九日	NLD、SLORCに対して政治犯の釈放と平和的政権移譲を要請
	七月三日	ソウマウン議長、政権移譲より憲法起草が重要、憲法起草についてはSLORCが必要な助言と援助を与えることを表明
	七月二十七日	SLORC、総選挙後初の政権移譲の手続きを明示
	九月十日	マンダレーで僧・学生ら二百人による反政府デモ発生、治安部隊と衝突
	十月五日	SLORC、在ミャンマーの外国大使館に対して文書を送付、内容は「SLORCが事実上の政府である」、「諸外国の圧力は容認できない」
	十月二十日	ソウマウン議長、反政府活動をしている僧侶の取り締まりを発表
	十月二十三日	政府、NLD本支部を捜索、ビラ押収、関係者多数逮捕
	十一月十八日	ソウマウン議長、平和を乱さないという協定に調印するならば大学再開に反対しない旨の演説
	十二月十八日	弾圧を逃れたNLD議員らがカイン州で暫定政府「ビルマ連邦国民連合政府」樹立を宣言
一九九一	二月四日	ソウマウン議長、アウンサン・スーチーの拘束は彼女がアウンサン将軍の娘であり外敵から守るためでもあると発言
	三月二十七日	第四十六回国軍記念日、中央式典がヤンゴンで開催
	六月二十八日	SLORC、一九九一年度国家予算法を制定。国防予算は全体の四十・七パーセント
	五月十四日	SLORC、非合法組織法に基づいて八政党に解散命令
	六月二十四日	ソウマウン議長、「我々は兵士である。いかなる政党や政治家に関心はない。国家の治安維持のために戦っているのだ」と発言

	六月三十日	タンシュエ副議長、「ミャンマー国の独立は誰からも冒されない」と発言
	七月十日	ＳＬＯＲＣ、議会選挙法改正法を発表
	八月九日	ＳＬＯＲＣ、「国家を危険分子から守る法」を改正
	九月二日	国家公務員及び政府企業職員に対する国家への忠誠度などを測るアンケート実施
	九月二十二日	先に実施されたアンケートの結果、およそ千数百人の職員が免職・戒告
	九月三十日	民間銀行の第一号としてミャンマー市民銀行が設立
	十月九日	ＫＮＵ軍がボーガレーで政府軍と衝突
	十月十五日	アウンサン・スーチー、ノーベル平和賞受賞。ただし、国内では放送されず
	十二月十日	アウンサン・スーチーにノーベル平和賞授与。代理として夫と息子たちが出席。ヤンゴン大学で学生がスーチー釈放を要求して集会
	十二月	中央選挙管理委員会、ＮＬＤ選出議員の資格を取り消す
一九九二	一月二十一日	ソウマウン議長、「ロヒンギャ問題は我々の問題ではない」と発言
	二月一日	カレン民族進歩党（ＫＮＰＰ）によるテロ行為がライコウで頻発
	二月二日	ベンガル系住民のバングラデシュ領内への流出者が二十万人を超える。ＳＬＯＲＣは「ロヒンギャという民族は国内には存在しない」と発言
	二月二十三日	政府、「バングラデシュへ流出した難民二十万人は不法にミャンマーに越境してきた者たちである」と発表
	四月二十三日	ＳＬＯＲＣソウマウン議長辞任、後任にタンシュエが就任かつ国防相を兼任
	四月二十四日	ＳＬＯＲＣ、政治犯の釈放、制憲国民会議の準備会議を二カ月以内に開催、制憲国民会議をその後六カ月以内に開催を約束
	五月	アウンサン・スーチー、ヤンゴンで家族と面会
	六月五日	キンニュン少将、人口抑制計画の推進を指示
	六月二十三日	制憲国民会議第二回準備会議、開催
	七月十日	制憲国民会議第三回準備会議、開催
	八月十日	通信教育大学、再開
	九月十七日	タンシュエ議長、「軍は長期にわたって政権を担当する意思はない」と発言
	九月二十四日	辺境地域少数民族開発省（ＭＰＢＡＮＲＤＡ）設置
	九月二十八日	ＳＬＯＲＣ、郡支部の組織変更。メンバーに民間人（官吏）を登用

	十一月三十日	アウンサン・スーチーの夫マイケル・アリス氏がロンドンの記者会見で「女史はいま生命に関わる重大な危機に直面している」と発言
一九九三	一月九日	国民会議準備委員会が開催、新憲法草案の議論開始
	二月十八日	政府、機構改革実施。財政計画省を国家計画経済開発省と財政歳入省に分割
	五月八日	オンジョー外相、ミャンマーが民主的な自由経済国家を目指しており、将来的にはＡＳＥＡＮ加盟を希望していることを述べる。ただし、アウンサン・スーチーの政治参加には極めて否定的
	六月二十一日	アウンサン・スーチー、現ＳＬＯＲＣ政権を非難する小冊子を公開
	十一月二十三日	ＳＬＯＲＣキンニュン第一書記、カイン州、モン州の反政府軍に和平の呼びかけ
一九九四	一月十八日	制憲国民会議全体会議、再開
	三月二十三日	制憲国民会議全体会議、再開
	三月二十七日	五百、百、五十チャット、五十ピャーの新紙幣発行
	四月五日	制憲国民会議選対会議、開催
	六月十一日	ラオス＝ミャンマー国境協定締結
	七月二十二日	ＡＳＥＡＮ外相会議にミャンマー初参加
	八月十六日	ミャンマーとカンボジア両国政府、十九年ぶりに国交回復
	九月二日	制憲国民会議全体会、再開
	九月二十九日	タンシュエ議長、国営企業の順次民営化を表明
一九九五	一月九日	政府、民営化委員会設立を通達
	一月二十六日	政府、政治犯四十七人を釈放
	一月二十七日	国軍、カレン民族同盟（ＫＮＵ）の本拠地を制圧
	二月三日	政府、政治犯二十三人を釈放
	二月十四日	ウー・ヌー元首相死去（八十八歳）
	三月二十一日	カレンニー民族進歩党（ＫＮＰＰ）と和平合意
	三月二十九日	制憲国民会議全体会議、再開
	四月七日	政府、制憲国民会議の十月二十四日まで休会を宣言
	四月十日	第一回民営化委員会、開催
	四月二十九日	ＳＬＯＲＣ、新モン州党（ＮＭＳＰ）と和平協定を締結

一九九六	七月	一九九六年のミャンマー観光年に向けてミャンマー観光年実行委員会設立
	八月十一日	政府、アウンサン・スーチー自宅軟禁から解放（六年ぶり）
	十一月二十八日	民営化委員会、十七の映画館の民営化を決定
	一月五日	制憲国民会議全体会議、再開
	一月八日	クンサー率いるモンタイ軍、投降開始
	一月二十八日	十二月二十二日から休会していた制憲国民会議、再開
	三月二十八日	サンユー大統領死去（七十八歳）
	三月二十九日	制憲国民会議全体会議、再開
	四月十六日	五カ年計画（一九九六〜二〇〇〇年）の概要を発表
	五月十八日	NLD企画の新年記念行事を政府が阻止
	五月十九日	NLD、二十六日から議員総会を開催すると発表
	六月二十六日	政府、NLDの議員総会の中止を勧告、関係者を大量拘束
	六月二十九日	第一回NLD党大会、開催
	六月七日	内閣改造
	六月二十八日	新治安維持法、公布
	八月三日	政府、カレン民族同盟との和平を模索したが、合意に至らず
	九月二十七日	全ビルマ学生民主戦線（ABSDF）第二十三大隊が帰順開始
		政府、NLDが計画した全ミャンマー会議を阻止するため、アウンサン・スーチー自宅前の道路を封鎖、関係者多数拘束
	十月三日	アメリカ、対ミャンマー制裁措置として軍政高官とその家族へのビザ発給を停止
	十月四日	外務省、米政府高官とその家族に対するビザ発給停止
	十月十五日	中央銀行、新紙幣発行
	十月二十二日	ヤンゴン主要大学の学生が警察当局に抗議して五百人規模のデモ
	十月二十三日	政府、NLD副議長のチーマウンを拘束
	十月二十五日	政府、アウンサン・スーチーに外出自粛を要請
	十月二十九日	EU外相理事会、対ミャンマー制裁措置を決定
	十一月一日	政府、アウンサン・スーチー自宅前での週末集会を禁止

	十一月九日	アウンサン・スーチーの乗った車、約二百人の群衆に囲まれ襲撃を受ける。アウンサン・スーチーは無事
	十一月十八日	ミャンマー観光年、開幕（九七年五月までの半年間）
	十一月三十日	タンシュエ議長、ＡＳＥＡＮ非公式首脳会議（ジャカルタ）に出席
	十二月二日	ヤンゴン主要大学の学生、約千五百人が自治組織の再結成などを要求して抗議デモ、政府は三百人を拘束
	十二月六日	政府、再度学生拘束
	十二月九日	ヤンゴン市内の大学、事実上閉鎖状態に
	十二月十日	国連総会、ミャンマー政府に対し民主勢力との政治対話や政治犯釈放を求める決議を採択（今回で六回目）
	十二月十三日	政府、ヤンゴン市庁舎に戦車を配置
一九九七	一月四日	ＮＬＤ、独立記念日祝賀会を開催
	一月十五日	ＫＵＮら反政府少数民族十五組織がＮＬＤと共闘、メータロウタ宣言を採択
	二月十二日	国軍、ＫＮＵへの軍事攻撃開始
	三月十六日	マンダレーで仏教僧・住民がモスクやイスラム商店を襲撃、夜間外出禁止令
	五月二十一日	ティンウーＮＬＤ副議長らＮＬＤ党員多数が政府によって拘束
	五月二十七日	ＮＬＤの一九九〇年総選挙七周年記念集会が政府によるアウンサン・スーチー宅道路封鎖強化で阻止
	六月五日	ＮＬＤ、独自憲法草案の起草を完了したと発表
	六月十三日	政府内にＡＳＥＡＮ加盟準備委員会（委員長にキンニュン第一書記）が発足
	七月十七日	アウンシュエＮＬＤ議長とキンニュン第一書記、ヤンゴン市内で会談
	七月二十三日	ミャンマー、ラオスと共にＡＳＥＡＮ加盟
	八月十五日	特別裁判所、アウンサン・スーチーの従兄弟ら民主化勢力四人に対し国家反逆罪などで懲役十〜三十年の判決
	十月二十八日	政府、アウンサン・スーチーのＮＬＤマヤンゴン地区青年部集会への参加阻止
	十一月五日	政府、ヤンゴン・タムウェー支部で集会を開こうとしたＮＬＤ党員五十名を逮捕
	十一月十五日	ＳＬＯＲＣ解散、ＳＰＤＣ設立。メンバーは十九名
	十二月一日	政府、死刑囚・終身及び長期禁固刑受刑者らに対し恩赦
	十二月十六日	政府、アウンサン・スーチーの自宅外活動自粛を要請
一九九八	三月一日	政府、全ビルマ学生民主戦線（ＡＢＳＤＦ）地下活動家四十人を逮捕
	五月七日	政府、三人の副相（ＳＰＤＣ議長府副相、外務副相、建設副相）を任命
	六月二十三日	ＮＬＤ、八月二十一日までに一九九〇年選挙結果に基づく国会開催を要求

	六月二十五日	NLD青年党員五十名と武装警官が乱闘。これに対しアウンサン・スーチー抗議
	七月七日	アウンサン・スーチー、ヤンゴン郊外で政府により移動妨害
	七月二十日	アウンサン・スーチー、再度、政府より移動制限
	七月二十四日	アウンサン・スーチー、政府に対して抗議のため車内籠城
	八月二十四日	学生百人、学生連盟の合法化を求めてヤンゴンでデモ
	九月二日	ヤンゴン工科大学構内で学生デモ
	九月十六日	NLD、少数民族政党と共同で国会議員代表者委員会（CRPP）設置
	九月十七日	CRPP、八八年以降、軍政が制定した法律の無効宣言
	九月十八日	政府、政府問題委員会を設置
	九月二十四日	軍政の動員による反NLD集会が主要都市で開始
	十一月十四日	政府、内閣改造（オンジョー外相を更迭）
	十一月十八日	千チャット紙幣の発行を決定、二十五日より流通
	十二月十二日	NLD、国会開会準備のため、金融経済、教育、外交、国防など十委員会設置
一九九九	二月八日	軍政幹部、「スーチーNLD書記長は単なる民間人である。正当代表とは認めない」と発言
	二月十二日	「国家の発展には全民族の団結が不可欠」と連邦記念日にタンシュエ議長演説
	三月十二日	一九九八年度追加予算を発表。国防省支出が九十九億チャット（開発予算の二十七パーセント）で突出
	三月二十七日	アウンサン・スーチーの夫マイケル・アリス氏が死亡（五十三歳）
	四月十七日	NLD、軍政との対話再開希望を表明
	六月三十日	NLD所属当選議員の辞任及び脱退が各地で拡大
	七月十六日	軍政、野党との対話再開の条件（十人委員会の撤廃）を提示
	七月二十四日	NLD、軍政が提案した対話再開の条件を拒否
	九月七日	在外ミャンマー大使館、個人旅行者へのビザ発給を停止
	九月九日	「フォアーナイン」蜂起呼びかけは失敗、軍が反乱を封じ込め
	九月十四日	大衆組織の連邦団結発展協会（USDA）が年次総会、加入者数は千百八十万人へ
	十月一日	「強硬なビルマ学生戦士」と名乗る武装グループがタイのミャンマー大使館を占拠。政治犯の釈放、アウンサン・スーチーNLD書記長との対話、国会の開催を要求。政府は要求を拒否
	十一月四日	政府、NLD青年女性部の党員を全員釈放

	十一月十五日	NLDと同盟関係にある少数民族組織の幹部を拘束
	十一月二十五日	ミャンマー＝タイ国境を再開
	十一月三十日	マウンマウンSPDC議長府相を解任
二〇〇〇	二月三日	ヤンゴン工科大学で二百人の学生が反政府デモ
		政府、日本人元兵士の遺骨を返還
	二月二十三日	海外で勤労を予定しているミャンマー人に対する規則通達。年間収入の十パーセントを当該国のミャンマー大使館に送金、月収の五十パーセントを外貨で送金することを求める
	四月一日	国軍兵士を含む公務員給与を最大五・五倍引き上げ
	五月二十七日	NLDが選挙で大勝してから十年経過。NLD本部で集会。政府はNLD党員のみに集会参加を許可
	七月十一日	政府、二十四日に全大学の授業を再開すると発表
	八月十七日	ゾートゥン国家開発計画省副大臣更迭
	八月二十四日	アウンサン・スーチー、NLD地区青年組織立ち上げのためヤンゴン出発。ダラ地区で足止め（〜九月二日）
	九月二日	政府、アウンサン・スーチー自宅軟禁
	九月十四日	アウンサン・スーチー、自宅軟禁解除
	九月二十二日	アウンサン・スーチー、再び軟禁
	十二月一日	政府、自宅軟禁下に置いていたNLD中央執行委員九人のうち、六人を約七十日ぶりに釈放
二〇〇一	一月四日	カレン民主同盟（KNU）、軍政との和平交渉の可能性を示唆
	一月十日	NLD、アウンサン・スーチーと軍政の対話が行われていたことを認める
	一月二十四日	ティンウーNLD副議長と十九人のNLD党員釈放
	一月二十五日	NLD党員八十四人釈放
	二月五日	シャン州軍（SSA）へのミャンマー国軍の攻撃、タイ住民に被害
		シトウェで仏教徒とムスリムの衝突、夜間外出禁止令発令
	二月十一日	ミャンマー国軍、タイ北部に逃れたSSAの兵士を追ってメーサイを攻撃
	二月十六日	タイ国軍、国境紛争が解決しない場合、交戦する用意があることを表明
	二月十九日	ティンウー第二書記、ヘリコプター事故で死亡（六十七歳）。
	三月二日	政府、アウンサン・スーチーの軟禁を継続する方針を確認

	三月二十七日	タンシュエ議長、国軍記念日のセレモニーで「性急な民主化は危険」との考えを示すとともに、「民主国家建設への協力」を民主化勢力に呼びかけ
	三月三十一日	政府、ＮＬＤ党員十六人を釈放
	五月十八日	タウングーでムスリムと仏教徒の衝突、夜間外出禁止令発令
	六月十五日	政府、ＮＬＤ政治犯九人を釈放
	六月十六日	政府、ヤンゴン市内のＮＬＤ十四支部再開許可
	六月二十一日	政府、ＮＬＤ国会議員五人を釈放
	六月二十八日	政府、ＮＬＤ国会議員九人を釈放
	六月二十九日	政府、ヤンゴン管区内ＮＬＤ支部四十カ所のうち十八支部に対して再開を許可
	七月二日	政府、アウンサン・スーチーの従兄弟、エイウィンを釈放
	七月六日	政府、ＮＬＤ国会議員七人を釈放
	七月十三日	政府、ＮＬＤ議員を含む七人の政治犯を釈放
	七月十八日	政府、政治犯十一人を釈放、うち四人がＮＬＤ議員
	七月三十一日	政府、ＮＬＤ国会議員四人を釈放
	八月十三日	政府、ＮＬＤ国会議員二人を釈放
	八月二十六日	政府、アウンシュエＮＬＤ議長及びティンウー副議長の行動制限を解除
	九月二十七日	ＮＬＤ党創設十三年記念式典開催。アウンサン・スーチーの無条件解放を求める決議採択
	十月二日	政府、政治犯五人を釈放
	十月九日	ムスリムと仏教徒との衝突のためバゴー管区のピイに夜間外出禁止令発令
	十月十六日	パコクでムスリムと仏教徒の衝突が発生
	十月十九日	ムスリムと仏教徒の衝突のため夜間外出禁止令をバゴー、タウングー、ヒンタダにも発令
	十月二十六日	政府、ＮＬＤ党員八人を釈放
	十月二十八日	政府、ＮＬＤヤンゴン市内十三支部の再開許可
	十一月九日	政府、ウィンミン第三書記、ティンフラ副首相兼国軍関連相を更迭、内閣改造
	十二月八日	ヤンゴン市内のＮＬＤ事務所一カ所再開
二〇〇二	一月九日	ＮＬＤ党員四人とアウンサン・スーチーの従兄弟を釈放
	一月二十二日	アウンサン・スーチーと軍政との会談が行われたとの報道

一月三十日	ヤンゴン市内のラタ地区にＮＬＤ事務所再開
二月四日	政府、ＮＬＤ党員四人を釈放
二月十日	政府、政治犯六人を釈放
二月十三日	政府、政治犯十三人を釈放
二月十八日	政府、ＮＬＤ党員六人を釈放
三月十八日	チョーウィン情報局副局長、クーデター未遂事件関連で逮捕した者が百人近くおり、ネーウィン元大統領と娘のサンダーウィンは自宅軟禁下にあると発表
三月二十七日	タンシュエＳＰＤＣ議長、国軍記念日の演説でネーウィン元大統領の施政を批判
三月二十九日	政府、ＮＬＤ党員七人を釈放
四月二日	政府、ネーウィン元大統領の婿娘及び孫三人を国家転覆罪で起訴
四月十八日	クーデター容疑で拘束されたネーウィン元大統領の親族の四人、インセイン刑務所に移送
五月三日	政府、ＮＬＤ党員五人を釈放
五月六日	アウンサン・スーチー、自宅軟禁から無条件解放
五月十四日	政府、ＮＬＤ党員九人を釈放
五月二十日	クーデター疑惑で逮捕されたネーウィン一族の裁判開始
	タイ＝ミャンマー国境で武力衝突
六月五日	政府、ＮＬＤ党員九人を釈放
六月十二日	キンニュン第一書記長、公務員に対しＮＬＤの活動に関わらないように要請
六月二十一日	政府、ＮＬＤ国会議員一人を釈放
七月九日	政府、ＮＬＤと現在拘束中の党員数は百七十五人という認識で一致。ＮＬＤ党員十人を釈放。アウンサン・スーチー、ＮＬＤ党本部で党務再開
七月二十八日	政府、ＮＬＤ党員十四人を含む、政治犯三十二人を釈放
七月三十一日	政府、政治犯十三人を釈放
八月九日	政府、ＮＬＤ党員六人を釈放
八月十六日	政府、ＮＬＤ党員五人を含む政治犯六人を釈放
八月十七日	政府、反政府パンフレットを配布した学生約十五人を逮捕
八月十九日	民営化委員会、映画館八カ所の民営化決定

	九月五日	政府、ＮＬＤ党員七人を含む政治犯八人を釈放
	九月六日	ＮＬＤ活動家二人を当局が逮捕したことに対しアメリカ政府非難声明
	九月十四日	クーデター未遂に関与したとして国軍兵士八十三人に十五年の禁固刑
	九月二十三日	政府、ＮＬＤ党員十人を含む政治犯十八人を釈放
	九月二十六日	クーデター未遂事件に関し、容疑者四人に対し国家反逆罪で死刑判決
	十月十日	政府、ＮＬＤ党員七人を含む政治犯三十一人を釈放
	十一月六日	ヤンゴン市役所前で八月に反政府抗議行動を行った学生に対し十四年の禁固刑
	十一月二十二日	政府、ＮＬＤ党員五十七人を含む政治犯百十五人を釈放
	十二月五日	ネーウィン元大統領死亡（九十一歳）
	十二月十六日	アウンサン・スーチー、ラカイン州、チン州訪問。ＮＬＤ支持者と軍政側が衝突
	十二月二十四日	クーデター容疑で逮捕されたネーウィン元大統領の親族四人の死刑確定
二〇〇三	一月五日	政府、アウンサン・スーチーの一般遊説活動を制限する考えを示す
	二月二日	政府、空席だったＳＰＤＣ第二書記にソーウィン中将を任命
	二月六日	ヤンゴンで銀行取り付け騒ぎ発生
	二月十日	政府、ＮＬＤ地方幹部を含む十二人を反政府活動に関与したとして拘束
	三月二十日	政府、政治犯含む服役囚四十九人を釈放
	三月二十七日	国軍記念日にヤンゴンで爆発騒ぎ
	四月十五日	政府、アウンサン・スーチーの「国の発展を目指す取り組みを信頼する」との声明発表
	四月二十五日	アウンサン・スーチー、ＮＬＤ本部で会見し軍政への不信感を表明。これに対し軍政側もスーチーに反論
	五月二十六日	政府、ＮＬＤ党員十人を逮捕
	六月三十日	政府、アウンサン・スーチーを拘束。教育省傘下の大学閉鎖、ＮＬＤ支部閉鎖
	七月五日	政府、国営紙でアウンサン・スーチーを攻撃
	七月二十四日	タイ、ミャンマー民主化のためのロードマップを作成し提案
	七月二十六日	政府、爆弾テロ疑惑で軍人十二人を逮捕
	七月二十八日	アメリカのブッシュ大統領、対ミャンマー制裁法案に署名
	八月十六日	政府、貿易などで外国取引においてドル決済を禁止
	八月二十三日	アメリカの経済制裁によるドル決済禁止で貿易業務が混乱

	八月二十五日	キンニュン第一書記、首相に就任
	八月三日	キンニュン首相、初演説。民主化のための七つのステップを提示
	九月七日	制憲会議の新委員発表
	九月十八日	アウンサン・スーチー、入院。十九日に手術
	九月二十六日	アウンサン・スーチー、退院。自宅軟禁
	九月二十三日	政府、反政府活動容疑で七人の学生逮捕
	十月二十五日	ヤンゴンで仏教徒とムスリムの衝突
	十二月三日	政府、カレン民族同盟（KNU）と停戦合意
	十二月四日	政府、NLD党員二十名を釈放
	十二月五日	政府、NLD党員十六名を釈放
二〇〇四	一月十日	政府、KNUとの和平会談、二月末まで延期
	一月二十九日	二〇〇三年二月の銀行危機以来営業停止していた民間銀行三行に業務再開を許可
	二月五日	二十五の少数民族、軍政の民主化ロードマップに反対の意を表明
	四月十日	セインルイン元大統領死去（八十一歳）
	四月二十日	政府、制憲国民会議において一九九六年に定めた憲法制定の六つの目的の維持を表明
	五月十四日	NLD、軍政がNLDの要求を拒否したとして制憲国民会議のボイコットを表明
	五月十七日	八年ぶりに制憲国民会議、開催
	五月十八日	政府、二〇〇四／二〇〇五年度を「工業化の年」と発表
	十月一日	新紙幣（二百、五百、千チャット）を発行
	十月十九日	政府、キンニュン首相と情報部高官、更迭
	十月二十二日	軍情報局と国家情報局、廃止。ソーウィン新首相、停戦合意を結んだ反政府武装勢力に対しこれまで通り一定の自治権と地域開発が認められることを確認
	十一月五日	政府、ティンフライン内務相とティンウィン労相、更迭
	十一月十四日	テインセイン第一書記、国内の反政府武装組織に国家発展のための協力を要請
	十一月十八日	タンシュエ議長、民主化ロードマップの実現を再度強調
	十一月二十四日	テインセイン第一書記、休会中の制憲国民会議の二月開催を表明
	十一月二十九日	政府、服役囚合計九千二百四十八人の釈放完了と発表

二〇〇五	一月四日	NLD、独立記念日の式典開催。軍政に対話を求める声明発表
	一月十一日	政府軍、カレン民族同盟（KNU）の駐屯基地を攻撃
	二月十七日	制憲国民会議、二〇〇四年七月九日以来の再開
	三月八日	政府、元学生活動家ソーミンを十四年ぶりに釈放
	三月十六日	政府、元学生活動家コジーを十三年ぶりに釈放
	三月三十一日	制憲国民会議、再び休会
	四月十七日	元大統領の息子を中心とする国外シャン族グループ、シャン州の独立を宣言
	四月二十六日	マンダレー最大市場ゼージョーで爆発。二名死亡、十五人負傷
	五月七日	ヤンゴン市内三カ所で爆発。捜査当局は十九人死亡、百六十二人負傷
	五月二十四日	シャン州民族軍（SSNA）、国軍との停戦協定を破棄
	八月十四日	ミャンマー民営化委員会、八つの国営工場の売却を決定
	八月十八日	ヤンゴン管区陸運局、バス料金を値上げ。値上げ幅は二～二・五倍
	八月二十八日	情報相、四つの政治組織・少数民族武装集団などを非合法化
	十一月六日	政府機関のピンマナ移転が始まる
	十一月七日	情報相、政府機能の円滑化のためピンマナへ首都機能を移転すると発表
	十二月五日	制憲国民会議、約八カ月ぶりに再開
二〇〇六	一月三十一日	制憲国民会議、休会
	二月十二日	NLD、国会開催を前提にSPDCを暫定合法政府として認める提案。四月十七日までに回答を要求
	二月十七日	タンシュエ議長、新首都入り
	二月二十七日	テインニュン国境地域少数民族発展相、新首都市長に就任。国家計画経済発展相、二〇〇五年度のGDP成長率を十二・二パーセント、物価上昇率を九パーセントと発表
	三月二十二日	政府、国軍が三月上旬にカレン州の少数民族武装組織への攻撃を再開したと報道
	三月二十七日	政府、新首都で国軍記念日の式典を開催。各国大使館の武官を招待
	四月一日	政府、公務員給与を最大十二・五倍に引き上げ。所得税法、商業税法を改正
	四月二十日	ヤンゴンの五カ所で爆発事件
	四月二十七日	国軍、カレン州における軍事行動を強化。一万人以上の難民が流出
	五月一日	電力省、電気料金を約十倍に値上げ。値上げは七年ぶり

	五月四日	政府、公共の場での喫煙禁止
	六月五日	中央銀行、新首都へ移転
	六月十七日	政府、副大臣八人、最高裁判事一人を解任
	六月二十八日	政府民営化委員会、国営工場十一カ所の株式放出を決定
	六月二十九日	ヤンゴン税関局長を含む多数の税関職員を逮捕
	八月八日	一九八八年八月八日反政府デモの記念行事開催
	十月一日	制憲国民会議、再開
	十二月二十二日	国連総会、ミャンマー非難決議採択
	十二月二十九日	制憲国民会議、休会
二〇〇七	一月四日	タンシュエ議長、昨年十二月三十一日よりシンガポールで入院、独立記念式典欠席。
		政府、服役囚二千八百三十一人に恩赦。少なくとも政治犯二十七人含む
	一月八日	タンシュエ議長、シンガポールの病院から退院（十一日帰国）
	一月十五日	SPDC会議の開催
	一月三十一日	カレン民族同盟（KNU）の第七旅団、国軍に投降
	二月二十二日	ヤンゴン市内で抗議デモ。物価高や電力不足への不満訴える
	二月二十日	ソーウィン首相、シンガポールの病院に入院（五月三日帰国）
	二月二十七日	チョーサン情報相、公式な首都移転日が二〇〇六年二月十七日であると発表
	五月十八日	テインセイン第一書記、首相代行に就任と国営紙が報道
	六月五日	テインセイン首相代行、国営テレビで制憲国民会議を七月十八日再開と発表
	六月十八日	制憲国民会議、再開
	六月二十三日	『ミャンマータイムズ』（二十三～二十六日号）に軍政首脳を風刺する広告が掲載
	六月二十六日	民間銀行、預金の受入規制を開始
	八月十五日	政府、ガソリンなどの燃料価格を大幅引き上げ
	八月十九日	ミンコーナインら八十八グループが主導する市民数百人のデモがヤンゴンで発生（サフラン革命開始）
	八月二十一日	治安当局、ミンコーナインら民主化活動家を拘束
	八月二十二日	ヤンゴンでデモ、各地で拡大
	九月三日	制憲国民会議、終了

	九月五日	治安当局、パコクの僧侶が参加したデモに対して威嚇発砲及び僧侶に暴力
	九月六日	パコクの僧院、政府職員を軟禁
	九月七日	全ビルマ僧侶連盟、政府に謝罪、物価引き下げ、政治犯釈放、民主化勢力との対話の四項目を要求（十七日を回答期限）
	九月十八日	全ビルマ僧侶連盟、政府の謝罪がないため抗議デモ、全国に拡大
	九月二十五日	政府、夜間外出禁止令発令。五人以上の集会も禁止
	九月二十六日	軍・治安部隊、デモの武力鎮圧を開始
	九月二十七日	軍・治安部隊、未明に僧院を襲撃し多数の僧侶を拘束
		通信郵便電信省、インターネットを遮断。デモ取材中の日本人ジャーナリスト長井健司氏、銃撃され死亡。
	九月二十九日	政府、国営紙でデモ制圧を宣言
	十月十二日	ソーウィン首相、死去（五十八歳）
	十月十八日	政府、憲法起草委員会を設置
	十月二十四日	テインセイン首相代行、首相に就任
	十二月三日	憲法起草委員会、初会合を開催
	十二月十日	潘基文国連事務総長、国際社会はミャンマー軍政の民主化対応の遅れについて我慢の限界にきていると発言
二〇〇八	一月十一日	首都ネピドーの駅で爆発事件、十三日にはヤンゴン中央駅でも爆発事件
	一月十五日	英字週刊誌『ミャンマータイムズ』、一週間発禁処分
	二月六日	米財務省、ミャンマー軍政権関連企業に対し在米資産凍結などの制裁を強化
	二月九日	政府、五月に新憲法案の国民投票、二〇一〇年に総選挙を行うと発表
	二月十九日	憲法起草委員会、新憲法案の起草作業を完了
	二月二十六日	政府、国民投票法を公布
	二月二十八日	ＮＬＤ、国民投票を不当と批判
	二月二十九日	最高裁判所、一九九〇年選挙結果の確認を求めるＮＬＤの訴えを却下
	五月四日	政府、サイクロン被災地五地域を激甚災害地に指定
	五月十日	政府、被災地の四十七郡を除き、新憲法案の賛否を問う国民投票を実施
	五月十五日	国民投票委員会、十日の国民投票で新憲法案が九十二・四パーセントの賛成を獲得したと発表
	五月十七日	ＮＬＤ、新憲法案を可決した国民投票の結果を拒否すると発表

	五月二十六日	国民投票委員会、新憲法案が賛成九十二・四パーセントで可決されたと発表
	五月二十九日	政府、新憲法を布告
	六月二十日	政府、内閣を小幅改造
	九月二十二日	ＮＬＤ、新憲法の見直しを要請
	九月二十三日	ＮＬＤ創設メンバーのウインテイン十九年ぶりに釈放（七十九歳）
	十月二十六日	アウンサン・スーチー自宅前の道路封鎖解除
二〇〇九	三月一日	ＡＳＥＡＮ首脳会議、ロヒンギャ問題を議論
	三月三日	ヤンゴンで二回の爆発事件
	三月三十一日	テインセイン首相、二〇〇八年度ＧＤＰ成長率は十・四パーセントを見込むと発表
	四月七日	ネピドー国際空港、着工
	四月二十九日	ＮＬＤ、シュエゴンダイン宣言を発表。二〇一〇年総選挙への参加条件提示
	五月三日	米国籍イエトー氏、インヤー湖を泳いでアウンサン・スーチー自宅侵入。六日未明当局より拘束
	五月十四日	アウンサン・スーチー、国家防御法違反で訴追される
	五月十八日	ヤンゴン特別法廷、国家防御法違反で訴追されたアウンサン・スーチーの公判を開始
	五月二十六日	政府、国家防御法に基づくアウンサン・スーチーの自宅軟禁を解除。裁判のための身柄拘束継続
	八月十一日	ヤンゴン特別法廷、アウンサン・スーチーに有罪判決
	八月二十七日	国軍、ミャンマー国民民主連盟軍（ＭＮＤＡＡ）とコーカン地区で交戦し、国軍二十六人、コーカン軍八人死亡
	九月十七日	政府、七千百十四人の恩赦を発表
	九月十八日	アウンサン・スーチーの控訴審、開始
	十月一日	中央銀行、五千チャット紙幣を発行
	十月二日	ヤンゴン管区裁判所、アウンサン・スーチーの控訴を棄却。一審の有罪判決を支持
	十二月二十一日	アウンサン・スーチーの上告審、最高裁で開催
二〇一〇	二月十三日	二〇〇三年五月から拘束されていたＮＬＤティンウー副議長の自宅軟禁解除
	四月二十六日	テインセイン首相、軍籍を離脱し、二十九日に連邦団結発展党（ＵＳＤＰ）を結成
	十月二十一日	政府、ミャンマー国旗を変更すると発表
	十一月七日	二〇〇八年新憲法に基づく総選挙が実施され、連邦団結発展党（ＵＳＤＰ）が八割の得票で圧勝。ＮＬＤは不参加、ＮＬＤの分派である国民民主勢力（ＮＬＦ）は少数議席獲得に留まった

	十一月十三日	政府、アウンサン・スーチーの軟禁を解除（拘束・軟禁は一九八九年から三回、計十五回に及んだ）
二〇一一	一月三十一日	ネピドーで総選挙後、初の連邦議会、開幕
	三月三十日	テインセイン、大統領に就任。SPDCは解散。政権は新政府へ
	六月	テインセイン大統領、二〇一五年までの五カ年計画でGDP成長率を七・七パーセントにすると宣言
	七月	政府側とアウンサン・スーチーの対話、再開
	八月	テインセイン大統領、アウンサン・スーチーと初会談
	十月十二日	政治犯を含む受刑者六千三百五十九人が恩赦によって釈放
	十一月十四日	テインセイン大統領、政党登録法の一部改正（服役囚に党員資格を与えないとした条項の削除）を承認。また二〇〇八年憲法の「順守」を「尊重する」に緩和した
	十一月二十五日	NLD、全国代表者会議を開催、政党として再登録を完了
	十二月	クリントン米国務長官、来緬
二〇一二	二月	ティラワ経済特区の上下水道、道路、光ファイバーケーブル、次世代電力網といった最先端インフラを日本政府が請け負う
	三月	労働組合法、施行
	四月一日	連邦議会補欠選挙、実施。NLD、四十四人の候補者を擁立し、アウンサン・スーチーを含む四十人が当選という大勝
		クリントン米国務長官、対ミャンマー経済制裁緩和を表明
	六月八日	ラカイン州でロヒンギャと仏教徒の対立激化（ラカイン州暴動）
	七月	アメリカ、対ミャンマー経済金融制裁の一部を解除
	八月	政府、メディアへの事前検閲制度を廃止
		テインセイン大統領、第一回内閣改造
	十一月十九日	オバマ米大統領、現職米大統領として初来緬
		アメリカの対ミャンマー経済制裁、ほぼ全面解除
		日本政府、ミャンマーに対して二十七年ぶりの円借款再開を表明
二〇一三	一月八日	政府、反腐敗活動委員会を設置
	二月二十五日	テインセイン大統領、初の欧州歴訪
	三月十一日	カチン独立機構（KIO）と連邦平和構築作業委員会、停戦協議

	三月二十日	メティラでイスラム教徒と仏教徒の対立で非常事態宣言発令
	三月二十五日	バゴーで宗教暴動発生
	四月一日	公務員給与月額二万チャット引き上げ
	四月十三日	アウンサン・スーチー訪日
	四月二十一日	ＥＵ、対ミャンマー経済制裁を解除
	五月十七日	テインセイン大統領、訪米
	五月二十三日	ラカイン州、ロヒンギャに子ども二人までの出生制限を課す
	六月五日	第二十二回世界経済フォーラムがヤンゴンで開催
	七月十一日	中央銀行法施行
	七月	テインセイン大統領、第二回目の内閣改造
	八月五日	連邦平和構築作業委員会と全ビルマ学生民主戦線（ＡＢＳＤＦ）停戦協定調印
	十月八日	テインセイン大統領、第二十三回ＡＳＥＡＮ首脳会議出席
	十二月五日	ヤンゴン大学、学部教育再開
	十二月十一日	東南アジア競技大会（ＳＥＡＧＡＭＥ）、ミャンマーで開催
	十二月十二日	テインセイン大統領、訪日
	十二月三十日	すべての政治犯罪を赦免する大統領令
二〇一四	一月六日	日本、国民和解に向け五年間で百億円の支援を発表
	一月二十三日	ソーテイン大統領府相、世界経済フォーラム出席
	一月二十六日	世界銀行総裁、来緬
	二月三日	政府、憲法改正業務委員会、設置
	二月二十七日	政府、国境なき医師団に国内での全活動中止命令
	三月	三十一年ぶりの国勢調査実施
	四月二十一日	ＮＬＤ創設者ウインティン死去
	五月十七日	ＮＬＤ、ヤンゴンで憲法改正を求める集会
	五月十八日	選挙管理委員会、改憲訴えるアウンサン・スーチーに対し警告
	五月二十八日	バングラデシュ国境で銃撃戦発生
	六月二十二日	三古代都市がミャンマー初のユネスコ世界遺産に登録

	七月一日	マンダレーで暴動発生
	八月十四日	ミャンマー投資委員会、外資規制分野の削減を発表
	九月一日	観光ビザの電子申請システム開始
	九月五日	日本と六百三十一億円を限度とする円借款四件に関する書簡交換
	九月八日	国軍の人事異動
	九月二十六日	カイン州とモン州で民主カレン慈善軍（DKBA）と国軍衝突
	九月二十七日	ノルウェーの携帯会社テレノール、サービス開始
	十月一日	政府、外銀六カ国九行に支店開設の仮認可交付
		国営英字新聞『New Light of Myanmar』が国内私企業と合弁し『Global New Light of Myanmar』となる
	十月七日	大統領恩赦で三千七十三人の囚人釈放
	十月三十一日	改憲に関するハイレベル会議開催
	十一月十二日	ミャンマーで初のASEAN会議開催（ネピドーにて）、日本の安倍首相、アメリカのオバマ大統領など首脳来緬
	十一月十三日	連邦議会で改憲について議論開始
	十一月十四日	ヤンゴンで学生の反教育デモ
		テインセイン大統領、ASEAN代表としてG20首脳会議参加
	十一月十九日	国軍、カチン独立軍（KIA）訓練キャンプを襲撃
	十一月二十四日	EU、一部加盟国と援助の一本化を発表
	十二月八日	日本と将官級交換プログラム開始
	十二月二十九日	国連総会、ミャンマー政府に対してロヒンギャへの市民権付与を勧告する決議
二〇一五	十一月八日	民政移管後、初の国政選挙実施、NLDが大勝
	十一月九日	与党連邦団結発展党（USDP）の党首テーウーが実質的敗北を認め、自身の落選も公表
	十二月	ヤンゴン株式市場が日本の協力により開設
二〇一六	二月一日	NLDによる初の議会招集、上院・下院の議長、副議長選出
		NLD、「憲法一時停止」し、その間にアウンサン・スーチーを大統領にすることを水面下で調整
	二月二十八日	ヤンゴンで憲法第五十九条をめぐる集会
	三月	「憲法一時停止」は調整できず
	三月十日	NLD新政府、新大統領候補選出

三月十七日	新大統領にティンチョー（U Htin Kyaw）が選出。三十六省庁を二十一に集約し、閣僚十八人とすることを決定
三月三十日	アウンサン・スーチー、外相、大統領府相、教育相、電力エネルギー相の四相兼務を発表
三月三十一日	アウンサン・スーチー、「国家顧問」の役職新設を提案
四月四日	アウンサン・スーチー、「国家顧問」に就任。教育相及び電力エネルギー相を辞退

翻訳文献

（以下の文献の出版年は二〇一四〜二〇一五年であるが、本文の内容は一九九九年に編纂されたものを基本的に踏襲している）

Ministry of Education, The Government of the Union of Myanmar, *History Grade 6*, Curriculum, Syllabus and Textbook Committee, 2014-2015.（中学一年生用歴史教科書、ミャンマー語）

Ministry of Education, The Government of the Union of Myanmar, *History Grade 7*, Curriculum, Syllabus and Textbook Committee, 2014-2015.（中学二年生用歴史教科書、ミャンマー語）

Ministry of Education, The Government of the Union of Myanmar, *History Grade 8*, Curriculum, Syllabus and Textbook Committee, 2014-2015.（中学三年生用歴史教科書、ミャンマー語）

Ministry of Education, The Government of the Union of Myanmar, *History Grade 9*, Curriculum, Syllabus and Textbook Committee, 2014-2015.（中学四年生用歴史教科書、ミャンマー語）

Ministry of Education, The Government of the Union of Myanmar, *Myanmar History Grade 10*, Curriculum, Syllabus and Textbook Committee, 2014-2015.（高等学校一年生用ミャンマー史教科書、ミャンマー語）

Ministry of Education, The Government of the Union of Myanmar, *Myanmar History Grade 11*, Curriculum, Syllabus and Textbook Committee, 2014-2015.（高等学校二年生用ミャンマー史教科書、ミャンマー語）

参考文献

〈和文文献〉

アジアネットワーク『ミャンマー情報事典』ゑゐ文社、一九九七年

池田一人「植民地期ビルマにおける『映画とカイン』論争　仏教徒カレンの民族的首長とその社会的文脈」、『言語文化研究　40』、大阪大学、二〇一四年

池田一人「ビルマのキリスト教徒カレンをめぐる民族知識の形成史〜カレン知の生成と『プアカニョウの歴史』の位置付けについて〜」、『東洋文化研究所紀要　第一六二冊』、東京大学

石井米雄、桜井由躬雄編『東南アジア史Ⅰ大陸部』山川出版社、一九九九年

石澤良昭、生田滋著『東南アジアの伝統と発展』中央公論新社、一九九八年

岩城高広「ビルマ前近代史の考え方〜アウントゥイン、リーバーマン、ケーニッヒの三著の比較〜」、『東アジア　歴史と文化　No. 21』一九九二年、p.142-160

大野徹『謎の仏教王国パガン　碑文の秘めるビルマ千年史』日本放送出版協会、二〇〇二年
大野徹「ビルマ国軍史（その3）」『東南アジア研究　八巻四号』京都大学、一九七一年
大野徹「ビルマ共産党の足跡」『アジア研究　二十一巻三号』アジア政経学会、一九七四年、p.1-26
荻原弘明、和田久徳他『世界現代史8 東南アジア現代史Ⅳビルマ・タイ』山川出版社、一九八三年
株式会社マルヨ木材「出張日記　ミャンマーレポート No.10」、二〇〇九年、（http://maruyomokuzai.fier.jp/blog/2009/07/）
斉藤照子「第四章　コンバウン朝ビルマの土地保有制度と社会構成～財源調書（シッターン）の分析を中心に～」、『研究双書（四〇六）東南アジアの土地制度と農業変化』アジア経済研究所、一九九一年、p.107-148
川並宏子「ミャンマー仏教事情と政治」、『全仏　第五二四号』ビルマ情報ネットワーク、二〇〇七年、（http://burmainfo.org/article/article.php?mode=1&articleid=24）
川辺純子「移行経済国における日本人商工会議所の活動～ヤンゴン日本人商工会議所（ＪＣＣＹ）の事例～」『城西大学経営紀要　第7号』城西大学、二〇一一年、p.1-32
工藤年博「軍政下のミャンマー経済～停滞と『持続』のメカニズム～」アジア経済研究所、二〇〇八年
工藤年博「補足資料　ミャンマー連邦共和国憲法（日本語訳）」『調査研究報告書　ミャンマー軍事政権の行方』アジア経済研究所、二〇一〇年
後藤修身「ロイヤルファミリーの消滅とその後」、エヤワディ Blog、二〇〇九年、（http://www.ayeyarwady.com/blog/archives/372）
斎藤照子「コンバウン朝ビルマの土地保有制度と社会構成～財源調書（シッターン）の分析を中心に～」『研究双書四〇六　東南アジアの土地制度と農業変化』アジア経済研究所、一九九一年、107-148
宍戸徳雄「アジア最後のフロンティア〈激動するミャンマー〉（1）絆深き日ミャンマーの歴史」リンク・グローバル・ソリューション、二〇一四年、（http://link-gs.co.jp/column/2014/06/23084044.html）
宍戸徳雄「アジア最後のフロンティア〈激動するミャンマー〉（8）ミャンマーの政治状況を読み解く（1）米国とＮＬＤは一枚岩か？」リンク・グローバル・ソリューション、二〇一五年、（http://llink-gs.co.jp/column/2015/01/26084035.html）
宍戸徳雄「アジア最後のフロンティア〈激動するミャンマー〉（14）ミャンマーの現代史（2）軍事政権から民主化への道のり」リンク・グローバル・ソリューション、二〇一五年、（http://link-gs.co.jp/column/2015/07/13084020.html）
宍戸徳雄「アジア最後のフロンティア〈激動するミャンマー〉（15）ミャンマー現代史（3）民政移管の実現から二〇一五年総選挙へ」リンク・グローバル・ソリューション、二〇一五年、（http://link-gs.co.jp/column/2015/08/10084053.html）
宍戸徳雄「アジア最後のフロンティア〈激動するミャンマー〉（19）二〇一五年総選挙結果を受けて（1）～ＮＬＤ政権の誕生へ」リンク・グローバル・ソリューション、二〇一五年、（http://link-gs.co.jp/column/2015/11/30084059.html）

スミス、マーティン（高橋雄一郎訳）『ビルマの少数民族～開発、民主主義、そして人権～』明石書店、一九九七年
園田格「ビルマ法における法の継受～その素描～」『長崎大学学術研究成果リポジトリ　研究年報』長崎大学、一九六五年、p.129-137
高野秀行『ビルマ・アヘン王国潜入記』一九九八年、草思社
武島良成「日本占領期のビルマにおける『ビルマ化』政策」『京都教育大学紀要　No. 110』京都教育大学、二〇〇七年、p.31-49
田中義隆「21世紀のミャンマーの教育への挑戦～わが国による大規模教育プロジェクトの始まり～」、『国際開発ジャーナル』国際開発ジャーナル社、二〇一四年
田中義隆「ミャンマー人と教育～その性格や思考はどのように形成されたのか～」『REGIONAL TREND』IDCJ、二〇一四年、p.2-15
田中義隆「ミャンマーの挑戦～21世紀を生きるための人材育成」『21世紀型スキルと諸外国の教育実践』明石書店、二〇一五年、p.242-263
田村克己、根本敬『アジア読本　ビルマ』一九九七年、河出書房新社
探険コム「ミャンマー『軍票』の旅」、（http://www.tanken.com/burma.html）
トゥンシン（ミャンマー連邦法務長官）「ミャンマーの法制度およびビジネス法に関する最新情報」、『ICCLC NEWS　第三十号』国際民商事法センター、二〇一四年、（http://www.icclc.or.jp/pdf/info140210_tmp01.pdf）
中村元（他編）『仏教辞典　第二版』岩波書店、二〇〇二年
長山燕石「アウン・サン・スー・チー氏は独裁者になったのか?」二〇一五年（http://knagayama.net/blog/2015/11/11/aung-san-suu-kyi/）
成江新吾「国内外経済の動向　激変の最中にあるミャンマー」『フコク経済情報　マンスリーエコノミックレポート二〇一三年1月号』富国生命、二〇一三年
日本貿易振興機構（ジェトロ）・アジア経済研究所（IDE-JETRO）「アジア動向データベース　重要日誌ミャンマー一九六九～二〇一四」（http://d-arch.ide.go.jp/infolib/meta/MetDefault.exe?DEF_XSL=FullSearch&GRP_ID=G0000001&DB_ID=G0000001ASIADB&IS_TYPE=meta&IS_STYLE=default）
南田みどり「日本占領期におけるビルマ文学　小説の役割を中心に」『大阪大学世界言語研究センター論集（3）』大阪大学、二〇一〇年、p.109-136
根本敬『アウン・サン　封印された独立ビルマの夢』岩波書店、一九九六年
根本敬「植民地ナショナリストと総選挙～独立前ビルマの場合（1936/1947）～」『アジア・アフリカ言語文化研究　48-49』東京外国語大学アジア・アフリカ言語文化研究所、一九九五年、p.82-109
根本敬「一九三〇年代ビルマ・ナショナリズムにおける社会主義受容の特質　タキン党の思想形成を中心に」『東南アジア研究　27（4）』京都大学、一九九〇年、p.427-447

ハーヴェイ、G・E（東亜研究所訳）『ビルマ史　ユーラシア叢書〈16〉』原書房、一九七六年
バー・モウ（横堀洋一訳）『ビルマの夜明け』太陽出版、一九七三年
秦郁彦編『日本陸海軍総合事典　第二版』東京大学出版会、二〇〇五年
ビルマ連邦連合政府（NCGUB）編（菅原秀、箱田徹訳）『ビルマの人権』明石書店、一九九九年
福川秀樹『日本陸軍将官辞典』芙蓉書房、二〇〇一年
藤村瞳「バプテスト宣教の文脈からみる19世紀中葉ビルマのカレン像形成　宣教師メイソンによる『カレンの使徒』（一八四三）を題材に」、『東南アジア研究　52（2）』、京都大学、二〇一五年
メトカーフ、B・D、メトカーフ、T・R、（河野肇訳）『インドの歴史（ケンブリッジ版世界各国史）』創土社、二〇〇六年
矢野暢『タイ・ビルマ現代政治史研究』京都大学東南アジア研究センター、一九六八年
山口洋一『歴史物語ミャンマー上巻』カナリア書房、二〇一一年
山口洋一『歴史物語ミャンマー下巻』カナリア書房、二〇一一年
ヤンゴン日本人会「ヤンゴン素描７」(http://ygn-jpn-association.com/yangon-sketch-7/)
四手井綱正『戦争史概観』岩波書店、一九四三年
Nu Mra Zan（元ミャンマー文化省考古博物館局次長）「ミャンマーの文化遺産保存」AJフォーラム20での発表、二〇一一年

〈英文文献〉

Aung Thaw, *Historical Sites in Burma*, Ministry of Union Culture, Government of the Union of Burma, 1972.
Bischoff, Roger, *Buddhism in Myanmar – A Short History*, Kandy, Sri Lanka: Buddhist Publication Society, 1995. (http://www.buddhanet.net/pdf_file/bud-myanmar.pdf)
Buyers, Christopher, "The Royal Ark: Burma-Konbaung Dynasty," revised 2011. (http://www.royalark.net/Burma/konbaun1.htm)
Cayetano J. Socarras, "The Portuguese in lower Burma: Filipe de Brito e Nicote," *Luso-Brazilian review*, volume III, 1966.
Chisholm, Hugh, ed. *Encyclopedia Britannica 11th edition*, Cambridge University Press, 1911.
Encyclopaedia, "Bodawpaya," Britanica Online (http://global.britannica.com/biography/Bodawpaya)
Harvey, G.E., *History of Burma: From the Earliest Times to 10 March 1824*, London Frank Cas & Co. Ltd., 1925.
Herbert. P., *The Saya San Rebellion (1930-1932)*, Melbourne Centre of Southeast Asia Stuides, Monash University, 1982.
Imperial Gazetteer of India vol. IV, 1907.

Keane, Fergal, *Aung San Suu Kyi, Winner of the 1991 Nobel Peace Prize, Letter from Burma, with an introduction by Fergal Keane*, Penguin Books, 1997.

Dr. Khin Maung Nyunt, "King Bodawpaya's Dramatic Performance Law," *Perspective*, 1998. (Revised 2007)

Maitrii, Aung-Thwin, "Structuring revolt: Communities of Interpretation in the Historiography of the Saya San Rebelion," *Journal of Southeast Asian Stuides*, 2008.

Maitrii, Aung-Thwin, *The return of the Galon King: History, Law, and Rebellion in Colonial Burma*, Ohio University Press, 2011.

Ministry of Construction, Public Works, Governmnet of the Republic of the Union of Myanmar, "Current Situation of Road Networks and Bridges," 2014.（発表資料）

MYANMAR.CA (Myanmar Information Site), "Rulers of Myanmar."

Orwell, George, *Burmese Days*, Penguin Books, 1934.

Dr. Than Tun, "Administration Under king Thalun," *Journal of Burma Research Society*, 1968.

Rangoon Diocesan Magazine, "Church Work in Upper Burma," Mandaly Chaplaincy Records.

Sargent, Inge, *Twilignt over Burma: My Life as a Shan Princess*, University of Hawaii Press, 1994.

Saw Myat Yin, *Culture Shock: A Guide to Customs and Etiquette, Myanmar*, Times Book International, 1994.

Thant Myint-U, *The Making of Modern: Burma*, Cambridge University Press, 2001.

Victor B. Lieberman, *Strange Parallels: Southeast Asia in Global Context 800-1830, volume 1*, Cambridge University Press, 2003.

The Irrawaddy, "Special Report: Heros and Villains, A Model Soldier Col Ba Htoo," March 2007. (http://www2.irrawaddy.org/article.php?art_id=6883&page=4)

〈その他文献〉

Bogyoke Kyaw Zaw's autobiography（ミャンマー語）

U Ba Yin, "Myanmar Historical Recors," Silver Star Printing Work, 1968.（ミャンマー語）

〈ウェブサイト資料〉

• アウンサン・スーチー

Claude Truong-Ngoc, "File:Remise du Prix Sakharov à Aung San Suu Kyi Strasbourg 22 octobre 2013-18.jpg,"《https://commons.

wikimedia.org/wiki/File:Remise_du_Prix_Sakharov_%C3%A0_Aung_San_Suu_Kyi_Strasbourg_22_octobre_2013-18.jpg》

- アーナンダ寺院のレリーフ

「パガン王朝ウィキペディア」《https://ja.wikipedia.org/wiki/%E3%83%91%E3%82%AC%E3%83%B3%E7%8E%8B%E6%9C%9D》

- イギリス軍のヤンゴン攻撃（一八二四年七月）

First Anglo-Burmese War, Wikipedia, 《https://en.wikipedia.org/wiki/First_Anglo-Burmese_War》

- インド担当外務大臣モンターギュ

"Central News Agency: National Library of Isreal" 《https://en.wikipedia.org/wiki/Edwin_Samuel_Montagu#/media/File:Edwin_Samuel_Montagu.jpg》

- インド帝国の地方行政区画（一九〇九年頃）

Batholomew, J.G., Edinburgh Geographical Institute, Oxford University Press 《https://ja.wikipedia.org/wiki/%E3%82%A4%E3%82%AE%E3%83%AA%E3%82%B9%E9%A0%98%E3%82%A4%E3%83%B3%E3%83%89%E5%B8%9D%E5%9B%BD#/media/File:British_Indian_Empire_1909_Imperial_Gazetteer_of_India.jpg》

- インド総督ダルハウジー伯爵、National Portrait Gallery, London 《https://ja.wikipedia.org/wiki/%E3%82%B8%E3%82%A7%E3%82%A4%E3%83%A0%E3%82%BA%E3%83%BB%E3%83%A9%E3%83%A0%E3%82%BC%E3%82%A4_(%E5%88%9D%E4%BB%A3%E3%83%80%E3%83%AB%E3%83%8F%E3%82%A6%E3%82%B8%E3%83%BC%E4%BE%AF%E7%88%B5)#/media/File:James_Ramsay,_1st_Marquess_of_Dalhousie_by_Sir_John_Watson-Gordon.jpg》

- インド副王兼総督ダファリン、Bourne and Shepherd of Calcutta 《https://ja.wikipedia.org/wiki/%E3%83%95%E3%83%AC%E3%83%87%E3%83%AA%E3%83%83%E3%82%AF%E3%83%BB%E3%83%8F%E3%83%9F%E3%83%AB%E3%83%88%E3%83%B3%EF%BC%9D%E3%83%86%E3%83%B3%E3%83%97%E3%83%AB%EF%BC%9D%E3%83%96%E3%83%A9%E3%83%83%E3%82%AF%E3%82%A6%E3%83%83%E3%83%89_(%E5%88%9D%E4%BB%A3%E3%83%80%E3%83%95%E3%82%A1%E3%83%AA%E3%83%B3%E4%BE%AF%E7%88%B5)#/media/File:Dufferin_Indian_Viceroy.jpg》

- ウー・ウィザーラ

"U Wisara, Wikipedia" 《https://en.wikipedia.org/wiki/U_Wisara#/media/File:U_Wisara_Sayadaw.jpg》

- ウー・オウタマ

"U Ottama, Wikipedia" 《https://en.wikipedia.org/wiki/U_Ottama#/media/File:Ven.Ottama.png》

- ＮＬＤ大勝を祝うヤンゴンの支持者たち

NEWS-JAPAN《http://www.bbc.com/japanese/34795100》

- 黄金宮殿僧院（シュエナンドー僧院）
  "Shwenandaw Monastery Wikipedia,"《https://en.wikipedia.org/wiki/Shwenandaw_Monastery》
- クラドック
  National Portrait Gallay, London《http://www.npg.org.uk/collections/search/portrait/mw124242/Sir-Reginald-Henry-Craddock》
- 三十人志士として日本で軍事訓練中のボー・レッヤとアウンサン《https://en.wikipedia.org/wiki/Bo_Let_Ya》
- 三蔵が刻まれた石版
  Asian Historical Architecture-Kuthodaw Temple《www.oientalarchitecture.com/myanmar/madadalay/kuthodaw.phpr》
- 社会主義計画党の党旗
  「ビルマ社会主義計画党ウィキペディア」《https://ja.wikipedia.org/wiki/%E3%83%93%E3%83%AB%E3%83%9E%E7%A4%BE%E4%BC%9A%E4%B8%BB%E7%BE%A9%E8%A8%88%E7%94%BB%E5%85%9A》
- 象に乗って移動するデ・ブリート
  "Filipe de Brito e Nicote, Wikipedia,"《https://pt.wikipedia.org/wiki/Filipe_de_Brito_e_Nicote》
- タウングー朝の歴代君主とその関係
  "Rulers of Myanmar,"《www.myanmar.ca/history/rulers.htm》
- タンシュエ上級大将
  「ミャンマーの大統領ウィキペディア」《https://ja.wikipedia.org/wiki/%E3%83%9F%E3%83%A3%E3%83%B3%E3%83%9E%E3%83%BC%E3%81%AE%E5%A4%A7%E7%B5%B1%E9%A0%98#/media/File:Than_Shwe_2010-10-11.jpg》
- テインセイン大統領
  「ミャンマーの大統領ウィキペディア」《https://ja.wikipedia.org/wiki/%E3%83%9F%E3%83%A3%E3%83%B3%E3%83%9E%E3%83%BC%E3%81%AE%E5%A4%A7%E7%B5%B1%E9%A0%98#/media/File:TheinSeinASEAN.jpg》
- ドーマンスミス総督
  "National Portrait Gallery, London"《http://www.npg.org.uk/collections/search/portraitLarge/mw164969/Sir-Reginald-Hugh-Dorman-Smith》
- ナッ神として描かれたタビンシュエティー王
  "Tabinsherhti. Wikipedia"《https://en.wikipedia.org/wiki/Tabinshwehti》
- 20世紀初頭のミャンマーの油田《https://en.wikipedia.org/wiki/Yenangyaung》

・日本占領時代のビルマ国の国旗
「ミャンマーの国旗ウィキペディア」《https://ja.wikipedia.org/wiki/%E3%83%9F%E3%83%A3%E3%83%B3%E3%83%9E%E3%83%BC%E3%81%AE%E5%9B%BD%E6%97%97》
・ネーウィン将軍
"Oxford Burma Alliance" 《http://www.oxfordburmaalliance.org/1962-coup-ne-win-regime.html》
・ネーウィンの後継者サンユー将軍
「ミャンマー政府」《https://ja.wikipedia.org/wiki/%E3%83%9F%E3%83%A3%E3%83%B3%E3%83%9E%E3%83%BC%E3%81%AE%E5%A4%A7%E7%B5%B1%E9%A0%98#/media/File:San_Yu_portrait.JPG》
・パガンの仏教壁画
「パガン王朝ウィキペディア」《https://ja.wikipedia.org/wiki/%E3%83%91%E3%82%AC%E3%83%B3%E7%8E%8B%E6%9C%9D》
・バジードー王によるイギリス支配下ベンガルへの侵攻の下命《https://archive.org/details/hutchinsonsstory00londuft》
・バモー
"Catherin Bell" 《https://ja.wikipedia.org/wiki/%E3%83%90%E3%83%BC%E3%83%BB%E3%83%A2%E3%82%A6#/media/File:DrBaMaw.JPG》
・BSPP時代の最後の大統領マウンマウン
「ミャンマー政府」《https://ja.wikipedia.org/wiki/%E3%83%9F%E3%83%A3%E3%83%B3%E3%83%9E%E3%83%BC%E3%81%AE%E5%A4%A7%E7%B5%B1%E9%A0%98#/media/File:San_Yu_portrait.JPG》
・ビルマルート（空撮）
"U.S. Army Center of Military History" 《https://ja.wikipedia.org/wiki/%E6%8F%B4%E8%92%8B%E3%83%AB%E3%83%BC%E3%83%88#/media/File:Aerial_view_of_Burma_Road.jpg》
・ビルマ連邦社会主義共和国の国旗（二〇一〇年まで使用）
「ミャンマーの国旗ウィキペディア」《https://ja.wikipedia.org/wiki/%E3%83%9F%E3%83%A3%E3%83%B3%E3%83%9E%E3%83%BC%E3%81%AE%E5%9B%BD%E6%97%97》
・ビルマ連邦初代首相のウー・ヌー《https://en.wikipedia.org/wiki/U_Nu
・ベンガル総督アマースト《www.historicalportraits.com》
・マウントバッテン伯爵
"Duffy2032~commonswiki" 《https://en.wikipedia.org/wiki/Louis_Mountbatten,_1st_Earl_Mountbatten_of_Burma#/media/File:Mountbatten.jpg》

- マハアウンミェボンサン僧院《www.myanmars.net/myanmar-travel/myanmar-mandalay/maha-aungmyebonzan.htm》
- マハバンドゥラ《http://mgkarlu-myanmar.blogshot.p/2013/04/blog-post_7618.html》
- マハラウカマラゼイン（クソドー）寺院の中心に位置する仏塔
Asian Historical Architecture-Kuthodaw Temple《www.oientalarchitecture.com/myanmar/madadalay/kuthodaw.phpr》
- 同寺院内に七二九ある小仏塔
Asian Historical Architecture-Kuthodaw Temple《www.oientalarchitecture.com/myanmar/madadalay/kuthodaw.phpr》
- ミャンマーの国旗（二〇一〇年十月～二〇一六年現在）
「ミャンマーの国旗ウィキペディア」《https://ja.wikipedia.org/wiki/%E3%83%9F%E3%83%A3%E3%83%B3%E3%83%9E%E3%83%BC%E3%81%AE%E5%9B%BD%E6%97%97》
- ロヒンギャ難民を乗せたボート
一般財団法人環境金融研究機構「存在さえ否定されたロヒンギャの迫害をスーチーはなぜ黙って見ているのか」二〇一六年六月一日《http://rief-jp.org/ct9/52146》

ヤ

ラ

ワ

ン

ナ

ハ

カ

サ

タ

〈人名索引〉

ア

ラ

ワ

ヤ

マ

ナ

ハ

タ

カ

サ

索　引

〈一般索引〉

ア

〈著・編訳者紹介〉

田中　義隆（たなか　よしたか）

一九六四年京都府京都市生まれ。滋賀大学経済学部卒業。モントレー・インスティテュート・オブ・インターナショナル・スタディーズ（アメリカ・カリフォルニア州）国際行政学修士課程修了。香川県の公立高等学校での社会科教諭、青年海外協力隊（JOCV）として中華人民共和国の北京での日本語教師、国際連合本部（ニューヨーク）でのインターンなどを経て、現在、株式会社 国際開発センター（IDCJ）主任研究員。専門は教育開発（カリキュラム開発・教育方法論）。

これまで日本政府による政府開発援助（ODA）の一環として、中国、モンゴル、タイ、ラオス、ミャンマー、ベトナム、インドネシア、フィリピン、マレーシアなどのアジア諸国、及びパプアニューギニア、ソロモン諸島などの大洋州諸国での教育開発業務に従事。また、欧米諸国やオーストラリア、ニュージーランドなど先進諸国での教育調査も行う。

主な著書として『ベトナムの教育改革』、『インドネシアの教育』、『21世紀型スキルと諸外国の教育実践』（以上、明石書店）、『カリキュラム開発の基礎知識』（国際開発センター）などがある。日本教育学会会員。

ミャンマーの歴史教育

―軍政下の国定歴史教科書を読み解く―

二〇一六年八月二十五日　初版第一刷発行

著・編訳者　田中義隆
発行者　石井昭男
発行所　株式会社 明石書店
101-0021東京都千代田区外神田6-9-5
電話 03-5818-1171
FAX 03-5818-1174
振替 00100-7-24505
http://www.akashi.co.jp

装丁　明石書店デザイン室
印刷・製本　モリモト印刷株式会社

ISBN978-4-7503-4385-3

（定価はカバーに表示してあります）